司马迁的记忆之钥

读《史记·太史公自序》

刘勃 著

中华书局

图书在版编目（CIP）数据

司马迁的记忆之钥：读《史记·太史公自序》/刘勃著. —
北京：中华书局，2025.8.—ISBN 978-7-101-17195-2

Ⅰ.K204.2

中国国家版本馆 CIP 数据核字第 20250R1L28 号

书　　名	司马迁的记忆之钥——读《史记·太史公自序》
著　　者	刘　勃
责任编辑	董邦冠
装帧设计	崔欣晔
责任印制	韩馨雨
出版发行	中华书局
	（北京市丰台区太平桥西里 38 号　100073）
	http://www.zhbc.com.cn
	E-mail：zhbc@zhbc.com.cn
印　　刷	北京盛通印刷股份有限公司
版　　次	2025 年 8 月第 1 版
	2025 年 8 月第 1 次印刷
规　　格	开本/880×1230 毫米　1/32
	印张 12⅛　插页 2　字数 250 千字
印　　数	1-8000 册
国际书号	ISBN 978-7-101-17195-2
定　　价	68.00 元

目　录

读《史记·太史公自序》（上）

读

《史记·太史公自序》

（上）

《史记》这部五十多万字的大书，应该从哪里读起？

对于一般读者来说，恐怕不宜从头开始读。

《史记》从传说中的黄帝时代写起。如果细讲黄帝和蚩尤大战，神与魔怎样用洪荒之力对轰，倒是会很好看。然而司马迁不相信神话故事，他心目中的黄帝是一位伟大的圣王，但仍然只是一个"人"，而作为"人"的黄帝，素材很有限。所以司马迁也就只能写得干巴巴的。

往后夏、商、周三个朝代，司马迁能找到的史料也不多，所以提到某个王，他经常只能说两句话：第一句他即位了，第二句他死了。这些记录，历史学家非常重视，尤其是发现可以和考古材料相互印证的时候，简直会很激动。但普通读者读着确实难免觉得乏味。

大概要坚持读到第六篇《秦始皇本纪》，才会觉得有点意思（据我所知，很多人坚持不到这里）。第七篇《项羽本纪》、第八篇《高祖本纪》则非常好看，但再往下又渐渐无聊起来，往往大段大段抄皇帝的诏书。翻到本纪最后一篇，是《今上本纪》，写汉武帝的，这时你可能会满怀期待，可是一打开就发现，都是写汉武帝到处祭祀鬼神。汉武帝和陈阿娇、卫子夫的情爱故事，没有，开疆拓土的丰功伟业，也没有，这时你可能就忍不住要骂人了。

本纪之后是表和书，绝大多数内容更是毫无可读性的。

我个人的经验是，起步阶段，不如直接翻到后面列传部分，翻到哪篇算哪篇，大概率是能读到一个扣人心弦的故事，或遇见一个命运能打动你的人物的。

读多了，脑子里装了很多知识碎片之后，你心里可能会渐渐升起一些疑问：有些故事，怎么像是互相冲突的？有的人物，在这篇列传里是主角，在那篇列传里是配角，作为主角的他和作为配角的他，怎么区别大得好像不是一个人？

如果这时你有了系统了解一下《史记》的冲动，那就可以打开《史记》的最后一篇，《太史公自序》了。

"序"字的本意，是厅堂的东西两面墙壁。《说文解字·广部》："序，东西墙也。"

厅堂是举行大大小小的礼仪性活动的地方。天子的朝堂里，官员朝会，固然有很强的礼仪性，你们家的客厅，全家聚会，座位怎么坐，说话谁先开口，也要讲究点礼数。

中国传统的建筑，坐北朝南，所以东西两面的墙壁，就是活动时重要的参照物。

一屋子人排排站，就沿着这两面墙，也就是"序"站着，你站那个位置，停那儿了，叫"次"，这就是"次序"。

官大的在前，官小的在后，官职大小看俸禄，俸禄叫"秩"，所以也就是"秩序"。

诸如此类的词，都是这么产生的。

写一段文字，把整部作品的编排次序、主要内容、关键主题都告诉读者，这样的文字，就好像礼仪活动时的那两面墙，给你提供了理解全书的参照物，所以也叫序。

现在我们觉得这样的文字放在全书开头最好，所以序都在书的开头。司马迁的时代还没有这个概念。

《太史公自序》分两个部分，前一部分介绍司马氏的家族源流和司马迁自己的经历，后一部分介绍《史记》一百三十篇的内容。

这本小书，按《太史公自序》原文，一句一句讲。

司马氏的先世

重黎之后与史官的职责

> 昔在颛顼，命南正重以司天，北正黎以司地。唐虞之际，绍重黎之后，使复典之，至于夏商，故重黎氏世序天地。

《太史公自序》里的第一句话，细讲会非常绕，因为牵涉到好多人名，颛顼、重、黎、唐、虞……这些人物，古书记载里有很多自相矛盾的内容，要注释这句话，把各种材料都引一下，再想法子调和矛盾，很容易就会写出几十页讨论来。

我们只讲一个相关的神话：绝地天通。

神在天上，人在地上，但是，天地是相连的——看见高耸入云的山或者大树，人产生这样的联想是很自然的。

那么，人可以上天去请示神意，神也可以到地上来。总之，神和人沟通很方便。

这大概类似我们在希腊神话里看到的景象。神和人谈恋爱，生孩子。英雄们大展身手的时候，往往有神来庇护。一个英雄有神灵的帮助，可以纵横世界，甚至挑战别的神。神不管他了，他的破绽也就暴露了。

对于人间的统治者来说，这种情况很不妙。

我是君王，你是臣民，你必须服从我，可是你背后有神，神保佑你，你就可以和我对抗。

所以到了颛顼的时候，就把上天下地的路都被封锁了，截断了。

从此，民和神就分开了，所谓"民神不杂"。

能代表神的，只有帝王。

神的意志和帝王的意志，从此合二为一，民在统治者面前，从此越发卑微。

为帝王完成分开天地的工作的，是重黎氏。

司马迁提醒大家，自己是重黎氏的后代。

大家可能都听过这句话，司马迁写《史记》，是要"究天人之际，通古今之变，成一家之言"。

"际"是边界的意思，天人之际，本来就是司马迁的老祖宗划出来的。现在司马迁想要把这个边界真正弄明白。

而且，天和人分开之后，才会有天官和处理人间事务的官的区别。

下文司马迁讲到自己父亲是太史公，这个职务的特点是，

"为天官，不治民"。

他们做史官的，就是研究天的。

固然只有帝王才能代表天意，但是，重黎氏"世序天地"，帝王想要明白天意，离不开他们这些做史官的。

这也就是司马迁一开篇就强调自己是重黎氏的后代的意义，他认为自己肩膀上，承担着让帝王明白天意的重任。

周人—晋人—秦人

> 其在周，程伯休甫其后也。当周宣王时，失其守而为司马氏。司马氏世典周史。惠襄之间，司马氏去周适晋。晋中军随会奔秦，而司马氏入少梁。

司马迁讲自己祖宗的事迹，从周朝开始讲起，虽然仍很简略，但比较前面颛顼、尧舜、夏商时的情况，已经显得很具体。每次变故，都可以找到相应的历史背景。

司马迁提到，周宣王的时候，自己的祖宗是程伯休父（休父即休甫）——程是国家的名字，程伯就是程国国君。周代分封，诸侯分为公、侯、伯、子、男五等爵位，第三等的国家国君叫伯。现在有学者倾向于认为：天子直接控制的地区叫王畿，王畿之外的封国，国君叫侯；王畿之内的封国，国君叫伯。休父是字。

周宣王是西周倒数第二个王。他的父亲周厉王搞改革，弄出个国人暴动。周宣王时，短暂出现过一点中兴气象，西周的对外战争，也取得了不少胜利。

《大雅·常武》是歌颂周宣王武功的诗，描述周朝大军如何征服了徐国。其中说到："王谓尹氏，命程伯休父，左右陈行。"周宣王对尹氏说，你下命令给程伯休父，让军队分左右排列行伍。

也就是说，程伯休父在周宣王时成了武将，不再是世袭的"序天地"的官了，所以叫"失其守"。马在战争中的作用至关重要，所以管军事的官，叫司马。程伯休父做了司马，他的后代也就拿司马当作自己的氏。

程伯休父可以说是司马迁祖上第一个有凭可考、有据可查的人，而且是一位成功人士。但是司马迁把他看作是丢掉了家族伟大传统的标志人物。

接下来一句"司马氏世典周史"不大好理解，因为似乎和前面一句"失其守"矛盾。另外，所有的史料都指明，司马是管军事的，怎么会掌管历史呢？

勉强解释的话，大概是这样的：司马也属于天官。

三公是司马、司空、司徒，对应天地人三才。司空是管各种工程建设的，当然是地官；司徒管官僚系统运作，管社会治安，自然是人官。那么，司马就只能是天官了。

比如《白虎通·封公侯》：

> 司马主兵，不言兵而言马者，阳物，乾之所为，行兵用焉。

司马是管武器的，不说武器而说马，是因为马是阳性事物的

代表，对应乾卦。乾卦就是讲天的。

当然，《白虎通》是东汉班固整理出来的，年代晚一些。有一部书比司马迁的年代略早，叫《韩诗外传》，第七卷说到：

> 三公者何？曰司空、司马、司徒也。司马主天，司空主土，司徒主人。故阴阳不和，四时不节，星辰失度，灾变异常，则责之司马。山陵崩竭，川谷不流，五谷不植，草木不茂，则责之司空。君臣不正，人道不和，国多盗贼，下怨其上，则责之司徒。故三公典其职，忧其分，举其辩，明其德，此三公之任也。诗曰："济济多士，文王以宁。"又曰："明昭有周，式序在位。"言各称职也。

前面说过，史官的工作包括解释天意，这里描述的司马的工作，和太史的工作是高度重合的。

司马氏是和天子关系比较亲密的官员，天子在镐京，也就是今天陕西西安那边的时候，司马氏自然也在。周平王东迁洛邑，天子到了洛阳，司马氏也就跟着到了洛阳。

"惠襄之间，司马氏去周适晋。"到了周惠王、周襄王的时代，司马氏家族又遇到了一件大事，因此离开了周天子，到了晋国。

周平王东迁是公元前 770 年，周襄王公元前 651 年即位，也就是说，司马家的祖上，在洛阳生活了一百多年。

为什么会离开周天子到晋国去，司马迁没说，但原因可以大致推想。

周襄王是周惠王的儿子，他有个弟弟，称为王子带。周惠王喜欢王子带，所以周襄王即位的过程，可以说是险象环生。而且，周襄王即位后，王子带不甘心失败，几次引西戎兵攻周，都先后被挫败。公元前636年，襄王发现自己的王后与王子带私通，立即废后。王子带得到消息，再次引导西戎兵攻周，攻占了都城。襄王仓皇逃出，避居郑国。

用老百姓的话说，就是天子去捉奸，然后被奸夫淫妇赶出了家门。这事太丢人了，所以孔子作《春秋》的时候，觉得没法写，只好含含糊糊记了一句"天王出居于郑"。

周襄王向各国诸侯求救。即位不久的晋文公出手了，他打着勤王的旗号，于公元前635年出兵，平定了王子带之乱，然后迎周襄王回都城。晋文公不是好相与的，之后，晋国就拿走了周天子几乎一半的土地，又开始干预周王室的事务。

可以想象，晋国既然从周天子这里拿地，也会从周天子这里挖人，于是司马氏就到了晋国。三国的时候，司马家崛起，公元265年司马炎当了皇帝，国号之所以会用"晋"，也是考虑到了祖上和晋国的这层渊源。

"晋中军随会奔秦，而司马氏入少梁。"这件事发生在鲁文公七年（前620）年四月，也就是说，司马迁的祖上只当了十几年的晋国人，就又成了秦国人了。

随会奔秦这事，《左传》讲得非常详细。随会，也叫士会，是春秋中期晋国一位了不起的人物。

晋文公和他儿子晋襄公，在位时间都不长，晋襄公去世的时候，太子年纪还很小。晋国人已经吃够了国君年纪小、贵族争权、自相残杀的苦头，就想立一个年纪大点的国君。

于是，晋国的执政卿赵盾就想放弃这个孩子，迎襄公的弟弟公子雍回国当国君。公子雍当时在秦国。派去迎接公子雍的，正使是先蔑，副手就是随会。司马迁的祖上，是这个使团的随行人员。

意外事件是，晋襄公的夫人穆嬴每天抱着太子在朝廷上哭诉太子无罪，不应被废，又去赵氏家中向赵盾叩头。于是赵盾改了主意，决定还是令襄公的太子即位。《左传》的表面文章是这样的，至于内幕，有缘再讲。

但是，先蔑、随会已经和秦国的军队一起，护送着公子雍往晋国来了。这怎么办？赵盾干脆翻脸，派兵攻击这支队伍。这一来，先蔑、随会，当然还有司马迁的祖上，都回不了晋国，只能当了秦国人。

可晋国觉得，随会是个人才，这样的人留在秦国，对晋国相当不利，又想法把随会挖回了晋国。

这时候，司马迁祖上的处境如何，《左传》没写，《史记》也没有写，但是可以大概推想：随会在秦国期间，秦国对他不错。可是他现在又回到了晋国，晋国人对他会是什么态度？

只怕非常严厉的政治审查，是跑不掉的。

有意思的是，这次导致司马迁祖上变成秦国人的变故中，迎公子雍的使团团长是先蔑，副团长是随会，但司马迁只提随会，不提先蔑。除了随会比先蔑有才之外，可能还有个原因：随会本人回到了晋国，可还有家属留在秦国，他的后代改姓了刘。随会的姓刘后人，也就是后来汉高祖刘邦的祖宗。

如果这条记载不是后人附会的话，那么司马迁这句话，倒是在说司马家和老刘家自古以来患难与共。司马迁虽然喜欢阴阳怪气，但还是爱汉朝的，在《史记》的许多地方，都可以感受到。

不管是晋文公帮周襄王平定王子带之乱，还是随会奔秦，都是《左传》讲得非常详细的事，但《左传》完全没提司马迁的祖上。司马迁的祖上相对于普通人来说，已经是大人物了，但在历史长河中，完全微不足道。幸亏，他们的后代里出了一个司马迁，于是今天我们这些人才有机会知道，有这么一户姓司马的人家，被卷进了这些事件当中，这些故事里有他们的颠沛流离，也有他们的喜怒哀乐。

这也是历史书写的意义，写下来，被人看见，让人觉得值得看，你才能证明，这些人曾经活过。

写历史，就是捍卫自己的记忆。

祖先中的两位名将

> 自司马氏去周适晋，分散，或在卫，或在赵，或在秦。其在卫者，相中山。在赵者，以传剑论显，蒯聩其后也。在秦者名错，与张仪争论，于是惠王使错将伐蜀，遂拔，因而守之。错孙靳，事武安君白起。而少梁更名曰夏阳。靳与武安君阬赵长平军，还而与之俱赐死杜邮，葬于华池。

这一段，先讲司马家开枝散叶的情况。前面讲过，晋国势力介入周天子的王畿之后，司马家的人就开始分散了。他们先到了晋国，然后有的到了秦国，有的到了卫国，有的继续留在晋国。三家分晋之后，留在晋国的这一支成了赵国人。在卫国、赵国，司马家都有比较成功的人物，但和司马迁的祖上都算是远房亲戚了。

　　司马迁的直系祖先，出自秦国的这一支，最杰出的人物是司马错。这是司马迁的八世祖。

　　司马迁写到这位八世祖时，语气是很自豪的。司马错"与张仪争论"的事见《战国策·秦策一》：

　　　　司马错与张仪争论于秦惠王前。司马错欲伐蜀，张仪曰："不如伐韩。"王曰："请闻其说。"

　　　　对曰："亲魏善楚，下兵三川，塞轘辕、缑氏之口，当屯留之道，魏绝南阳，楚临南郑，秦攻新城、宜阳，以临二周之郊，诛周主之罪，侵楚、魏之地。周自知不救，九鼎宝器必出。据九鼎，按图籍，挟天子以令天下，天下莫敢不听，此王业也。今夫蜀，西辟之国，而戎狄之长也，弊兵劳众，不足以成名，得其地不足以为利。臣闻：'争名者于朝，争利者于市。'今三川、周室，天下之市朝也，而王不争焉，顾争于戎狄，去王业远矣。"

　　　　司马错曰："不然。臣闻之，'欲富国者，务广其地；欲强兵者，务富其民；欲王者，务博其德。三资者备，而王随之矣。'今王之地小民贫，故臣愿从事于易。夫蜀，西辟之国也，而戎狄之长也，而有桀、纣之乱。以秦攻之，譬如使豺狼逐群羊也。取其地，足以广国也；得其财，足以富民缮兵；不伤众而彼已服矣。故拔一国而天下不以为暴；利尽西海诸侯不以为贪。是我一举而名实两附，而又有禁暴正乱之名。今攻韩，劫天子。劫天子，恶名也，而未必利也，又有不义之名，而攻天下之所不欲，危！臣请谒其故。周，天下之宗室也；齐，韩之与国也。周自知失九鼎，韩自知亡三川，则必将二国并力合谋，以因于齐、赵，而求解乎楚、魏。以鼎与楚，以地与魏，王不能禁。此臣所谓'危'，不如伐蜀之完也。"

惠王曰："善！寡人听子。"卒起兵伐蜀，十月取之，遂定蜀。蜀主更号为侯，而使陈庄相蜀。蜀既属，秦益强富厚，轻诸侯。

秦惠文王更元九年（前316），秦国面临两个选项：一是南下攻打蜀国，二是东向攻打韩国。

张仪认为应该攻打韩国，因为韩国的位置在天下之中，而且，韩国的国土包围着周天子的地盘。换言之，拿下韩国，那真就是"挟天子以令天下，天下莫敢不听，此王业也"。

张仪还打了个比方，要名望，就要入朝为官，要利益，就要入市行商。韩国的三川郡和周王室，就是天下的市场和朝廷。要想成就大事业，就得去那里争夺。

张仪是纵横家，有做营销的思维，要的就是流量和关注度。

司马错说这个思路不对，应该先打蜀国。

司马错觉得，你要流量干什么，打了韩国，就是冒犯了周天子，会引起国际社会的一致关注。大家看你名利双收，就会一起来打你。打蜀国就方便多了，蜀国弱小，不是秦国的对手，蜀地资源丰富，打下来收益会很大。而且，打蜀国还无人关注，打了也就打了。

这样操作没有流量，但是属于韬光养晦，闷声发大财。

秦惠文王听了司马错的意见，就让司马错带兵伐蜀。司马错不但能出主意，而且执行力很强，真的把蜀地打下来了，"遂拔，因而守之"。

司马错长期在蜀地镇守，在那里留下了后代。蜀地的这一支最有名的人物，就是大文豪司马相如。秦国的司马氏，还有少梁这一支。少梁也就是今天的陕西韩城，是司马氏到秦国后就世代居住的地方，司马迁就属于这一支。司马相如和司马迁，也是远房亲戚，都是司马错的后代。

本来，司马错可以算是商鞅变法之后秦国的第一名将，但白起登上历史舞台后，司马错就被比下去了。白起战功赫赫，杀人无数，司马错的孙子司马靳是白起的副手。司马迁强调，自己的这位六世祖，参与了长平之战，最后和白起一起被赐死。总之，两个人的关系非常密切。

司马靳之后，司马迁的祖上就和军事没什么关系了。

这里要讨论一个问题：司马迁对军事的理解，水平究竟怎样？

毫无疑问的是，司马迁是写军事文学的天才。很多战争场面，他写得实在是太精彩了。《史记》里，作为文学名篇选出来的，如《项羽本纪》《淮阴侯列传》《李将军列传》，都有极其精彩的战争描写。

《项羽本纪》里写项羽破釜沉舟大破秦兵；垓下之围项羽怎么带着二十八名骑兵，在汉军中纵横穿插，所向无敌……所以有人说，项羽的神勇，千古无二，司马迁以神勇之笔写神勇之人，也是千古无二。

《淮阴侯列传》，写韩信怎么平定关中，怎么背水一战击败赵国，怎么决堤放水淹没龙且的大军……无一不是脍炙人口的战争传奇。

《李将军列传》，写李广面对强大的敌人，怎样镇定自若，写李广被敌人俘虏，怎么夺了敌人的马逃回来。很多细节描写，简直有一些武侠小说的味道。

但有个问题是，把战争写得这么精彩，需要懂军事吗？

司马迁善于描写战场上最精彩的画面，是把人物作战的风格和人物的性格结合起来，这主要是一种文学才能，和军事关系不大。

实际上，军事包括很多很枯燥的内容。对军政管理、后勤补给、军事地理之类的军事问题，司马迁基本不是很关心。就拿他的祖先司马错伐蜀来说，秦军从关中地区出发，先要翻越秦岭，到汉中，然后再翻越大巴山。入蜀有几条路，有的近一点，但特别难走，有的要绕路，却相对好走一点，这几条路选择哪一条，后勤问题怎么解决，需要组织多少人力才能保障供给？这些问题，司马错当年出兵，肯定是仔细规划过的，但司马迁应该没关心过这些话题。

鸿门宴之后，刘邦被项羽封为汉王，到了汉中。刘邦可选择的路，实际上也就是当年司马错走的路。

刘邦去汉中，途中把栈道烧了。栈道是沿悬崖峭壁修的一种道路，刘邦烧的究竟是哪条栈道，司马迁就记得自相矛盾。然后刘邦又用韩信为将，杀出了汉中。后世的说法，叫"明修栈道，暗度陈仓"。但刘邦走的是陈仓道吗？司马迁实际上也没说清楚。

对于司马迁来说，刘邦进汉中又出汉中，并不是太遥远的事，这不像上古三皇五帝的传说，只能信以传信，疑以传疑。有心调查，肯定能弄清楚刘邦走的是哪条路，但司马迁就是写得自相矛盾。

更有甚者，刘邦和项羽的决战，叫垓下之战。可是，现在研究军事地理的学者，一分析开战前的局势，就发现决战地点在垓下怎么看都是不合理的。这一仗到底在哪里打的，不同人提出了不同的说法。因为司马迁留给我们的信息非常零碎，所以这些说法只能是猜想，谁也说服不了谁。

司马迁把李广写得很神，可是看战绩，李广的战绩其实很难看。李广的很多习惯，司马迁都是用赞美的语调写的，但对于指挥大兵团作战来说，这些习惯却是兵家大忌。

不少研究者认为，司马迁的祖上是名将，所以他也很懂军事，才把战争写得特别精彩好看。这个逻辑恐怕说不通。司马迁的六世祖司马靳自杀，之后司马家就脱离军事领域了。司马靳之死，到司马迁出生，中间隔了一百多年。军事的能力，恐怕是不能通过生殖来遗传的。

把战争题材写得精彩纷呈，扣人心弦，那主要是司马迁的文学才能，和懂不懂军事其实没什么关系。

给后人留下可靠的战争记录，这不是司马迁的长项。他很伟大，但不必避讳，他是有短板的。

和经济有关的两位祖先

靳孙昌，昌为秦主铁官，当始皇之时。蒯聩玄孙卬为武信君将而徇朝歌。诸侯之相王，王卬于殷。汉之伐楚，卬归汉，以其地为河内郡。昌生无泽，无泽为汉市长。

这句当中，"蒯聩玄孙卬……归汉，以其地为河内郡"，说的是司马迁的远房亲戚。这房亲戚中的司马卬在秦末大乱风云际会的时候，被项羽封了一个王，后来降了刘邦。司马迁的直系祖先已经在走下坡路，但司马迁也有虚荣心，把比较成功的远房亲戚拉过来说事。这房生活在河内郡的亲戚，后世影响力更大，司马懿就是这一房的后代，到宋朝，这一支又出了和司马迁并称为"史学两司马"的另一位大家司马光。

　　回到司马迁这支，"靳孙昌，昌为秦主铁官，当始皇之时"，司马迁的高祖父司马昌，是秦始皇的主铁官。

　　这个官不算大。不过铁是重要的战略物资，铁和盐，是当时国家的两大经济命脉。一个地方出产铁，就会成为战略要地。《货殖列传》里，记录了很多从事冶铁业发了大财的大商人。朝廷的铁官，应该也是个肥缺。

　　"昌生无泽，无泽为汉市长"，司马迁的曾祖父司马无泽，是汉长安城的主管市场的官员，当时叫市长，和我们今天说的市长不是一回事。

　　汉长安主要的市场，是在城市的西北角。汉高祖六年（前201），刘邦设立了长安大市，汉惠帝六年（前189），在大市的西面，建了一个新的市场，叫西市。原来的大市，改名东市。和唐长安的东市、西市隔得很远不同，汉长安的东市、西市是紧挨着的。

　　司马无泽应该是汉高祖时候的人，当时就只有一个长安大市，长安大市的面积接近50万平方米，有70个足球场那么大，很繁荣。汉市长，官算不上很大，但毫无疑问是肥缺。

　　和司马错、司马靳距离司马迁已经非常遥远不同，高祖父、曾祖父做的都是和工商业密切相关的官，他们的工作情况，司马迁可能有所耳闻。

司马迁对市场经济的认识，今天看起来，还显得很时髦。《货殖列传》就是讲商人怎么经营、怎么发财的。不过，这篇文章，让此后两千年里很多人看司马迁都觉得别扭。

班固罗列司马迁的缺点，其中一条就是"述货殖则崇势利而羞贱贫"，记录商业活动，推崇获取巨额利润的本领，却理解不了君子固穷的高贵。

也有人比较体谅司马迁，说司马迁受了宫刑，要是有钱赎罪的话，是可以免于宫刑的，可是没钱啊。从此司马迁就惦记上钱了，才把文章写成这样。

两千年后，梁启超再读这篇，突然咂摸出味道来了。

> 西士讲富国学，倡论日益盛，持义日益精……彼族之富强洵有由哉……蒙昔读管子《轻重篇》，《史记·货殖传》，私谓与西士所论，有若合符。苟昌明其义而申理其业，中国商务可以起衰，前哲精意千年埋没，致可悼也。
>
> ……西人言富国学者，以农矿工商分为四门，农者地面之物也，矿者地中之物也，工者取地面地中之物而制成致用也，商者以制成致用之物流通于天下也。四者相需缺一不可，与《史记》之言若合符节。(《饮冰室合集·史记货殖列传今义》)

大意是，西方学者研究"富国学"，论述丰富，观点精深，他们的国家富强，确实有道理。我想起小时候读过的《管子·轻重篇》《史记·货殖列传》，这两篇里所讲的道理，不就和西方人讲的道理完美契合吗？

司马迁到底讲什么了？

司马迁说，老子教导大家，理想社会，就是大家都克制自己的欲望，不想着发财，虽然邻近的国家互相望得见，鸡鸣狗吠之声互相能听得到，各国人民却都以为自家的饮食最甘美，自己的服装最漂亮，习惯本地的习俗，喜爱自己从事的行业，以至于老死也不互相往来。

司马迁复述完，加了句评语："必用此为务，挽近世涂民耳目，则几无行矣。"意思是，这一套做法在近世是几乎无法行得通的。

司马迁说，我们要面对这个事实：人们总想听到最好听的，看到最好看的，总想尝遍各种美味，身体安于舒适快乐的环境，心中又夸耀有权势、有才干的光荣。

庸俗吧？人就是这么庸俗。对于庸俗的人类，可以采用的办法是："善者因之，其次利道之，其次教诲之，其次整齐之，最下者与之争。"

最好的办法是听其自然，每个人出于自私目的的行为，最终可能带来改善所有人生活的结果。这就是看不见的手啊。

然后是随势引导，其次是加以教诲，再次是制定规章制度加以约束，最坏的做法是与民争利。《史记》里还有一篇《循吏列传》，讲了好些案例，阐明政府干涉市场带来的坏处。

这些故事大概都不是事实，而是政治寓言。

比如楚庄王认为楚国"币轻"，于是"更以小为大"。《管子》里有《轻重篇》，所谓轻重，用今天的话说就是通过货币的膨胀和紧缩来操纵市场。楚庄王用超发货币的手段，来收割民间财富。

结果管理市场的官员就来找孙叔敖反映：货币改革坏事了，"民莫安其处，次行不定"。这句话的意思是，市场乱了，老百姓无法安心在那里做买卖，秩序很不稳定。孙叔敖就去找楚庄王，强调当前政策导致的问题的严重性，主张恢复旧的币制，钱值多少钱，市场说了算。

楚庄王接受了意见，三天后，市场就恢复正常了。

另外一个故事：楚国人喜欢坐矮车，这种车不适合用马来拉，楚庄王觉得这样不利于马车的普及，于是想下令把矮车改高。孙叔敖就出主意：与其加高矮车，不如先加高门槛。

门槛加高以后，矮车的车轮就过不去了，高车的车轮仍然可以直接过去。坐车的人都是有身份的君子，过一趟门槛就得下一趟车，他们觉得丢脸，所以就愿意把车子加高。有身份的人把车子加高，普通老百姓也会跟着加高。

楚庄王照办了，果然，过了半年，上行下效，老百姓都自动把坐的车子加高了。

楚庄王超发货币，这是"与之争"，与民争利，是最坏的；规定把矮车加高，想把老百姓的生活纳入某个规范，是"整齐之"，倒数第二坏；孙叔敖阻止了楚庄王，但也没去教育老百姓，而是想到加高门槛这个聪明办法，是"利道（导）之"，第二高的境界。

最高的境界，孙叔敖也没有达到。最高的境界，就是别管。

司马迁生活的汉武帝时代的核心主题和经济政策，就是与民争利。当然，汉武帝有他必须要解决的问题，也不能说司马迁就是对的，汉武帝就是错的。对经济规律的不同理解，和汉武帝的政策的根本冲突，是司马迁痛苦的一大根源。

有爵无官的祖父

无泽生喜，喜为五大夫，卒，皆葬高门。

这句说到了司马迁的祖父。

司马迁的祖父司马喜，拥有一个五大夫的爵位，但做过什么官，司马迁没提。

在古代，官和爵本来是两件事。这种区分现代人倒也不难理解：秦汉时代，官比较类似职务，爵则是职称。做什么官，主要意味着你负责哪方面的工作；拥有什么爵位，则影响你的待遇。

商鞅变法以来，秦国慢慢发展出二十等的军功爵制。由低到高排序是这样的。

一到四级：公士、上造、簪袅、不更——这四个等级，对应周朝的制度，相当于士阶级。

五到九级：大夫、官大夫、公大夫、公乘、五大夫——以上对应周制的大夫阶级。

十到十八级：左庶长、右庶长、左更、中更、右更、少上造、大上造、驷车庶长、大庶长——对应卿。

十九关内侯，二十彻侯——对应周制的诸侯。

五大夫是九级爵，司马迁的爷爷，拥有的是大夫阶层的最高一级爵位。

这个爵位相当金贵。

秦国乃至秦朝，爵位都是非常难获得的，但是，到了汉朝，爵位就开始贬值。

刘邦和项羽争天下，刘邦作为弱势的一方，需要开出更高的价码换取将士们加倍努力为自己作战——不仅是要吸引韩信、英布这种高端人才，也要最大限度调动普通军士的积极性。

汉高祖五年（前202），刘邦终于击败了项羽，为了庆祝胜利，回报将士，刘邦下了这样一道诏书：普遍赐爵，汉军中的一般将士（高级将领另说），最高可以拥有七级爵公大夫爵位，第七级公大夫，有时简称为"七大夫"，和五大夫还差两级。所以七大夫级别低，五大夫级别高。

后来，汉朝的皇帝对赐给百姓爵位这件事，越来越随性。有什么喜庆的事，就给老百姓赐爵。皇帝登基了，赐爵；立太子了，赐爵；太子成年举行冠礼了，赐爵……但是，汉朝皇帝守住了一条底线，赐爵最高到八级爵，也就是五大夫的下一级。

也就是说五大夫这个爵位，是不会随便给人的。你已经八级爵位了，最近朝廷又赐爵，那怎么办？那你也不能再升了，你可以把爵位转给别人，但你自己还是只能八级。

因为达到五大夫级别之后，以后朝廷的徭役、兵役就不找你了。对古代的老百姓来说，赋税相对而言是容易承受的，徭役、兵役却是很可怕的。反过来看，对朝廷来说，能够征发足够多的人去服徭役、兵役，是国家能力最核心的部分。所以五大夫这个爵位轻易不能给人。

但是，不给，可以卖。

汉文帝的时候，朝廷接受了晁错的建议，出卖爵位。"四千石为五大夫"，你交给朝廷四千石的粮食，可以换一个五大夫的爵位。假设是四千石的粟米，算下来大概是 120 多吨，二十几万斤。

有学者推测，司马迁爷爷的这个五大夫，就是这个时候买的。

再强调一遍，五大夫是爵位，不是官，只表明他享受什么待遇，不表示他是干什么工作的。司马迁没告诉我们他的爷爷是干什么工作的。

这和司马迁介绍高祖父、曾祖父，是反过来的。高祖父、曾祖父肯定也是有爵位的，但司马迁没提，相反，他告诉我们，他们做的是主铁官，是市长，是那种一听就是想要灰色收入就可以大大的有的官。

所以难免给人一种感觉，司马迁的爷爷这辈子可能没有做过什么太值得一提的官。

生活当中经常会遇到这样的情况，老一辈赚了点钱，疼孩子，没把孩子培养出什么技能，于是尽量给孩子铺路。人生可能遇到的最大风险，我想法子尽量帮你避免了吧。给你买一个五大夫的爵位，徭役、兵役这些最辛苦、最危险的事，你都不用碰了。

司马迁的爷爷去世，葬在高门原，这是司马家的祖坟。这个地方在陕西韩城西南，司马迁的祖父、曾祖父、高祖父，都葬在这里。父亲司马谈葬在哪里没有记载，推想应该也是在这里。六世祖司马靳葬在华池，距离这里也不远，基本可以算一个地区。

《太史公自序》是《史记》最后一篇，如果这一段文字确实也是司马迁最后写的，那他写到"皆葬高门"的时候，心里应该是很痛的。因为他死后不能葬到这里，受了宫刑的人，不能进祖坟。

司马迁的墓在芝川镇，距离高门的祖坟大概四公里的路。这四公里的距离，是司马迁生前的痛苦，也让司马迁死后二千年，终于没能保住祖先的坟茔。

1956 年 8 月 6 日，陕西省人民政府公布司马迁祠墓为陕西省第一批文物保护单位，1957 年拨款对司马迁祠进行重修。1958 年平坟运动，四公里外的司马迁的祖坟全部变成了农田。如果司马迁能葬得离祖坟近一点，他的墓是文物保护单位，那么他的祖坟或许也就保住了。

我写过一本小书，叫《司马迁的记忆之野》，书怎么结尾，是一开始就想好了的。因为当时查到这段材料的时候，我就想，就这段了，太压得住了。两千年前的阴差阳错，司马迁能不能葬进祖坟，这件事好像很重要，又根本不重要。人活一辈子，图的是啥？叶落要归根，中国人最在乎这个。可是，身边人评价你的时候最重视的东西，真的是你认为最值得重视的东西吗？今天我们想到司马迁，记住的是他写了《史记》，还是记住了他甚至没资格葬进祖坟？

在浩瀚的历史长河里，人要不被洪流淹没，而是做一块倔强的礁石，硬生生突出水面，靠的究竟是什么？无限感慨，都在其中。

司马谈的师承

> 喜生谈，谈为太史公。太史公学天官于唐都，受易于杨何，习道论于黄子。

司马迁的父亲司马谈出场了。

这里我们遇到一个大问题，司马谈做了太史公，"太史公"是什么意思？

太史公这个词在《史记》里频繁出现，《史记》一百三十篇，一篇结束的地方，往往就会有一段"太史公曰"，所以这个问题很重要，关系到我们对《史记》的基本理解。

历代学者进行了很多讨论，大致有三种观点。

第一种观点，太史公是官名。

这个说法出自东汉初年一个叫卫宏的人。

> 太史公，武帝置，位在丞相上。天下计书先上太史公，副上丞相，序事如古《春秋》。迁死后，宣帝以其官为令，行太史公文书而已。(《汉仪注》)

太史公，是汉武帝创设的官职，地位还在丞相之上。天下各种汇报工作的文件，都先送到太史公这里，副本才交给丞相。太史公把大事编排、记录下来，就像古代的《春秋》一样。司马迁去世后，大概是再也找不到够资格做太史公的人了，所以汉宣帝就把太史公改成了太史令，不过还像以前那样，各种文件要从太史令那里走一下流程。

按照这个说法，太史公地位很高，高到不合情理的地步，所以大家几乎都不信。

司马迁在《报任安书》里说，"仆之先非有剖符丹书之功，文史星历，近乎卜祝之间，固主上所戏弄，倡优所畜，流俗之所轻也。"我的先人，没有什么大的功劳，和占卜念咒的巫师差不多，就是皇帝的弄臣，像倡优一样被养着，是人民群众看不起的。如果太史公的地位比丞相还高，司马迁就算谦虚，也不带这么糟蹋自己的父亲的。

《汉书·百官公卿表》介绍汉朝官制，其中没有太史公这个官职。如果太史公这么重要，班固不可能疏忽不提。《百官公卿表》里倒是有一个官职叫太史令。汉代有三公九卿，九卿第一位是太常，负责意识形态、思想文化方面的工作。太史令就归太常领导，太史令的副手则叫太史丞。

汉武帝的茂陵被盗，流出很多档案文件，其中就有司马谈、司马迁父子的档案。其中提到："谈以太史丞为太史令。"显然，司马谈先做太史丞，后来升为太史令。

第二种观点，太史公是尊称。

太史令被尊称为太史公，这在汉代很正常。一个德高望重的人，被称为"公"，民国时还常见，现在也偶尔会有。

有人根据这个理解，把卫宏那段话给圆过来了：太史令是天官，古代天官的地位，是在三公之上的。到了汉朝，太史令地位降低了，但是，在重要的礼仪性场合，座位还在丞相之上。"位在丞相上"，不是地位在丞相之上，而是座位在丞相之上，形式上给一个体面的待遇。而且，各种档案文件要送到太史令那里备份保存，但是这不意味着他有参与决策的权力以及对这些文件发表意见的资格。后人不了解这种情况，只看见太史令的座位比丞相高，文件都往他那里送，误以为他的地位比丞相还高了。

但是，把太史公理解为尊称，也有一个问题。

司马迁尊称自己的父亲为太史公，很正常。但是，《史记》里的太史公，并不都是指司马谈，经常是指司马迁。"卒三岁而迁为太史公""太史公遭李陵之祸"这些话里，太史公显然就是司马迁，更别说那些"太史公曰"中的太史公了。

太史公是尊称的话，司马迁尊称自己，就不合适了。

于是又有一种解释：我们今天见到的《史记》，已经不是当初的原貌了。司马迁去世后一段时间里，人们并不知道《史记》这部书，这部书保存在司马迁的女儿手里，后来司马迁的外孙杨恽把《史记》献给了朝廷。杨恽尊敬外公，他把《史记》里提到司马迁的地方，全部改成了"太史公"。

这个推测合乎情理，当然，不可能有什么过硬的证据。

第三种观点，太史公是俗称。

这种观点认为，太史公本来也许是尊称，但这种尊称用得实在太滥，以至于其中尊敬的意味可以忽略不计。

譬如帅哥、美女这种称呼，几十年前大概是帅哥真帅，美女真美，如今在生活场景中，只要看得出性别，就可以呼为帅哥、美女，和颜值根本无关了。

"公"这个字眼，春秋时代还是尊贵的，但一路贬值，到了汉朝基本是随便用。比如说《史记·扁鹊仓公列传》，所谓仓公，指的是淳于意，他的职务是"太仓长"，就是一个管仓库的小官，但是也可以叫公。在汉代，大概一个小部门的头头，大家就习惯称他是公了。

所以司马迁自称为太史公也不奇怪。

这个说法也挺合理。

材料很少的情况下，几种说法还都合理，就不用贸然断定到底哪种是对的。研究早期历史，这种情况其实经常会碰到。

> 太史公学天官于唐都，受《易》于杨何，习道论于黄子。

这句讲司马谈的学问来源，提到三位老师。

天官是向唐都学的。所谓天官，是天文、星象、历法方面的知识。史官的本职工作并不是写历史，掌握天文历法方面的知识，才是太史的基本技能。唐都很长寿，他是司马谈的老师，后来还和司马迁一起编订太初历。

《易》是向杨何学的。会用《易》来预测，也是史官的基本技能。秦始皇烧书的时候，"医药卜筮种树之书"不烧，《易》这门学问的传承，从来没有中断。

跟黄子学的"道论"。"道论"也就是黄老之道，讲如何无为而治，这是西汉初年的主流学说。

这位黄子，也称黄生，关于他，《史记》里讲了一件很有名的事：

黄生和研究《诗经》的大师辕固生在景帝面前争论。

黄生说："汤王、武王并不是秉承天命成为天子，而是弑君篡位。"

辕固生反驳说："不对。夏桀、殷纣暴虐昏乱，百姓不肯为他们效命而心向商汤、周武。商汤、周武顺应天下人的心愿而杀死夏桀、殷纣。最后商汤、周武迫不得已自立为天子，这不是秉承天命又是什么？"

黄生说："帽子虽然破旧，但是一定戴在头上；鞋虽然新，但是必定穿在脚下。这正是上下有别的道理。桀、纣虽然无道，但是身为君主而在上位；汤、武虽然圣明，却是身为臣子而居下位。君主有了过错，臣子不能直言劝谏来保持天子的尊严，反而借其有过而诛杀君主，取代君主而自立，这不是弑君篡位又是什么？"

辕固生答道："按你的说法，高皇帝取代秦朝即天子之位，也是不对的了？"

于是景帝说："吃肉不吃马肝，不算不知肉的美味；谈学问的人不谈汤、武是否受天命继位，不算愚笨。"

争论到此为止，以后的学者再无人敢争辩汤、武是受天命而立，还是篡夺君权的问题了。

这里我们可以看出，汉景帝很会当皇帝，遇到没法面对的问题，就搁置争议。很多事是说不清楚的，只能搁置，最后大家就会把这些事忘掉。而这位黄子，司马迁的爸爸的老师，是有王权崇拜症的。

师从黄老师，恐怕主要倒不是学习当史官的业务技能了，而是学习政治立场上不犯错误。

说完这三位老师，可以发现一点，我们说司马迁出生于史学世家，其实未必准确。当史官的技能，司马迁的爸爸都是跟外人学的。

司马家和"史官"这一行脱离关系，如果从程伯休父算起，那就是已经脱离这个行业六百年了，如果从春秋中期司马家离开周王室到晋国算起，这个家族的"史官"传统也已经中断了四百年了。

所以，司马迁出生于史学世家这个说法并不准确。事实上，是司马迁的爸爸经常向司马迁强调，咱们是史学世家。

后来司马迁最痛苦的时候，也要坚持把史书写下去，和他相信自己拥有这个出身有很大关系。身心俱疲、痛苦不堪的时候，司马迁仰望星空，会觉得灿烂而永恒的星光像是祖先期待的眼神吧。

是不是真有"家学"不重要，有自己能把这门学问做好的信念很重要，哪怕这个信念可能来自一个错误的认知。

从建元到元封

太史公仕于建元元封之间。

司马谈做官，是在建元元封之时。

建元和元封，都是汉武帝的年号。所谓年号，是帝王用来纪年的一种方法。汉武帝之前，没有年号，年号是汉武帝的一个重大发明。

关于年号的问题，辛德勇教授有一本《建元与改元》，梳理出许多过去被忽视的问题。汉武帝的年号，不是一开始就有计划地使用的，而是后来追改。武帝一朝的许多纪年错乱，就由此而来。

下面说的是追改后的情况，尽可能简化地讲。

汉武帝在位五十四年，总共换了十一个年号。前六个年号，六年一换。

第一年号叫"建元"，表示使用年号的开始。

第二个年号叫"元光"，因为当时天上出现了一颗大彗星，彗星闪亮的尾巴划过半个天空，所以叫元光。这种大彗星，叫蚩尤旗，据说天上一旦出现，人间就会爆发战争。秦始皇的时候，出现过更大的蚩尤旗，彗星的尾巴划过整个天空，人间对应的是秦始皇灭了六国，接着天下起兵反秦，死人无数。汉武帝时代的蚩尤旗，只有秦始皇时代的一半大，但也已经很震撼了，它昭示着"京师师四出，诛夷狄者数十年，而伐胡尤甚"。

第三个年号叫"元朔"，为什么叫元朔存疑。一般说来，年号命名的根据是"天瑞"，也就是上天降下了吉祥的征兆，但是不确定这段时间有什么天瑞。辛德勇教授有复杂的考证。我倒是倾向于传统说法，唯独这个年号和天瑞无关。

《封禅书》说："有司言元宜以天瑞命，不宜以一二数。一元曰'建'，二元以长星曰'光'，三元以郊得一角兽曰'狩'云。"也就是说最初根据天瑞设计年号的时候，是没有元朔这个年号的。后来定下了年号六年一换的思路，需要再增加一个年号，才后补的元朔。因为这段时间里最重大的政治事件是经营河套地区，设了朔方郡。

第四个年号叫"元狩"，汉武帝打猎，打到一只奇怪的动物，不知道是什么。有个叫终军的小官站出来说，陛下，这就是麒麟啊。麒麟是瑞兽，天下太平，麒麟才会现世，现在您打到了麒麟，这是上天告诉我们，在您的治理之下，天下已经是真正的盛世。汉武帝很高兴，改元元狩（前122—前117），这个年号依然是用了六年。

当然，司马迁并不相信这只动物就是麒麟。他写的是"盖麟云"，意思是，可能是个麒麟吧。

第五个年号叫"元鼎"。鼎这种器物有非同一般的象征意义，传说大禹治水，把天下划分为九州，每个州铸了一只鼎。所以九鼎就象征九州，拥有九鼎，就象征得了天下。商灭夏，九鼎就归了商；周灭商，九鼎就归了周。九鼎的归宿，象征着天命的转移。

但是，秦始皇灭了周，出问题了。他想把九鼎从洛邑迁到咸阳，传说有一只鼎不承认秦始皇有资格当天子，愤而投河。说来奇怪，后来有人看见这只鼎在泗水里，秦始皇亲自到彭城，组织了上千人去捞，也没捞着。

这种传说，用意是非常明显的，就是拍刘邦马屁。因为秦始皇的时候刘邦是泗水亭长。鼎在泗水里，就是投奔刘邦去了，意思是刘邦当皇帝是天命所归。

汉文帝的时候，有个方士叫新垣平。他说山西汾阴这个地方有金宝气，恐怕是周鼎要出现。于是汉文帝派人到汾阴附近的黄河边，想等周鼎出现。这时，有人揭发，说新垣平一贯装神弄鬼。汉文帝就把新垣平杀了，找鼎这事也就不了了之。

到汉武帝时代，汾阴有个巫师发现了一只大鼎，他向有关部门汇报，然后一路上报，终于汇报到皇帝那里。汉武帝派人去鉴定，确认是周鼎，于是派人把鼎迎到甘泉宫来。

这件事司马迁写得更加阴阳怪气，他先详细交代了新垣平伪造周鼎被杀的事，然后说汉武帝时代在新垣平说的那个地点发现了周鼎。司马迁的意思很清楚，这只鼎就是当年新垣平伪造的。然后司马迁再写有关部门怎么层层上报，汉武帝怎么派人仔细研究鼎到底是不是真的，那意思显然就是：大家演戏演得好认真啊。这是司马迁的性格，他总有要做《皇帝的新装》里说出"可是他什么也没穿"的小孩的冲动。

安徒生童话虽然是最深刻的童话，但毕竟是童话。现实是，既没有小孩说"可是他什么也没穿"，大人们也不会醒悟。事实的真相是，大人其实都知道皇帝什么也没穿，但是十分认真地配合他演戏。要是有哪个小孩说出真相，大人们会表现得十分愤慨，争前恐后骂小孩是神经病，把小孩打死。这就是人世间的真相，所以司马迁也没法直说，只能在那里阴阳怪气。

不管怎么说，对汉武帝来说，发现这只鼎值得大大庆祝，于是年号改成了元鼎。

汉武帝的第六个年号叫"元封"，他在位的第六个六年的第一年，封禅泰山。

这六个年号，建元、元光、元朔、元狩、元鼎、元封，都是用了六年。

元封六年之后，司马迁和当时一批研究天文历法的人，为汉武帝制定了新的历法，叫太初历，于是改元太初。

之后年号是四年一换，用了太初、天汉、太始、征和四个年号。之后汉武帝又当了两年皇帝，还没想好用什么年号就死了，史书上把这两年称为"后元"。

现在我们回头看"太史公仕于建元元封之间"这句话，会发现这是一个很大的时间跨度。建元是汉武帝的第一个年号，元封是汉武帝的第六个年号。根据后文，我们知道司马谈去世是在元封元年，他入仕当官是建元哪一年，不清楚。总之，这句话牵涉到的时间，是二十多年。

《论六家要旨》

愍学者之不达其意而师悖，乃论六家之要指曰：易大传："天下一致而百虑，同归而殊涂。"夫阴阳、儒、墨、名、法、道德，此务为治者也，直所从言之异路，有省不省耳。尝窃观阴阳之术，大祥而众忌讳，使人拘而多所畏；然其序四时之大顺，不可失也。儒者博而寡要，劳而少功，是以其事难尽从；然其序君臣父子之礼，列夫妇长幼之别，不可易也。墨者俭而难遵，是以其事不可遍循；然其彊本节用，不可废也。法家严而少恩；然其正君臣上下之分，不可改矣。名家使人俭而善失真；然其正名实，不可不察也。道家使人精神专一，动合无形，赡足万物。其为术也，因阴阳之大顺，采儒墨之善，撮名法之要，与时迁移，应物变化，立俗施事，无所不宜，指约而易操，事少而功多。儒者则不然。以为人主天下之仪表也，主倡而臣和，主先而臣随。如此则主劳而臣逸。至于大道之要，去健羡，绌聪明，释此而任术。夫神大用则竭，形大劳则敝。形神骚动，欲与天地长久，非所闻也。

夫阴阳四时、八位、十二度、二十四节各有教令，顺之者昌，逆之者不死则亡，未必然也，故曰"使人拘而多畏"。夫春生夏长，秋收冬藏，此天道之大经也，弗顺则无以为天下纲纪，故曰"四时之大顺，不可失也"。

夫儒者以六艺为法。六艺经传以千万数，累世不能通其学，当年不能究其礼，故曰"博而寡要，劳而少功"。若夫列君臣父子之礼，序夫妇长幼之别，虽百家弗能易也。

墨者亦尚尧舜道，言其德行曰："堂高三尺，土阶三等，茅茨不翦，采椽不刮。食土簋，啜土刑，粝粱之食，藜霍之羹。夏日葛衣，冬日鹿裘。"其送死，桐棺三寸，举音不尽其哀。教丧礼，必以此为万民之率。使天下法若此，则尊卑无别也。夫世异时移，事业不必同，故曰"俭而难遵"。要曰彊本节用，则人给家足之道也。此墨子之所长，虽百家弗能废也。

法家不别亲疏，不殊贵贱，一断於法，则亲亲尊尊之恩绝矣。可以行一时之计，而不可长用也，故曰"严而少恩"。若尊主卑臣，明分职不得相逾越，虽百家弗能改也。

名家苛察缴绕，使人不得反其意，专决於名而失人情，故曰"使人俭而善失真"。若夫控名责实，参伍不失，此不可不察也。

道家无为，又曰无不为，其实易行，其辞难知。其术以虚无为本，以因循为用。无成势，无常形，故能究万物之情。不为物先，不为物后，故能为万物主。有法无法，因时为业；有度无度，因物与合。故曰"圣人不朽，时变是守。虚者道之常也，因者君之纲"也。群臣并至，使各自明也。其实中其声者谓之端，实不中其声者谓之窾。窾言不听，奸乃不生，贤不肖自分，白黑乃形。在所欲用耳，何事不成。乃合大道，混混冥冥。光耀天下，复反无名。凡人所生者神也，所讬者形也。神大用则竭，形大劳则敝，形神离则死。死者不可复生，离者不可复反，故圣人重之。由是观之，神者生之本也，形者生之具也。不先定其神，而曰"我有以治天下"，何由哉？

……太史公既掌天官，不治民。

讲司马迁的父亲司马谈的这篇著名论文之前，先说说我对大学里的一些老师的印象。

有的老师学问特别好，功夫扎实，但是不能出校门，一出校门就容易让人觉得这人怎么这么天真。正因为他水平高，基础性的东西就觉得没必要说，一张嘴就是学科前沿，或者是很专精的内容，一般人根本听不懂。

有的老师，特别善于和领导打交道。随便什么话题，给他一聊，立意就上去了，格局就打开了。他会强调，咱们做的这个事特别有意义，对国家的命运，社会的发展，人民的福祉，都是影响深远。这也是真本事，项目能不能申请下来，科研经费能不能拿到手，往往取决于有没有这个本事。

还有的老师，就是让人民群众信服。人民群众对知识分子应该是什么样，是有刻板印象的。你长这个模样，用这个腔调说话，没学问也有学问了。

　　值得注意的是，有的老师是全能的。跟领导打交道，就说领导爱听的；面对公众，讲公众觉得能提升自我的。你觉得这样的人精肯定不能踏实做学问，也不，他可能不是最扎实的，但是聪明，碰到一个问题，切入的角度特别巧妙，特别善于化繁为简，别人长篇大论说不清楚的，他几句话把关键点指出来，也是让人不服不行。

　　司马迁的父亲司马谈，尽管关于他的材料很少，但他给人的印象就是这种六边形战士。

　　《太史公自序》说，司马谈担忧学者不能通晓各学派的要义而所学悖谬，于是写了篇文章，论述阴阳、儒、墨、名、法和道德六家的要旨。

　　这篇文章要细讲，那就完全进入另外一个主题了，是诸子学的讨论，我们只能简单说个大概。

　　司马谈认为，诸子的学问，可以划分为六大派，也就是所谓六家。

　　六家，有一个共同的关注主题"此务为治者"，都想着要把国家治理好。

　　这里面，五家都有巨大的缺点，也有不可取代的长处。

　　阴阳家要从各种神秘的征兆中发现人生的危险和机遇，比如看黄历，今天宜干啥不宜干啥，都属于阴阳家的学问。司马谈说，一个人如果完全信奉阴阳家，就全是忌讳，啥也别干了。但阴阳家讲的春生夏长秋收冬藏，这是天地间的基本规律，要尊重。

　　儒家的学问做得特别琐碎，所谓"博而寡要，劳而少功"，很渊博，但是抓不住要点，很折腾，但很少有成效，所以真按照儒家的指示去做，就会一天到晚玩虚的。但是，儒家重视等级制，等级制是社会正常运转的根本保障，这是谁也改变不了的。

墨家讲究简朴，节俭过头了，违背人性。但是，适当的简朴，才能有积累，这是好的。

法家主要不是讲法律的，而是讲政治。讲法律，一般也是谈法律在权力结构中的作用，并不太关心立法的细节。法家的观点，除了君主之外，人人平等，"亲亲尊尊之恩绝"，意思就是只讲君主独裁，而没有一个忠于君主的利益集团，这样的统治注定是短命的，"可以行一时之计，而不可长用也"。但是，法家突出君主权威，而且科层体系、绩效考核的规则建设得好，这是他的长处。

再说名家，用今天的话说，名就是概念。一般理解，名家是讲逻辑的，那逻辑和治理国家有什么直接关系呢？其实名家反而是讲法律的，所以有个术语，叫"刑名之学"。因为名是概念，讲法律一定要把概念抠清楚，比如哪款法律条文适用于现实中的哪些罪行。但是，如果一天到晚在法律条文里打转，容易"专决于名而失人情"，就反而不通人情了。这个就像罗翔老师说的："学习法律，一定要有常识，大家不要觉得自己是法律人就高高在上，法律无非解决的是社会生活中的矛盾，所以法律人的判断永远不能超越民众朴素的道德情感。"其实也就是说，法律人反而容易没有常识，容易瞧不起民众朴素的道德情感，这个问题，司马谈就已经点出了。当然，司马谈也认为，国家治理，离不开法律。

那就是说，五家都有缺陷，也各有长处。只有最后一家，道德家，最高明。

道德不是我们今天说的道德，道是世界的根本原则，德其实不妨理解为获得的得，就是说你要把握住这个原则，什么都可以得到。道德家的特点是，"无为，又曰无不为，其实易行，其辞难知。"看起来啥也没干，其实啥都干了，其实很容易实行，但是没法说。前面五家的长处，道德家全有，前面五家的缺点，道德家全部避免了。

所以，治理国家，归根结底，要用道德家。

要对这篇文章做一个整体评价的话，大致是这样的：

首先，立意特别高，格局特别大。司马谈之前，诸子百家，是一个一个的子，除了儒家和墨家是比较清楚的学术流派之外，别的人，他们属于哪一派，他们的观点彼此之间到底是什么关系，说不清。司马谈快刀斩乱麻一样划了这么六大派，以后诸子百家中的人物都可以归类。谁是道家，谁是名家，司马谈没有举例，但以后的人可以做这个工作了。可以说，司马谈这篇《论六家要旨》，既是对整个先秦诸子思想的一个出色的总结，又深刻影响了之后两千多年的诸子学研究，我们今天研究先秦诸子还是习惯于这么归类，甚至考古发现的战国简牍，很多研究者还是习惯要判定它属于哪个流派。

其次，司马谈评判每一派的优点和缺点，都善于用一两句话直接击中要害。除了他最赞美的道德家说得比较玄，别的都说得上是言简意赅，对于我们今天读诸子，都称得上有启发意义。

可以说，就凭这一篇《论六家要旨》，司马谈就足以成为中国学术史上绕不过去的人物。

何况，写《史记》的想法，是司马谈先有的；《史记》全书的框架，很大一部分也是司马谈定的；《史记》里相当大一部分篇章，也是司马谈的手笔。所以，我们虽然一般泛泛而谈，说司马迁作《史记》，但要说得严谨些，应该是司马谈、司马迁父子相续作《史记》。

学问做得好之外，司马谈的为人处世，无疑更是极其高明的。

司马谈的父亲，是个一辈子没有担任过任何值得一提的职务的人，可是司马谈肩膀上，是挑着重振家业的重担的。司马谈做了太史令，技能都是跟外人学的，他是个刚入行的新人。但是，司马家祖上就是做史官的这个说法出现了，不少学者都认为，这是司马谈为了在这一行立足，激活了或者发明了这段家族历史。

这篇《论六家要旨》，推崇的是道德家。从汉朝初年，一直到汉武帝在位的前六年，推崇黄老道家，都是政治正确。汉武帝在位的前六年，真正大权在握的是汉武帝的奶奶窦太后，老太太特别喜欢黄老道家。但老太太一死，汉武帝就大力推崇儒家，这么一来，司马谈就应该成为过气人物了。

但是并没有。司马谈迅速跟上了形势，他教育儿子的时候，就总是强调孔子和《春秋》大义，不再谈什么黄老清静之道。司马谈颇得汉武帝赏识，汉武帝最为重视的封禅大典，他是重要的策划人之一。而封禅一事，无疑属于司马谈嘲讽过的"博而寡要，劳而少功"的儒家弊端，和道家无为而无不为的原则相违背。

这种与时俱进的机敏，帮助司马谈获得了远远超过一般太史令所能得到的资源。而这些资源，又为未来司马迁的创作提供了巨大便利。

一些基本信息

介绍完父亲，司马迁终于开始谈论自己：

> （太史公）有子曰迁。

太史公司马谈有个儿子叫司马迁。

上网随便搜一下，就会看到这样的信息：司马迁，字子长，出生于公元前 145 年或公元前 135 年。

但这里并没有提到司马迁的字，也没有提他出生于哪一年。

班固的《司马迁传》里，也没有写。

那么这些信息，今天的人是怎么知道的呢?

西汉末有个学者，叫扬雄，字子云。刘禹锡《陋室铭》里"南阳诸葛庐，西蜀子云亭"，后一句说的就是这位扬子云。

扬雄的《法言》里引用了这么一个观点：

> 司马子长有言，曰五经不如《老子》之约也，当年不能极其变，终身不能究其业。

司马子长说，五经不如《老子》简洁，那么多内容，一辈子研究不完。

这是司马谈《论六家要旨》里的话。

这么看，似乎是司马迁的爸爸司马谈字子长。

不过，汉朝人的引用，向来是不严谨的，比如引用《论语》里孔子学生的话，也会算作是孔子的话。司马谈这句话收在《史记》里，父子俩共享《史记》的著作权，因此这句话说是司马迁的话也可以。

总之，仅凭这条材料，还无法断定子长到底是谁的字。

稍晚一些的一部书，东汉初年王充的《论衡》，多次提到司马子长：

> 或抽列古今，纪著行事，若司马子长、刘子政之徒，累积篇第，文以万数，其过子云、子高远矣。（《论衡·超奇篇》）
>
> 邹衍见拘，睢、仪之比也，且子长何讳不言？案《衍列传》，不言见拘而使霜降。（《论衡·变动篇》）
>
> 司马子长纪黄帝以至孝武，扬子云录宣帝以至哀、平。

陈平仲纪光武。班孟坚颂孝明。(《论衡·须颂篇》)

汉作书者多,司马子长、扬子云,河、汉也,其余泾、渭也。然而子长少臆中之说,子云无世俗之论。(《论衡·案书篇》)

充书既成,或稽合于古,不类前人。或曰:"谓之饰岁偶辞,或径或迂,或屈或舒。谓之论道,实事委琐,文给甘酸,谐于经不验,集于传不合,稽之子长不当,内之子云不入。文不与前相似,安得名佳好,称工巧?"(《论衡·自纪篇》)

从这些话看,可以肯定司马子长是《史记》的作者,不过前面说了,司马谈、司马迁父子共享《史记》的著作权,所以仍不好最终确定司马子长是谁。

再晚一点,汉献帝的时候,有个叫荀悦的,写了一部编年体的《汉纪》,其中有这样一句:

司马子长遭李陵之祸。

凭这条绝对可以肯定,司马子长是司马迁。

古人的名和字的含义有关联,迁字常用的义项,有变易、迁徙、上升等,这些义项都比较容易和"生长"挂钩,所以司马迁的字,读音似乎应该是 zhǎng。

至于司马迁的生年,最重要的材料是《太史公自序》的两条唐朝人的注释。

"(司马谈)卒三岁而迁为太史令"一句后,司马贞《史记索隐》引《博物志》：

> 太史令茂陵显武里大夫司马迁，年二十八，三年六月乙
> 卯除六百石。

元封三年（前108）司马迁二十八岁，则司马迁生于建元六年（前135）。

"（司马迁为太史令后）五年而当太初元年"一句后，张守节《史记正义》注：

> 迁年四十二岁。

太初元年（前104）司马迁四十二岁，则司马迁生于汉景帝中元五年（前145）。刚好差十年。

司马贞、张守节都是唐朝人，司马贞注释的信息来源，是西晋张华的《博物志》，而张华的信息来源，恐怕是《茂陵书》。

西汉末年，赤眉军入长安，把西汉的皇陵都挖了。汉武帝的茂陵规模最大，珍宝最多，自然是重点挖掘对象。汉朝皇帝一即位就给自己修墓，据说天下贡赋的三分之一都塞进墓里陪葬，汉武帝在位五十多年，茂陵财宝之多可想而知。东西实在太多，农民军劫掠又很匆忙，所以劫走的连一半都不到。一直到西晋，据说茂陵里还残留许多财宝，"朽帛委积，珠玉未尽"。

《茂陵书》大概就是在这时候流出的，一直流传到西晋。西晋有个著名的考古发现，就是汲冢竹书，西晋学者对《茂陵书》这个更早的出土文献，也挺关注，经常引用。

张守节没说自己的资料来源，大概也是通过《博物志》转引《茂陵书》的。

那为什么会差着十年呢？辗转抄写，一不留神把"三"抄成"二"，或者"廿"（二十）"卅"（三十）"卌"（四十）抄混，都不奇怪。

我们知道，中国古书命运很惨，一有大规模社会动荡，往往就被毁掉了。有些古书传到国外，反而得到了保存。

据说，日本有一套南宋的《史记》三家注合刻本，日本学者水泽利忠《史记会注考证校补》中说，三家注合刻本的《史记索隐》中，司马迁就是"年三十八"。

司马迁公元前 108 年三十八岁，公元前 104 年四十二岁，这就一点毛病没有了。这样就可以得出结论，司马迁是出生在公元前 145 年。

当然仍不是最终定论，还有别的说法，这里不一一介绍。

介绍这些是想说明，教科书上随便一个知识点，背后都可能有很多学者反复辩难的努力。了解知识点得出的过程，有时比知识点本身更有趣，也更重要。

迁生龙门。

司马迁生在龙门。龙门是指司马迁家乡的标志景观。"迁生龙门"这个说法，类似今天南京的同学说我生于玄武湖畔、紫金山下。

后世有时也会用龙门来指代司马迁，夸人历史写得好，会说您深得"龙门笔法"。

但"迁生龙门"这个说法有点含混，结果就导致了司马迁的家乡有争议。

所谓龙门，是指位于今山西河津西北与陕西韩城交界的黄河峡谷出口处。司马迁当然不可能是黄河里生出来的，只是出生地邻近龙门而已。那么，他的出生地是位于东岸还是西岸呢？

黄河的东边是晋，西边是秦。司马迁的祖上早已是秦人，所以他的出生地自然只能是黄河西边的陕西韩城，当时叫夏阳。

不过今天为了旅游业，不问东西，名人故里总是要争一争的。

读过《史记·淮阴侯列传》的人，往往会觉得司马迁对韩信有很深的共情。司马迁关注韩信，和他的这个出生地，大概多少也有关联。

韩信指挥的著名战役，有一场就发生在司马迁的家乡。汉二年（前205）八月，韩信指挥的汉军与魏王豹的军队隔黄河对峙。韩信集中大量船只，摆出要强渡黄河、进攻浦阪津的架势，实际上"伏兵从夏阳以木罂缻渡军"。猝不及防的魏王豹很快兵败如山倒，身死国灭。

所谓木罂缻，字面意思是木制的盆瓮，后来的研究者觉得凭借这样简陋的工具渡过水流湍急的黄河不太现实，开了许多脑洞，尽量把这件事解释得合理。但实情也可能是，这就是夏阳当地流行的传说。有什么比神奇的战争故事更能在一个不安分的小男孩心里留下不可磨灭的印象呢？少年司马迁看着滔滔黄河水和对岸险峻的山岭，也许无数次幻想过韩信大军渡河的情景。当地流传已久的韩信木罂缻渡军的传说，后来自然也进入了他的笔下。

　　耕牧河山之阳。

　　司马迁在"河山之阳"种地、放牧。山南水北为阳，山东、水西也是阳。司马迁小时候生活在龙门山之东，黄河以西，所以说"耕牧河山之阳"。

　　"耕牧"二字值得说一说。

　　有人说，这句话说明司马迁亲近劳动人民。

　　未必。古代学者，大概是很难完全脱离农业生产的，即使是出身相对富庶的家庭。

　　一者是谦虚，有教养的人士，不作兴炫富；二者是政治正确，《史记·孝文本纪》：

　　　上曰："农，天下之本，其开籍田，朕亲率耕，以给宗庙粢盛。"

　　天子也是要种田的，虽然只是意思一下。

　　天子已经亲自示范了，天下士大夫不能不跟进，哪怕只是意思一下，也要下地刨两下。"耕读传家"之类的话头，在中国传统文化里，一直都在讲。

　　班固说："古之学者耕且养，三年而通一艺。"表示一边种地奉养双亲，一边读点书，是优秀传统文化。

　　大家熟悉的诸葛亮娶了黄承彦的女儿，而黄承彦是蔡讽的女婿，蔡讽另外一个女婿是荆州牧刘表。可知诸葛亮是属于当时荆州最高级的士族圈子的，但是他一样"躬耕于南阳"。

　　所以司马迁这句，只是套话，不必求之过深。

　　有意思的倒是司马迁不但说"耕"，而且说"牧"。

　　似乎当时大农业的范畴里，畜牧还占挺高比重，所以人们顺口就会把放牧和耕种并称。

　　同样面积的土地，放牧牛羊比起种植庄稼来，可提供的热量要少得多。所以中国历史的大趋势是，随着人口的增长，中国人饭桌上的肉食比重越来越低。汉代人口还比较少，土地相对富余，可以留出较多的地来放牧。

　　《盐铁论·散不足》里抨击富人生活骄奢淫逸，带坏了社会风气，倒是正可见畜产之多。不管这些贤良文学说这些的用意是什么，反正肉食真不少，畜牧业称得上欣欣向荣。

　　司马迁的家乡夏阳，又差不多在农牧区的分界线上，"龙门、碣石北多马、牛、羊、旃裘、筋角"，畜牧业占的比重更高。

　　《货殖列传》里说，汉代的千户侯，年收入是二十万钱。没有官方身份的，很多人也达到了这个收入水平，比如"陆地牧马二百蹄，牛蹄角千，千足羊，泽中千足彘"，拥有这些畜产，就相当于千户侯了。一匹马四个蹄子，二百蹄就是五十匹马；牛也是四个蹄子，再加两只角，蹄角千就是约一百六十六头牛；千足羊、千足彘自然是二百五十只羊或猪。看来司马迁做过不少和马牛羊有关的应用题，或许汉代的小学童往往都要做类似的题。《九章算术》里，确实有不少和马牛羊相关的题目：

　　　　马二十匹，直金十二斤。今卖马二十匹，三十五人分之，人得几何？（《九章算术·卷一》）

今有牛、马、羊食人苗。苗主责之粟五斗。羊主曰："我羊食半马。"马主曰："我马食半牛。"今欲衰偿之，问各出几何？（《九章算术·卷三》）

今天的小学生，看着大概也很亲切吧。

当然，对于少年司马迁来说，耕牧生活是次要的，主要还是读书。

司马迁的老师

年十岁则诵古文。

所谓"古文"，是相对"今文"而言的。

汉代通行的字体，是隶书，被称为今文；各种先秦的古文字，大篆、小篆，还有山东六国各式各样的字体，统称为古文。就是说，这个古文，和我们今天说的古文不是一回事，它指的是先秦的古文字。

简单化类比，中华人民共和国的今文是简体字，繁体字之类就是古文。当然，篆字和隶书的区别，要远远大于繁体字和简体字的区别。

所以这句的意思是，十岁的时候，就能读懂用先秦古文字写成的书。

今天很多人觉得用繁体字就是比简体字高级，汉朝人的心理，也类似。

何况司马迁生活的时代，很多古书还没有转写为隶书的版本，确实只有懂古文字，才能读懂。

司马迁在哪里读的书，有争议。不管他是生于公元前145年还是公元前135年，他十岁的时候，父亲司马谈肯定已经出仕做官了，也就是人在长安。如果司马迁是留守儿童，那么就是在家乡夏阳读的书，如果跟在父亲身边，那就是到京城念书了。在京城，接触到学术大师的机会也就会多很多。

司马迁跟谁读的书，这里也没提。不过，后世的人往往期待司马迁有高明的老师。《史记索隐》说：

> 迁及事伏生，是学诵《古文尚书》。

这个伏生，《史记·儒林列传》里有介绍，名胜，是济南人。这里需要注意一点，汉朝的时候，称某人为某生，通常是说这是受人尊敬的老先生，和明清时《聊斋》那样的小说里某生多半是年轻书生不同。

伏生本是秦朝的博士。秦始皇焚书，儒家经典的传承就断了。到汉文帝时，朝廷找还能研究《尚书》的人，找遍天下都找不到。后来朝廷听说这位伏生懂《尚书》，想召他到京城来。伏生当时已经九十多岁了，禁不起长途奔波。于是朝廷就派晁错去跟伏生学习。

秦朝焚书的时候，伏生曾把《尚书》藏在墙壁里，汉朝平定天下后，他又把书取出来，发现许多已经朽烂了，只剩下二十九篇。伏生就在齐鲁之间传授《尚书》。

于是，我们知道《史记索隐》的说法是错的。司马迁汉景帝

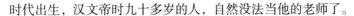

时代出生，汉文帝时九十多岁的人，自然没法当他的老师了。

不过需要说一句，读先秦两汉的书，经常会看见八九十岁的老人还很活跃，应该是因为当时谎报年纪的现象很普遍。根据一份出土的西汉末的人口数据（尹湾汉墓《籍簿》），东海郡139万人，80岁以上的33861人，90岁以上的11670人。老龄人口比例之高，和当时社会的卫生健康水平完全不符，只能认为存在大面积造假。我们看到《史记》《战国策》里有些七八十岁高龄的人，又过了几十年还很活跃，其实有一种可能是，他们第一次亮相时其实就是个中年人，把自己说得特别老而已。

又有很多人认为，董仲舒是司马迁的老师。

董仲舒的生卒年也很有争议，但他肯定和司马迁是同时代的人，年纪又大很多，仅从这点论，他做司马迁的老师没问题。

说董仲舒是司马迁的老师的主要依据，就是《太史公自序》的下文，有一大段"余闻董生曰"，我听董仲舒先生说如何如何。那段话是谈司马迁写《史记》的因由的，这么重要的话题，司马迁引董仲舒的观点证明自己，可见对董仲舒极其推崇。

宋代有学者因此说："迁与仲舒盖尝游从而讲论也。"（真德秀《文章正宗》卷一六）注意，他的语气还是推测性的，表示从情理上讲可能如此而已。

但这个话题后来越说越实。到晚清，康有为拟了一张跟董仲舒学习的人的名单，把司马迁放进去了；梁启超则言之凿凿"司马迁实当时《春秋》家大师董仲舒之受业弟子"。

实际上，说司马迁是董仲舒的弟子，疑点颇多。陈桐生先生的《司马迁师承董仲舒说质疑》一文，可以算是各种驳论的汇总。大致可以归结为三点：

第一，汉代人重视师承，《自序》上文，便讲到了司马谈的老师都有谁，司马迁如果是董仲舒弟子，没有不明说的道理。而早期文献，没有说司马迁是董仲舒弟子的，司马迁提到董仲舒，称为"董生"，这也不是学生对老师的称呼方式。

第二，司马迁对董仲舒的评价，高，却也没特别高。他没有像《汉书》那样，给董仲舒单独立传，也没有引用著名的"天人三策"。《史记》里几次提及董仲舒：

> 上大夫董仲舒推《春秋》义，颇著文焉。（《史记·十二诸侯年表序》）

上大夫董仲舒推究《春秋》所包含的微言大义，很是写出了一些文章。夸董仲舒写得多，而不说董仲舒写得好。这话琢磨起来，颇有些味道不对，仿佛说《春秋繁露》何止是繁露，简直是灌水。

> 故汉兴至于五世之间，唯董仲舒名为明于《春秋》，其传公羊氏也。（《史记·儒林列传》）

董仲舒"名为明于《春秋》"，加上"名为"二字，也仿佛有暗讽他徒有虚名的意思。

尤其是，司马迁对董仲舒讲天人感应的学问，大概很不屑。为董仲舒立传时，不长的篇幅，却特意讲了件董仲舒丢人的事。辽东的高帝庙遭了灾，董仲舒就写文章论证，之所以会发生这样的事，是某项政策导致的。有人把董仲舒的文章偷了，拿去给汉武帝看。汉武帝就召集儒生分析讨论。儒生们认为其中含有指责讥讽朝政的意思，董仲舒的学生吕步舒不知道这是老师的著作，更认为它愚蠢至极。于是董仲舒就被移交司法部门，判处死刑。好在汉武帝降诏特赦，董仲舒逃得一命，从此就不敢再讲论灾异之说了。

董仲舒想用天变监督皇帝，汉武帝轻轻松松既证明了董仲舒的招数不灵，又彰显了自己的宽大为怀。这事算帝王之术的牛刀小试。董仲舒一代名儒，这样被汉武帝玩弄于股掌之间，说可怜也诚然可怜，司马迁受宫刑后，大概更会对董仲舒多一点理解之同情。但董仲舒理论不管用，做人也最终选择了明哲保身，谈不上多可敬，也是显然的。

第三，其实从上面的内容就已经可以看出来了，司马迁的思想，很多地方和董仲舒其实并不一致。

这种差异，把《史记》和董仲舒的著作一对照，会发现是随处可见的。这里就不详细展开了。

西汉后期的儒家，有重视师法、家法的风气，强调学生一定要和老师保持一致。如果汉武帝时代已经有了这个风气，那么司马迁就不可能是董仲舒的学生。如果汉武帝时代还并不讲究家法，相反还秉承着"三人行必有我师""当仁不让于师"的古儒胸襟，那么不排除司马迁是董仲舒弟子的可能，但他显然不是那种乖学生。

还有一个被认为可能是司马迁老师的著名学者，孔安国。

要介绍孔安国的学问，先要说说汉景帝时代的一个重大发现。

汉景帝有十四个儿子，老四叫刘余，被封为鲁王，死后谥号是恭，所以史书上称为鲁恭王刘余。大家在《三国演义》里见过的两个人，荆州牧刘表，益州牧刘璋，都是鲁恭王刘余的后代。

刘余这人，政治上没什么野心，喜欢音乐，喜欢住漂亮的大房子。他的王宫，和孔子故居是挨着的。刘余的王宫扩建，就要拆孔子故居，不是全拆，拆了一部分。

一拆，就从墙壁里发现了好几种古书，其中最重要的，是汉朝人此前没见过的《尚书》。

推想起来，大概是秦始皇焚书的时候，孔子的八世孙孔鲋，把家里的一些重要藏书都藏进了墙壁里。后来，他就投奔陈胜，加入轰轰烈烈的反秦事业中去了。陈胜失败，孔鲋跟着殉难，所以这些书的存在，孔家人也不知道。

既然是秦始皇焚书以前的古书，当然是用先秦的古文写的。当时一般的知识分子，已经读不懂古文了。但孔子故居发现的书，刚巧孔子的后人里有人还能够读懂，这些古文字写成的书，自然首先就由他来负责研究了。

这位能读懂古文的，就是孔安国。

孔安国的生平信息，也是一笔乱账。不过司马迁曾经向孔安国请教，这是《汉书·儒林传》明确记载的：

> 司马迁亦从安国问故。迁书载《尧典》《禹贡》《洪范》《微子》《金縢》诸篇，多古文说。（《汉书·儒林传》）

只从这个表述看，司马迁固然从孔安国这里收获很大，但他们也不像是严格的师生关系，倒更像是一个晚辈学者在向前辈学者求教。也就是说，这不是司马迁少年时的事。

总结一下就是：虽然很多人都希望司马迁有不平凡的求学道

路，一开始就得到名师指点，但司马迁的启蒙老师都有谁，我们并不能确定。

壮　游

> 二十而南游江、淮，上会稽，探禹穴，窥九疑，浮于沅、湘；北涉汶、泗，讲业齐、鲁之都，观孔子之遗风，乡射邹、峄；厄困鄱、薛、彭城，过梁、楚以归。

司马迁二十岁时开始游历。

这个"游"字的分量，今天的人可能不容易体会到。

古代出门旅行需要一笔巨额开支，如果司马迁做"铁官"和"市长"的祖上都是贪官，积累了大量财富，那么倒是有可能私费也负担得起。但自费远行，途中注定会有极多风险，更严重的问题是，出门旅行这种行为，实际上是违法的。

战国以来，国家对民众的人身控制，大趋势是不断加强。商鞅变法，就有"使民无得擅徙"的规定。后来秦国还制定了"游士律"：

> 游士在亡符，居县赀一甲，卒岁责之。有为故秦人出，削籍，上造以下为鬼薪，公士以下刑为城旦。[1]

---

[1]《云梦秦简释文》，《文物》1976年第7期。

外出的人，必须随身携带官府特许的文件，不然在哪个县被发现，就要向县廷上交铠甲一副。所谓上交"一甲"，实际上通常是罚款1344钱，这不算小数目，因此官府宽宏大量地给擅自出门的人一点筹备的时间，年底前缴纳，如果还交不上，则罚作半年劳役。

如果是原秦国范围里的居民，那么不但要丧失秦国户籍，还要罚作苦役。这里倒是又可见爵位的价值：二级爵上造，判处服苦役三年；一级爵公士或者无爵者，就判处服苦役五年。

汉承秦制，对户口的控制、对迁移的限制，在秦律的基础上，进一步精细化。尽管落实到执行层面，能做到哪一步并不那么好判断，但如果没有特别的身份证明，长时间、大范围的游历，总是非常麻烦。

司马迁显然不必担忧这个麻烦，有一条材料说：

> 司马迁父谈世为太史，迁年十三，使乘传行天下，求古诸侯之史记。（卫宏《汉旧仪》）

虽然这里司马迁的年纪和《自序》对不上，但其中一些信息，或许有依据。

古代驿站的专用车辆，叫作传车。

也就是说，司马迁得到特许，可以乘坐官方提供的车辆，走遍天下。

因为他肩负着一个使命，搜集古代诸侯留下来的历史记载。

汉武帝是一个对历史有强烈兴趣的皇帝。不管是装，还是发自内心，汉武帝是尊儒的，而众所周知，儒家推崇古代。汉武帝

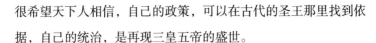

很希望天下人相信，自己的政策，可以在古代的圣王那里找到依据，自己的统治，是再现三皇五帝的盛世。

所以"求古诸侯之史记"这件事，可以看作是一个国家级的文化工程。司马迁肩负这样的使命，自然在行动上可以获得很多便利。

而年纪轻轻便能被委以如此重任，大约是靠着父亲司马谈的力量了。

这句话里出现了很多地名，每个地名都牵涉到许多历史。简单说：

"南游江、淮"，这里说的江淮，如果是严格意义上的长江淮河之间，那么司马迁大概是直奔韩信的家乡淮阴去的。如果是包括淮河北岸、长江东南的广大地区，那关涉的人物自然更多：秦末天下大乱，刘邦、项羽都从这里起兵，刘邦最重要的追随者也来自这里，以至于现代研究者发明了一个概念叫作"丰沛元从集团"。对于汉朝官方来说，这里关联着近代史上最荣耀的记忆。

"上会稽，探禹穴，窥九疑，浮于沅、湘"，传说禹葬在会稽，舜葬在九疑。也就是说，这些地名，关联着禹和舜两位古代圣王，司马迁到这些地方，是寻访上古史的踪迹。另外，九疑、沅、湘也是楚辞中经常出现的地名，所以在这里司马迁也会接触到很多和屈原相关的故事，而作品中保存着大量神话的屈原，某种意义上正是司马迁生活的时代和上古时代的一个中介。

"讲业齐、鲁之都，观孔子之遗风，乡射邹、峄"，齐鲁是思想文化最发达的地区，而孔子是文化中心的中心。这里提到的邹，即邹县（今天山东邹县东南），是孟子的家乡。司马迁对孔子无限景仰，所以这一段游历，是司马迁从精神偶像那里，汲取思想与人格上的力量。

"厄困鄱、薛、彭城"，司马迁说自己在这里遇到了困厄，但没有说具体是什么麻烦。彭城是当年项羽的都城，薛是战国时孟尝君的封地，司马迁在《孟尝君列传》里讲过，孟尝君聚集的门客许多都是奸恶之徒，汉代薛地的治安特别恶劣，或许也和这段经历有关。

"过梁、楚以归"，梁和楚都是弹性很大的概念，有学者认为，这里梁是指汉代的梁国，楚则指淮阳国。但不管采用哪个界定，这一带都是战国以至于楚汉，发生过无数战事的地方。

有一个疑点，司马迁这里说自己去过哪些地方，是不是按照游历次序说的？

很多学者认为不是，因为换成今天的地理概念，这是先到苏北，再到浙江，再到湖南、湖北，再到山东、再经由河南回陕西，路走得有点绕。

何况司马迁到过哪些地方，这里并未说全，结合《史记》别的地方零碎提到的信息，有研究者整理出更合理的路线：

司马迁从京师长安出发东南行，出武关至宛。南下襄樊到江陵。渡江，溯沅水至湘西，然后折向东南到九疑。窥九疑后北上长沙，到汨罗屈原沉渊处凭吊，越洞庭，出长江，顺流东下。登庐山，观禹疏九江，辗转到钱塘。上会稽，探禹穴。还吴游观春申君宫室。上姑苏，望五湖。之后，北上渡江，过淮阴，至临淄、曲阜，考察了齐鲁地区文化，观孔子留下的遗风，受困于鄱、薛，然后沿着秦汉之际风起云涌

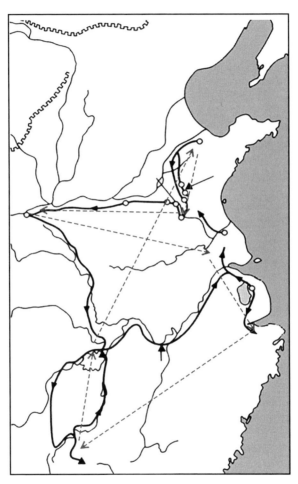

司马迁"壮游"路线图。实线为后世学者整理的路线，
虚线是根据《自序》所述画出的路线简图

的历史人物故乡，楚汉相争的战场，经彭城，历沛、丰、砀、睢阳，至梁，还长安。(张大可《司马迁评传》)

但也不排除这种可能：《自序》写的就是司马迁游历的路线，因为一开始他并没有对这次的行程作精密的安排。按照卫宏的说法，司马迁的目的是寻访"诸侯史记"，另外他还采访了许多"故老"，也即做口述史的素材整理。司马迁可能是不断在探寻中发现新的问题，于是就踏上新的征程，所以难免有折返，走岔路，有时甚至走的根本就是冤枉路，但不管怎么说，最终实现了最大的收获。

要写出一部真正有创造性的著作，怎么可能像项目申报一样，一开始就计划得那么井井有条、步骤分明呢？

入仕为郎

> 于是迁仕为郎中，奉使西征巴、蜀以南，南略
> 邛、筰、昆明，还报命。

这句翻译起来很简单：于是司马迁出仕为郎中，奉
命出使，西征巴蜀以南，往南经略邛、筰、昆明，归来
向朝廷复命。

理解起来，麻烦却很多。

第一个问题，司马迁做了郎中，郎中是什么官？

字面意思，皇宫里有殿，殿的屋檐下是廊，在廊内
工作的，就是所谓郎官。郎中是低级郎官的一种。

实际情况当然要复杂得多。郎官负责保护皇帝的人
身安全，也给皇帝做顾问工作。严格来说，他们不属于

正式的行政系统，而是所谓"宦皇帝者"，也就是在皇帝身边做臣仆的人。

汉代初年，正式的国家官吏，行政级别分为二千石、千石、八百石、六百石、五百石、四百石、三百石、二百五十石、二百石、一百六十石、一百二十石。

郎官系统开始可能没有清晰的秩级，发展得规模庞大之后，参照国家官吏制度确立等级，引入了一个新概念，"比"。

比如中郎将、光禄大夫是比二千石，郎中将、太中大夫是比千石，议郎、中郎秩比六百石，侍郎比四百石，等等。

司马迁担任的郎中，比三百石，是《汉书·百官公卿表》里记载的秩级最低的郎官，实际上可能还有更低一些的，不过那就是正史不屑提及的了。

郎官虽然官阶不高，但有机会和皇帝近距离接触，如果得到赏识，那就前途未可限量，是非常令人羡慕的工作。

第二个问题，司马迁是怎么当上郎中的？

当时要成为郎官，主要有这么几个途径：

第一，汉武帝元朔五年（前124）出台了一个新政策：孝悌的年轻人，可以通过家乡父老推荐，通过考核后成为博士弟子，博士弟子受业一年，考试成绩优异，就可以成为郎官。

这个路径听起来似乎很适合司马迁。司马迁无疑是孝子，他"十岁诵古文"，博闻强识，才华横溢，考试应该更不成问题。但实际上司马迁第一关就过不了，家乡父老并不欣赏他，司马迁自己说过，他"少负不羁之才，长无乡曲之誉"，简直被视为不良少年，完全不可能得到被推荐的机会。

第二，"吏二千石以上视事满三年，得任同产若子一人为郎"，二千石的官，工作满了三年，他的兄弟或者儿子，可以有一个成为郎官。

二千石是郡守级别的高官，司马迁的父亲司马谈，不过是六百石的太史令，够不上这个层次。这条路也不可能。

第三，"六郡良家子善骑射"，也可以取得郎官资格。司马迁崇敬的飞将军李广，当年就是通过这个途径，先立军功，后成为郎官的。司马迁的出身倒确实算是六郡良家子，不过史料中没提他骑射功夫如何，更没说他上过战场。

第四，赀选。这个概念学界还有争议，可能是指买官，更可能是指家资达到一定标准，就可以获得一个郎官资格。

司马迁仰慕的大文豪司马相如，就是在汉景帝时代"以赀为郎"的。

司马迁被廷议判处死刑后，"家贫，货赂不足以自赎"，只好选择以宫刑替代。不过也许是司马迁败家，他年轻时家境好一些，赀选的可能性不能绝对排除，但也不是很大。

实际上《报任安书》说得很清楚：

仆赖先人绪业，得待罪辇毂下。

主上幸以先人之故，使得奉薄伎，出入周卫之中。

也就是说，四条常规路径，司马迁哪条都没走。是司马谈让汉武帝相信，司马迁掌握了一些别人不具备的"薄伎"，于是作为特长生，当上了郎官。

汉武帝时代不拘一格招人才，何况郎官本来就是"宦皇帝者"，对选拔规则的重视，不如朝廷的正式官僚系统。皇帝觉得你可以，也就用了。你爸爸能证明你优秀，你也确实优秀了，这没什么可瞒人的，不妨敞开了说。

开拓性的时代，衡量人才不会有统一标准，所以会有很多大起大落的人生，会有很多莫名其妙的不公平，会有很多鸡毛蒜皮得意地飞上了天，也会有很多非常规的人才脱颖而出。守成的时代，一切上了正轨，大家都只能按照规则来，于是就出现了所谓的"卷"，会卷出来很多优秀的人，可是他们又优秀得如此循规蹈矩、按部就班。最富创造力的人才，却很难有了。

这种情况，古人会说，这就是命，现代人会说，一个人的命运，归根结底还是要看历史进程。

第三个问题，司马迁是什么时候当上郎中的？

琢磨《太史公自序》的文意，"于是"二字，似乎表示司马迁壮游之后，回长安不久就当了郎官。

前面说过，司马迁出生在哪一年有争议，有公元前145年说和公元前135年说。司马迁二十岁开始游历，也即出发时是公元前126年或公元前116年（古人算年龄都是虚岁）。但问题是，司马迁走了那么多地方，又要到处搜集信息，似乎很难当年往返，壮游究竟花了多少年，就无法确定了。

司马迁在《报任安书》里说，自己"得待罪辇毂下，二十余年矣"，也就是从在汉武帝身边做郎官算起，已经二十多年了。

《报任安书》的写作时间也有两说：太始四年（前93）或征和三年（前90）。往前倒推"二十余年"，就是司马迁开始做郎官的时间，但无法确定这个"余"究竟是多少年。

累计下来，司马迁入仕为郎的时间，仍是有十来年的误差。

第四个问题,司马迁"奉使西征"又是在什么时间?

这个时间非常明确,汉武帝平西南夷是在元鼎六年(前111),司马迁回来时,"是岁天子始建汉家之封",是元封元年(前110)。

大致说,司马迁做郎官的时间,短则数年,长则十年以上。

《太史公自序》里,司马迁一句没提自己在皇帝身边的见闻。

这大概说明,起码的政治敏感性,司马迁还是有的。西汉末有个著名的典故,叫"不言温室树"。有个叫孔光的大儒,官做得大,极得皇帝信任,但是他对皇宫里的事一字不提:

> 沐日归休,兄弟妻子燕语,终不及朝省政事。或问光:"温室省中树皆何木也?"光嘿不应,更答以他语,其不泄如是。(《汉书·匡张孔马传》)

孔光工作日到皇宫上班,休息日回家,和兄弟、妻子、儿子闲聊,绝口不谈宫禁里的事情。有人问他:"宫里的温室殿,种的都是什么树啊?"孔光默然不应,岔开话题,谨慎到了这个地步。

后来到宫里上班的官员,也把这种沉默看作应有的自觉。有个著名的反例,唐朝的时候,有人解释唐玄宗不用李白的原因,是这么说的:

> 玄宗甚爱其才,或虑乘醉出入省中,不能不言温室树,恐掇后患,惜而逐之。(范传正《李公新墓碑序》)

唐玄宗不是不爱惜李白，但是毕竟不能为李白坏了宫里的规矩，李白喝醉了出入宫禁，出去之后嘴上又没有把门的，出了事不能不处理。早点让他离开，反倒是保护李白的意思。

从《太史公自序》的写法看，司马迁是达到了"不言温室树"的标准的。但看《史记》别的篇章，难听的话其实很多。如《封禅书》讲：元狩五年（前118，此为《资治通鉴》推断的时间，当代学者或有不同看法），汉武帝病得很重，最后得一个巫师指点，不知道怎么病就好了。于是汉武帝在甘泉宫祭祀神君，礼敬崇信得不得了。司马迁当时就追随在汉武帝身边，他评价神君说："其所语，世俗之所知也，无绝殊者，而天子心独喜。"神君说的话，无非是一个俗人的见识，没什么特别的，而天子偏偏就喜欢这一套。

简牍时代，全套《史记》重达一百多斤。司马迁可能是考虑到自己的作品未必有几个人能通读，《自序》却是可能被最多人读到的，所以这篇里，不谈敏感的事，多说正确的话。有些话，放到别的不那么显眼的地方说。所以要了解司马迁，确实必须先读《太史公自序》，但《自序》里司马迁的形象，肯定是不完整的。

最后说一下司马迁有没有升过官。

汉武帝派司马迁"西征"，针对的是巴、蜀以南也即云南、贵州一带，问题却是由南越国引起的。

秦末天下大乱的时候，一支南征的秦朝大军，不想回去卷入中原纷争，于是封关绝道，在岭南地区独立建国，这就是南越。

元鼎五年（前112）秋天，汉武帝派遣五路大军讨伐南越。实际上，仅仅靠其中两路的兵力，就于第二年冬天灭掉了南越国，另外三支都没有赶到战场。

但是，从犍为郡出发的那支汉军，却在西南引发了叛乱。当时汉朝对西南地区的统治还非常薄弱，当地的一些少数民族建立的小国，实际上基本是自治的。而古代条件下，大规模的军事动员又必然引起社会的巨大不安，在动荡和压力之下，这些小国就叛乱了。

汉武帝当时正在巡游途中，得到情报后，当机立断，让本来准备去消灭南越的军队，改变路线去平定西南。

司马迁就是被汉武帝派出去传达这个使命的。

由于此前被汉武帝委派到西南地区开拓的唐蒙、司马相如都有郎中将的身份，有学者推测司马迁也因此升任郎中将了。

实际上，唐蒙、司马相如都是长期在西南地区工作，要主持大规模的征发徭役工作，需要有一个"将"的身份；司马迁只是传达旨意，之后追随大军行动了一段时间而已，完全不可同日而语。

司马迁也没说自己做了郎中将，大概就是没有做郎中将。

研究司马迁就想帮司马迁升官，倒也大可不必。

封禅与司马谈的病

> 是岁天子始建汉家之封，而太史公留滞周南，不得与从事，故发愤且卒。

司马迁从西南回来，已经是元封元年（前110）。

这年，汉武帝筹划许久的一件大事，也就是封禅泰山，已经到了收官阶段。

汉朝人的一般理解，到泰山峰顶增土祭天称作"封"，在泰山下面的某小山拓土祭地称作"禅"。祭天比祭地重要，所以封禅主要指祭天。

封禅是一件神圣的事业，只有最伟大的帝王才有资格封禅，这个观念很可能是到战国时代才出现的。但是照例，观念一旦被创造出来，就会发明出相关的古老历史，并且吹气泡一般，吹出来一个又一个五彩斑斓的封禅传说。

所以《史记·封禅书》上来就说：

> 自古受命帝王，曷尝不封禅？盖有无其应而用事者矣，未有睹符瑞见而不臻乎泰山者也。

这句里的"命"，是指天命，即上天授予的统治天下的权力；而所谓"应""符瑞"则是上天降下的各种吉祥的征兆，算是给人间的帝王颁发的统治合法性认证。

司马迁说：自古以来受天命为帝王的人，哪有不曾封禅的？大约没拿到认证就想去封禅的，有；拿到认证不去封禅的，没有。

要不要举行封禅大典？天下读书人的意见一致，都觉得很有必要。因为汉朝的主流认知，是汉之前——往长了说上千年，往短了说几百年——世界都很坏，汉朝建立了，一切就都好起来了。

所谓"元年，汉兴已六十余岁矣，天下艾安，搢绅之属皆望天子封禅改正度也"，汉武帝即位时，汉朝建国已经六十多年了，天下安定，有点文化教养的人，都希望天子行封禅礼，然后就可以改历法，变制度。总之，封禅可以彰显万象更新，宣示大家生活在一个美好的新时代。

但具体应该怎么封禅，分歧可就大了。

既然认定此前是千年乱世，自然也就意味着千年不曾封禅了。当然，不久前秦始皇就封禅过，但汉朝人看来，秦始皇是没资格封禅硬要封禅结果失败了的反面典型，没有参考价值。

所以封禅典礼应该怎么搞？"其仪阙然堙灭，其详不可得而记闻"，已经说不清了。

比较正统的儒生，还是很看重古老经典的权威的，但他们只能从经典的残篇断简中找出只言片语，发挥想象通过脑补把这些知识碎片串起来的意愿和能力又不足。所以儒生们吵得不可开交，却拿不出一个可行的方案来。

另一方面，随着传说累积，方士们为封禅大典开发出一个新功能。

有个叫李少君的方士给汉武帝提的求长生的方案是：

> 祠灶则致物，致物而丹沙可化为黄金，黄金成以为饮食器则益寿，益寿而海中蓬莱仙者乃可见，见之以封禅则不死，黄帝是也。臣尝游海上，见安期生，安期生食巨枣，大如瓜。安期生仙者，通蓬莱中，合则见人，不合则隐。

首先祭祀灶神，就能把鬼招来；

招来了鬼，就可以把丹砂炼成黄金；

炼成的黄金用来打造饮食器，能延年益寿；

长寿了才能获得见到大海中的蓬莱仙人的资格；

见到仙人后，再行封禅礼，就能长生不老了。

这个李少君，要是活在今天也是个填表高手。直接和汉武帝说，我有办法长生不老，就很容易穿帮。他把求长生的过程，拆分成若干个阶段，每个阶段要攻克的难关是什么，阶段性成果是什么，都讲得清清楚楚。

然后再举成功的先例，指出黄帝就是成功的典型。然后再结合自己的经历，讲述安期生吃枣如同吃瓜的生动细节，最后谈到失败的风险，展现了一个研究者应有的谨慎。

总而言之，李少君的立项论证，真是有声有色。汉武帝被深深吸引住了。

汉武帝非常怕死，为了追求长生倒是不在乎钱；鼓吹长生的方士非常爱钱，为了荣华富贵却可以不怕死。所以汉武帝和方士天然互相需要，注定汉武帝会不断被方士骗。

这个李少君要向汉武帝推销自己的长生方案，当然要首先证明自己能长生不老。李少君的办法是，经常自称七十岁。

这是低调，修仙的人要是太卖弄，会显得缺少品位，所以李少君不想宣称自己特别老，一般的古稀水平就行了。但他又不时制造一些热点，显示自己的实际年龄老不可测。比如对着一个九十岁的老人，聊聊当年他和对方爷爷怎么一块儿玩的。这就把对方惊到了：我爷爷当年真是这样的。

今天我们当然能想到，这个九十岁老人是托儿，实际上他也未必有九十岁，西汉虚报年龄的现象超级普遍。其实司马迁也看出来了，他讲到李少君，写的是"匿其年及其生长"，李少君把自己的出生时间和青少年时代的信息都隐瞒了。司马迁几乎等于是直说，这是个骗子。

但司马迁看穿骗局有什么用呢？架不住汉武帝深信不疑。后来李少君病死了，汉武帝都要强调，李少君是"化去不死"，不是死了，是成仙了。

皇帝不承认被骗，是为了维护自己的面子，也是想安慰自己恐惧死亡的内心。

所以李少君虽然死了，李少君的通过封禅求长生的方案仍然要用。

骗子自然也就源源不断。

于是，封禅就有了两个主题：告成功和得长生。

封禅告成功，向天下人昭示，当今天子统治天下，是得到上天的授权的，并且他把天下统治得很好，封禅是向上天汇报，自己拿出了一份出色的工作总结。

封禅得长生，却是天子的私事，天子通过封禅仪式，向上天祈求永远不死，最好的结果是，上天派一条龙下来，接天子上天成仙。

麻烦就在这里。

汉武帝当然很重视通过封禅大典彰显汉朝的统治合法性，但求长生的主题，在天子心中显然越来越重要了。

对于传统派的儒生来说，这显然到了考验操守的时候，要不要迎合汉武帝的心头好呢？

政治站位最高的名儒是倪宽，汉武帝找他咨询，他给了这样的答复：

陛下躬发圣德，统楫群元，宗祀天地，荐礼百神，精神所乡，征兆必报，天地并应，符瑞昭明。其封泰山，禅梁父，昭姓考瑞，帝王之盛节也。然享荐之义，不著于经，以为封禅告成，合袪于天地神祇，祇戒精专以接神明。总百官之职，各称事宜而为之节文。唯圣主所由，制定其当，非群臣之所能列。令将举大事，优游数年，使群臣得人自尽，终莫能成。唯天子建中和之极，兼总条贯，金声而玉振之，以顺成天庆，垂万世之基。（《汉书·公孙弘卜式倪宽传》）

这段漂亮文字，简单翻译就是六个字：别问我，您拍板。

这段记载见于《汉书》。倪宽也是未来和司马迁一道编订太初历的同事，但司马迁没有在《封禅书》里介绍倪宽的观点，倒是记下了两个因为固执己见而被赶出封禅策划团队的儒生：徐偃和周霸。

这两个人的情况，我们略微知道一点：徐偃奉命巡视郡国，发现有的地方被强制要求购买官方出产的质次价高的盐铁，就假传旨意，恢复当地的民营盐铁；周霸曾经建议卫青，将在外君命有所不受，不要一切请示皇帝，对犯错的将领不妨该杀就杀。总之，都是一贯喜欢自作主张的人物。

司马迁的父亲司马谈对封禅大典的各种新变化是什么态度，《史记》没有明说，但总之，天子前往泰山封禅的路上，也就是封禅大典开始之前不久，司马谈也像徐偃、周霸一样，被天子抛下了。

"太史公留滞周南"，司马谈被抛下的地点，是周南，其实也就是洛阳。

读《诗经》只要读到第一页，就会对"周南"这个名词非常熟悉。《诗经》里有十五国风，《周南》就排在国风第一。之所以把洛阳叫"周南"，是因为传说西周初年，周公、召（邵）公"分陕而治"，陕（今河南三门峡）的西边，归召公管，陕的东边，归周公管。洛阳一带，是周公治理区域的政治中心。

所以，不说洛阳而说周南，就越发会令人想到周公，想到周公又自然会想起他辅佐的周成王。

前面说了，封禅有两个主题。如果说封禅得长生的代表是黄帝，那么封禅告成功的代表，就是周成王。

所谓"《诗》云纣在位，文王受命，政不及泰山。武王克殷二年，天下未宁而崩。爰周德之洽维成王，成王之封禅则近之矣。"按《诗经》所说，文王受天命的时候，天子还是商纣，文王不可能到泰山来封禅；武王克殷以后二年，天下尚未安宁就去世了，当然也顾不上封禅泰山；所以周朝只有到成王时，才说得上政通人和。成王封泰山，才接近于完美的样本了。

下文司马谈对司马迁说"今天子接千岁之统"，汉武帝往前数一千年，也正是周成王。

所以司马谈滞留在洛阳，看不见远去的汉武帝，想得起远古的周成王，心里越来越痛，就"发愤且卒"了。

五百年的传统

　　而子迁适使反，见父于河洛之间。太史公执迁手而
泣曰：

司马谈病危的时候，司马迁刚好从西南地区回来，于是父子在洛阳相见。洛阳在黄河之南，洛水之北，是所谓"河洛之间"。

司马谈拉着司马迁的手，流着眼泪，说了一番话：

> 余先周室之太史也。自上世尝显功名于虞夏，典天官事。后世中衰，绝于予乎？汝复为太史，则续吾祖矣。

我的先祖是周朝的太史，远在上古虞夏之世便显扬功名，职掌天官之事。我们家后来衰落了，家族的事业今天要断绝在我的手里吗？你继做太史，就会接续我们祖先的事业了。

这句与《自序》开头部分对司马氏的介绍相呼应。

有意思的是，司马谈担忧史官的事业可能在自己手里断绝。如果司马迁一直是个听话的好儿子，那自然会子承父业，司马谈似乎不必说这句话。

或许，司马迁曾经表现得对历史没什么兴趣？又或者，司马谈看出儿子不安分的天性，觉得他很容易把自己置身于危险之中？

> 今天子接千岁之统，封泰山，而余不得从行，是命也夫，命也夫！

一千年前，周成王封泰山，当今天子把封禅这个传统重新接续上了。我却不能从行参与这个盛典，这就是命啊，这就是命啊！

 伟大的遗嘱　79

这里语气一顿，换了话题，说封禅的事。

司马谈为什么被迫离开随行队伍，历来有两种推测：

一种是，他对封禅大典应该如何办，与汉武帝有分歧，不同意见提多了，汉武帝嫌他烦。

一种是，司马谈病了，汉武帝不愿意一个病人参加自己心心念念的最辉煌盛大的仪式，所以不愿意带着他去泰山。

从这句看，司马谈没有对封禅典礼的不满，而是充满不得从行的遗憾。他没有参与封禅大典，倒是第二种原因可能性大一些。

　　　　余死，汝必为太史；为太史，无忘吾所欲论著矣。

我死之后，你必定做太史；做了太史，不要忘记我想要编著的作品啊。

汉代史官并不是世袭的，不然司马谈就不可能当上太史。所以"必为太史"四个字，应该理解为司马谈要求司马迁一定要努力得到太史这个职务，而不是说司马迁理所当然会成为太史。

看来，老父亲临终之时，还是担心儿子三心二意，有别的人生追求。当然，对儿子的才能，司马谈还是很自信的，只要你愿意，你就可以。

当太史，最大的好处是可以接触到各种古籍和档案材料。

司马谈想要写成的书，性质是"论著"，论音 lún，意思是编纂、整理。没有查找资料的便利，可没法"论"。

　　　　且夫孝始于事亲，中于事君，终于立身，扬名于后世，以显父母，此孝之大者。

再说孝道。孝开始于奉养双亲，进而是侍奉君主，最终在于成就自己。你扬名后世，父母也因此获得荣耀，这是最大的孝。

这是《孝经》里的话，不过司马谈在这里引用，应该有具体所指。

按照一般理解的孝道，父亲病危，司马迁是不能从他身边离开的。可是《史记·封禅书》最后说："余从巡祭天地诸神名山川而封禅焉。"也就是说，司马迁是参加了封禅大典的。

所以大概可以这样推论：司马谈对司马迁说孝道"中于事君"，是让司马迁不要留在病危的自己身边，而是要追上汉武帝的车驾，去向汉武帝复命，并参加封禅大典。

自己"不得从行"，儿子参加了，也算稍稍弥补缺憾。这个比"事亲"要重要。

"终于立身，扬名于后世"云云，自然是叮嘱儿子，无论如何要把那部《太史公书》写出来。

接下来，司马谈分析了历史书写的意义：

> 夫天下称诵周公，言其能论歌文武之德。宣周邵之风，达太王王季之思虑，爰及公刘，以尊后稷也。

天下称道歌诵周公，说他能够论述歌颂文王、武王的功德，宣扬周公、召公的风尚，通晓太王、王季的思虑，上溯到公刘的功业，并尊崇始祖后稷。

这句理解起来有不顺的地方，比如说周公"宣周邵之风"，

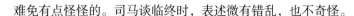

难免有点怪怪的。司马谈临终时，表述微有错乱，也不奇怪。

可以肯定的是，这句话的知识背景，是《诗经》。大体说，这句是以周公为原点，逐渐往遥远的古代追溯。

所谓"周邵之风"，是说西周初年，周公、召公分陕而治，《诗经》十五国风，首先便是《周南》《召南》。按照传统理解，二南也被称为"正风"，最具价值导向功能。

所谓"文武之德"，尤其是周文王的德行，是《诗经》最重要的歌颂对象。《周颂》第一首《清庙》，《大雅》第一首《文王》，肯定是歌颂周文王的。《周南·关雎》里的那位君子，毛诗也解释为周文王。而《大雅·大明》等诗篇，则渲染了周武王伐纣灭商的赫赫武功。

所谓"太王王季之思虑"，王季是周文王的父亲，太王是周文王的爷爷。《诗经》里讲述他们事迹的经典之作，是《大雅·绵》。

公刘的活动年代又在太王之前，他带着周人，迁徙到豳这个地方。公刘是周人创业史上的一位重要人物，《诗经》里有《大雅·公刘》。

后稷，是周人的始祖。《大雅·生民》就是歌颂后稷。

这些名字放在一起，就是周人的创业发展史，也建构了周文化神圣的道德谱系。

而所有这一切能够保存在人们的记忆里，就是因为周公。

周公是儒家最重要的圣人，可以从许多不同的角度赞美他。司马谈这句话，强调的是讲述的力量。

没有周公的"论歌""宣""达""及""尊"，所有这些伟大的历史，都会被遗忘的力量侵蚀。周公制礼作乐，把这一切变成诗，伟大圣王的光辉业绩，才永不磨灭。

　　幽厉之后，王道缺，礼乐衰，孔子修旧起废，论《诗》
《书》，作《春秋》，则学者至今则之。

　　周幽王、周厉王以后，王道残缺，礼乐衰败，孔子研究修复
旧有的典籍，振兴被废弃的礼乐，整理编纂《诗经》《尚书》，作
了《春秋》，学者到今天还引为准则。
　　这句仍然是强调记录的重要性。上一句讲周公歌《诗经》，
这句讲孔子作《春秋》。
　　《春秋》为什么能让"学者至今则之"？孟子说得最直接
明白：

　　孟子曰："王者之迹熄而《诗》亡，《诗》亡然后《春
秋》作。晋之《乘》，楚之《梼杌》，鲁之《春秋》，一也。
其事则齐桓、晋文，其文则史。孔子曰：'其义则丘窃取之
矣。'"（《孟子·离娄下》）

　　圣王的事迹成为绝响，《诗经》也就消亡了；《诗经》消亡
了，孔子创作的《春秋》便应运而生。
　　孔子的《春秋》不是一般的历史书。很多国家都有历史书，
但那些史书也就无非说说齐桓晋文的事迹，文字也就不过遵循一般
的史官讲史的原则。但孔子的《春秋》可不是，"其义则丘窃取之
矣"，《诗经》三百篇所蕴含的大义，孔子都寄托在《春秋》里了。
　　也就是说，《诗经》与《春秋》是一脉相承的关系。《诗经》

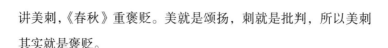

讲美刺,《春秋》重褒贬。美就是颂扬,刺就是批判,所以美刺其实就是褒贬。

不论是作诗还是写历史,最重要的意义,不是提供一套叙事,而是弘扬一种价值观。

> 自获麟以来四百有余岁,而诸侯相兼,史记放绝。今汉兴,海内一统,明主贤君忠臣死义之士,余为太史而弗论载,废天下之史文,余甚惧焉,汝其念哉!

"获麟"以后四百多年,诸侯相互兼并,史书流失断绝。如今汉朝兴起,海内一统,涌现了众多明主贤君忠臣死义之士,我作为太史,却未能把他们的事迹整理记载,荒废了天下的修史传统,这是我极为忧惧的事,希望你不要忘掉这件大事。

这句里的"获麟",是指鲁哀公十四年(前481),有人猎获一只奇怪的动物,孔子鉴定后,认为是"麟",很感慨,觉得历史没有必要再写下去了,所以《春秋》就修到这一年为止,这就是所谓"获麟绝笔"。

这里有个问题是,获麟绝笔到司马谈临终,是三百七十二年,不够"四百有余岁"。

但这不是身为太史的司马谈算错了时间,而是为了强调历史书写的重大意义,他必须这么说。

要理解"五百年"这个时间概念的神圣性,还是要看《孟子》:

> 孟子去齐。充虞路问曰:"夫子若有不豫色然。前日虞

闻诸夫子曰：'君子不怨天，不尤人。'"曰："彼一时，此一时也。五百年必有王者兴，其间必有名世者。由周而来，七百有余岁矣。以其数则过矣；以其时考之则可矣。夫天，未欲平治天下也；如欲平治天下，当今之世，舍我其谁也！吾何为不豫哉？"（《孟子·公孙丑下》）

这段有两句话特别关键：一是"五百年必有王者兴"，每过五百年一定有位圣君兴起；一是"当今之世，舍我其谁也"，凸显了孟子的担当与自信。更具体的还有：

孟子曰："由尧舜至于汤，五百有余岁；若禹、皋陶，则见而知之；若汤，则闻而知之。由汤至于文王，五百有余岁，若伊尹、莱朱，则见而知之；若文王，则闻而知之。由文王至于孔子，五百有余岁，若太公望、散宜生，则见而知之；若孔子，则闻而知之。由孔子而来至于今，百有余岁，去圣人之世若此其未远也，近圣人之居若此其甚也，然而无有乎尔，则亦无有乎尔。"（《孟子·尽心下》）

大意是，尧舜到商汤，五百年出头；商汤到周文王，五百年出头；周文王到孔子，又是五百年出头……可见每隔五百年，就会有圣人出现。

五百年这个时间，是被赋予了象征意义的。哪怕其实不是五百年，大差不差也要说五百年。就拿孟子这段话来说，尧舜到商汤，差不多就是夏朝的时间，一般说法是四百年；商汤到周文王，是商朝的时间，有六百年。但是多一百年或者少一百年，都算作五百年。

　　这个象征意义，贯穿了中国古代史，也渗透进了民间思维。《西游记》里，孙悟空在西汉末王莽时被压五行山下，到唐太宗贞观年间被放出来，是六百多年，但小说里只说这猴子被压了五百年。两个同姓的陌生人，见面套近乎，要说"咱们五百年前是一家"。五百是一个神圣数字，和具体年份没有太大关系。

　　司马谈叮嘱儿子要好好著史，说现在距离孔子四百多年，等你把史书写完，就刚好是五百年了。

　　老太史公此刻气息奄奄，话里牵涉到的知识点多而碎，核心精神，却是一气贯注的：

　　修史是我们的家族传统，把家族传统发扬光大，就是最大的孝；

　　周公开创了用诗来讲述伟大历史的传统；

　　五百年后，孔子用《春秋》接续了这个传统。

　　现在距离孔子绝笔又快五百年了，有没有人能够接续孔子的传统？

　　儿子，我对你，很期待。

　　　　迁俯首流涕曰："小子不敏，请悉论先人所次旧闻，弗敢阙。"

　　司马迁低下头流着眼泪说："儿子虽然驽钝，但我会详述先人所整理的历史旧闻，不敢有所缺漏。"

　　这一段，是《太史公自序》的核心精神，司马迁后来无论如何也要把《史记》写完的使命感和意志力，就来源于此。

总结一下司马谈这段话：儒家立场非常鲜明，尤其是很多议论，都由《孟子》生发而来。

　　秦始皇焚书坑儒的时候，孟子学派是重点打击对象，比其他儒家分支（如荀子一派）还要惨得多，所谓"孟子徒党尽矣"。汉朝建立后，《孟子》一书则一度获得了较高的地位：

> 　　孝文皇帝欲广游学之路，《论语》《孝经》《孟子》《尔雅》皆置博士。后罢传记博士，独立五经而已。
>
> 　　　　　　　　　　　　　　　　　　（赵岐《孟子题辞》）

　　汉文帝的时代，研究《孟子》的学者，也可以做"博士"，从官方拿工资，领研究经费。汉武帝时代，他们又都成了民科。

　　司马谈、司马迁父子，都见证了《孟子》的这段遭遇。

　　孟子的立场，是民贵君轻，有"说大人，则藐之，勿视其巍巍然"的骄傲；孟子的文风，充满激情，又有"辞不迫切而意以独至"的含蓄深挚。这些特点，也正是《史记》的特点。可以肯定地说，司马迁无疑深受孟子影响。

　　但这个态度，和《论六家要旨》推崇道德家的主张，却有很大的区别。是司马谈后来改变了立场还是司马迁顺着自己天性，情不自禁在记忆里修正了父亲的遗言，当然就无法断言了。

　　可以肯定的是，司马迁是儒家，但是继承着活泼泼火辣辣不追求纯粹不沉迷规范的先秦儒家传统，和汉儒的气质，有很大的区别。

元封三年的重要性

卒三岁而迁为太史令。

司马谈去世后三年，司马迁成了太史令。

也就是说，司马谈去世的时间，和司马迁成为太史令的时间，间隔了三年。这条记载很容易让人觉得，司马迁是为父亲守丧三年，然后才就任太史令的。

但并不是如此。司马谈去世是元封元年（前110），这一年汉武帝举行了泰山封禅的大典，下一年，大旱。

封禅是人间帝王向上天汇报工作成绩，可封禅后，为什么接下来就发生了这样严重的自然灾害呢？方士们为汉武帝找到了一个体面的理由：上天对您很满意，为了晒干泰山上的封土，所以少下雨。当年黄帝封禅之后，也是如此。

也正因为雨水少了，一个拖延多年的老问题，倒是仿佛出现了解决的希望。

二十多年前，黄河在瓠子决口，黄河以南大片土地都因洪涝而没有好收成。现在，汉武帝决定把决口堵上。

汉武帝亲临决口现场，把白马、玉璧沉入河中祭奠河神，命令将军衔以下的所有随从官员，都背负柴薪，填塞决口。面对此情此景，感慨万千的天子，还亲自作歌，表达伤悼之情。

《史记·河渠书》最后说到，"余从负薪塞宣房，悲《瓠子》之诗"，司马迁当时就在背负柴薪、添堵缺口的人群中。

于是可知，司马谈去世后一段时间内，司马迁继续在汉武帝身边做郎官。

后世的规矩：父母去世，官员就要回家奔丧并守孝三年，这叫作"丁忧"；如果朝廷不希望这位官员离开岗位，会下诏要求他继续工作，称为"夺服"或者"夺情"。"夺情起复"，意思是因为朝廷的需要，不得不剥夺他对父母尽孝的机会。

有研究者推测，司马迁本该"丁忧"，汉武帝特别下诏"夺情"，可见汉武帝对司马迁的重视和恩宠。

这也是拿后世的戏码，加到司马迁的身上。

汉武帝时代，不守丧才是正常的。

先秦儒家鼓吹守丧三年，当时并没有被社会接受，西汉时仍然不被接受。《史记·孝文本纪》记载了著名的汉文帝遗诏，明确讲到"厚葬以破业，重服以伤生，吾甚不取"，于是定下来的规矩是：地方官吏和普通民众，为皇帝服丧三天；朝廷大臣和宫内之人，要求高一些，皇帝下葬后，再服丧三十六天。

臣为君如此，儿子为去世的父母服丧，通常也没有太高要求。汉成帝时丞相薛宣的母亲去世，他弟弟守孝三年，薛宣认为"三年服少能行之者"，弟弟这么做让自己难堪，竟至于闹得兄弟不和。丞相翟方进，母亲去世，他也是只服丧三十六天。

汉成帝时代儒家的空气比汉武帝时代浓郁得多，仍然不讲究三年之丧。汉武帝时代的风气，可想而知。

所以司马谈去世后，司马迁仍在工作，他大概也不是顺理成章子承父业，而是花了两年多的时间，终于争取到了太史令的任命。

司马迁去做太史令是在元封三年（前108），这个年份，很值得关注。

田余庆先生著名的论文《论轮台诏》中，有一个重要的论断：

> 元光二年至太初三年（前133—前102），是西汉历史的重要年代，汉武帝的全部重要事业，几乎都在这三十二年中完成的……如果细细考察汉武帝在这三十二年中完成的每一项事业的具体时间，我们就会发现，绝大多数事项都是元狩（前122—前117）、元鼎（前116—前111）年间做成的；有少数完成于元封年间（前110—前105）；只有伐大宛一件事在元封以后，而伐大宛虽然事出有因，但并不是必要的。如果不计伐大宛这件并非必要之事，那么汉武帝在元封年间已经完成了历史赋予他的使命，从此着手实行政策的转折，应当说正是时候。（田余庆《论轮台诏》）

更具体点说，转折点正在元封三年（前108）。

这一年的夏天，汉朝灭了卫氏朝鲜，设置了朝鲜四郡。汉武帝将汉朝疆域扩张到前所未有的地步，也可以说，达到了当时中原王朝所能直接控制的范围的极限。而元封四年（前107），就出现了"关东流民二百万口"。此后汉武帝的宏图伟业并未停下脚步，社会已经完全不堪重负，但收获却微乎其微，竟是"年年战骨埋荒外，空见蒲桃入汉家"的局面了。

我写《司马迁的记忆之野》时，写到这个时间点，说了一句："这是过去二十年里最差的一年，但却是未来二十年里最好的一年。"当然确实是玩梗，但如果不考虑这是一个梗，会发现这个说法还挺准确。

对照司马迁的命运，这也是一个颇具意味的巧合。

汉武帝时代，功业最彪炳的元狩、元鼎年间，司马迁在汉武帝身边做郎官。新闻摄影界有一句话："如果你拍得不够好，那是你离得不够近"，司马迁可以说就是在历史舞台的中心观察历史。

转折点出现，各种重大举措都变成了胡折腾的年代，司马迁去做了太史令，可以静心著史了。

史记石室金匮之书

绌史记石室金匮之书。

绌，一般解释为"缀集"，也就是把零散的素材汇总整合为一个整体。

石室金匮是皇家藏书的地方。

所以这句的意思是：司马迁担任太史令后，开始缀集历史书籍及国家收藏的档案文献。

当时汉朝皇家藏书情况如何，司马迁没有系统介绍，但是可以参考《汉书·艺文志》。《汉书·艺文志》是中国现存最早的目录学作品，其性质，正是西汉国家藏书目录，其中提到的书，除了晚出的，司马迁基本都能见到。

> 昔仲尼没而微言绝，七十子丧而大义乖。故《春秋》分为五，《诗》分为四，《易》有数家之传。战国从衡，真伪分争，诸子之言纷然殽乱。至秦患之，乃燔灭文章，以愚黔首。汉兴，改秦之败，大收篇籍，广开献书之路。迄孝武世，书缺简脱，礼坏乐崩，圣上喟然而称曰："朕甚闵焉！"于是建藏书之策，置写书之官，下及诸子传说，皆充秘府。至成帝时，以书颇散亡，使谒者陈农求遗书于天下。诏光禄大夫刘向校经传诸子诗赋，步兵校尉任宏校兵书，太史令尹咸校数术，侍医李柱国校方技。每一书已，向辄条其篇目，撮其指意，录而奏之。会向卒，哀帝复使向子侍中奉车都尉歆卒父业。歆于是总群书而奏其《七略》，故有《辑略》，有《六艺略》，有《诸子略》，有《诗赋略》，有《兵书略》，有《术数略》，有《方技略》。今删其要，以备篇辑。

上面这段文字，是《艺文志》的总序，大意是：

孔子去世后，书籍多而乱。到了秦朝，为了愚民，很多书都被烧掉了。

当然，后世学者更倾向于认为，秦始皇的焚书政策，总体上看执行效果一般，所以民间藏书很多还在。倒是后来项羽在咸阳的一把大火，把皇家藏书烧得干干净净。

汉朝建立后，开始广泛收集图书。汉武帝时代，当然也就是司马迁生活的时代，正是收集图书的一个高潮。

到汉成帝时代，皇家藏书又开始流失，于是再次收集整理图书。这次整理规模大，时间长，并且方法上有了突破：把能找到的文献分类，每类的整理工作，都由该领域的优秀学者领衔负责，并最终"条其篇目，撮其指意"，也就是撰写提要。

班固在东汉初年写《汉书》，就是站在这个西汉末年集举国之力完成的文献整理工程的基础上。

相比而言，司马谈、司马迁父子在汉武帝时代写《史记》，就要吃力得多。他们面对的也是海量资料，但这些资料最多只经过粗略的整理，多少残篇断简，只能自己一个字一个字爬梳过去。

简牍时代，查找堆积如山的文献，不说有多费脑子，单是耗费的体力，就很惊人。

所以《汉书》在体系构架上，不少地方后来居上，是不奇怪的。但正因如此，越发要赞佩司马谈、司马迁父子的开辟穷荒之功。

司马迁的大项目

五年而当太初元年，十一月甲子朔旦冬至，天历始改，建于明堂，诸神受纪。

司马谈、司马迁父子想写一部历史书的事，汉武帝大概知道，原则上也支持。不过，写史书毕竟不是太史令的本职工作。

这句讲的，才是太史令的本职中最重要的工作：编订历法。

"五年而当太初元年"，司马迁任太史令的第五年，正当太初元年（前104）。实际上这一年本来叫元封七年，改历法之后，才叫太初元年。

"十一月甲子朔旦冬至"，解释起来比较麻烦。简单地说：这年的十一月初一，是甲子日，又夜半时刻恰逢冬至。

旦是一天的开始，古人以夜半为旦，一个夜半到下一个夜半，是一日。朔是一月的开始，一个朔日到下一个朔日，是一月。冬至是一年的开始，一个冬至到下一个冬至，是一年。

朔、旦、冬至，几个时间节点重合在一起的情况，并不常见，七十六年才有一次。

难得的是这一天又是甲子日，天干、地支相配，甲子又是开始。甲子朔旦冬至，需要1520年才会出现一次。

因此，这一刻一切重新开始的感觉就会特别强烈，"太初"这个年号，就是这么来的。

"天历始改"，于是汉朝开始改用新的历法，也就是所谓太初历。具体说是用夏正，即以农历一月为正月。

"建于明堂"，天子在明堂举行实施新历法的仪式，明堂是"明政教之堂"，天子举行最重大典礼的地方。

"诸神受纪"，这句可以理解为，诸神接受祭祀的日期，都按照新历法重新确定。也可能是把新历法颁布给诸侯，因为诸侯主持各种地方神明的祭祀，所以叫"诸神受纪"。

历法问题，古代是特别神圣的问题。比如说，不同的政权，会颁布不同的历法，用谁的历法，就等于承认谁的政权是正统，这是最重要的政治站队。

中国有历史记载以来，用的一直是阴阳合历，兼顾月亮绕地球公转和地球绕太阳公转两个周期。

这两个周期是各自独立的，要想兼顾，很麻烦，所以历法也就不得不非常复杂。而把问题复杂化的过程中，各种政治的、文化的、神学的因素不断被添加进来，所以改历的事，也就变得越来越事关重大。

首先一个难题，是确定每年的第一个月，让一年有一个正确的开始，所以一月叫正月。

据说，夏商周三代，正月都不同，所以三代三种历法，也叫三正。

而秦代的历法，又不同于三代，它是以夏历的十月份为一年的第一个月的。汉代初年，沿用了秦历，直到汉武帝太初元年（前104），才改用了新历法，这也就是《自序》里这句话所说的事。

但《自序》里这个说法，却遗漏了关键性的事实。

太初改历这件事，最详细的记载见于《汉书·律历志》。再结合其他一些零碎记录，大致可以推论是下面这种过程。

废旧历用新历，当时被认为有三重作用：

第一，旧历法用的时间长了，误差已经很明显，不切实用，所以需要新历法；

第二，废掉秦的历法，用汉朝自己的历法，更有利于彰显汉

朝的权威;

第三,历法是关于时间的奥秘,通过修改历法,可以追求长生不老,当年黄帝就是这么干的。

把改历法的建议提出来,则充分体现了汉朝体制的分工之精密。

旧历法不合用的问题,由相关技术人员提出。司马迁作为太史令,就是技术骨干的三个代表之一。所谓"历纪坏废,宜改正朔"。

改历法宣示汉朝的伟大,由官至御史大夫(三公之一)的大儒倪宽领衔的博士团队来指出。所谓"帝王必改正朔,易服色,所以明受命于天也"。

有了新历法可以长生,则是皇帝本人很直白地说出的。所谓"盖闻古者黄帝合而不死。"

汉武帝对改历这事确实高度重视,密切关注,前后至少下了七次诏书询问相关事宜,提出指导意见。

但麻烦也就在这里。

按照项目申报时的计算,这一年"甲子朔旦冬至",这种情况 1520 年才会有一次,抓住这个千年不遇的时机改历法,理由特别堂皇。

但这个判断,实际上是算错了,这一年并不存在甲子朔旦冬至,也就是说,这项超级文化工程,是在错误的前提下启动的。

但国家级的文化工程,皇帝还一直在关注研究进度,照例是启动了就不能认错的。

官方的技术团队,还算诚实,"奏不能为算,愿募治历者,更造密度,各自增减,以造《汉太初历》。"

我们算不出来，找外包吧。

于是包括司马迁在内的最初提议改历的人，都从项目名单中消失了。朝廷又找来一个叫邓平的人领衔，加上另外几个学者及"民间治历者"，总计二十余人，继续负重前行。

邓平玩了一串小花招，对原始数据采取暗改明不改的方式，又充分利用音律和天文学相结合的传统，把论证变得格外炫人耳目，终于拿出了能够让皇帝满意的新历法，顺利结项。汉武帝嘉奖他，任命他作太史丞，也就是司马迁的副手。[②]

经历了整个过程，司马迁的感受如何，不得而知。《报任安书》里，那句"文史星历，近乎卜祝之间，固主上所戏弄，倡优畜之，流俗之所轻也"的感慨，或许和这段经历有关。

总之，司马迁在《史记》里，绝口不提邓平。在此之后，司马迁对干好修史这件私活儿，热情显然更高了。

司马迁和壶遂在说什么

因为修太初历的事，司马迁与太中大夫壶遂有过合作，对壶遂印象很好。《自序》接下来一大段，就是司马迁和壶遂的对话。

太史公曰："先人有言：'自周公卒五百岁而有孔子。孔子卒后至于今五百岁。有能绍明世，正《易传》，继《春

---

② 本小节中涉及的天文、历法等专门知识内容，都是依据张培瑜等《中国古代历法》，中国科学技术出版社，2008，P250~258。

秋》，本《诗》《书》《礼》《乐》之际？'意在斯乎！意在斯
乎！小子何敢让焉。"

　　这句里的太史公，就是司马迁。这句里的先人，则指司马
谈。这句要和前面司马谈临终前的遗言对照着读。
　　周公去世五百年，有了孔子，孔子去世至今又是五百年，
有能继承圣明时代的传统，校勘整理《易传》，继承《春秋》，以
《诗》《书》《礼》《乐》的精神为本，而写下新的篇章的人吗？
　　时代选中的人，就在这里吧，我又怎么敢谦让呢？
　　孔子说过："文王既没，文不在兹乎？"孟子说过："当今之
世，舍我其谁？"强烈的文化使命感，彰显了儒家精神中最昂扬
进取的一面。

　　上大夫壶遂曰："昔孔子何为而作《春秋》哉？"

　　上大夫这个称谓，似乎是拟古。战国时，齐国的稷下学士
"皆赐列第，为上大夫，不治而议论"，或许上大夫常用于尊称
无实权的文化官僚。
　　壶遂问："当初孔子是为什么作《春秋》的呢？"
　　你司马迁说自己想"继《春秋》"，我就问你，你知道这意味
着什么吗？
　　这是个非常严肃沉重的问题。

　　太史公曰："余闻董生曰：'周道衰废，孔子为鲁司寇，
诸侯害之，大夫壅之。孔子知言之不用，道之不行也，是非

二百四十二年之中，以为天下仪表，贬天子，退诸侯，讨大夫，以达王事而已矣。'"

司马迁说："我听董仲舒先生讲：'周朝王道衰败废弛，孔子担任鲁国司寇，诸侯嫉害他，卿大夫阻挠他。孔子知道自己的意见得不到采纳，追求的大道无法实行，就在《春秋》二百四十二年间的历史中表达肯定和批判，作为天下评判是非的标准，天子该贬抑就贬抑，诸侯该斥责就斥责，大夫该声讨就声讨，以便抵达理想的政治生态。'"

司马迁大段引用董仲舒的观点来表达自己对《春秋》的看法，有学者主张司马迁是董仲舒的学生，最重要的依据就在这里。

《春秋》怎么写，《史记》就要学。

这段里尤其值得注意的，是"贬天子"三个字，后来班固作《汉书》，为司马迁作传，基本照录了这一段，却把这一句拿掉了，更显得欲盖弥彰。

需要说明两点：

第一，"贬天子"确实是《史记》很重要的一个主题，尤其是汉武帝时代的种种弊政，《史记》指摘尤其多，不能明说也要绕着弯子说。对这一层，汉朝皇帝感受也很强烈。东汉的汉明帝，曾下诏说：

> 司马迁著书，成一家之言，扬名后世。至以身陷刑之故，反微文刺讥，贬损当世，非谊士也。司马相如污行无节，但有浮华之辞，不周于用。至于疾病而遗忠，主上求

取其书，竟得颂述功德，言封禅事，忠臣效也。至是贤迁
远矣。

大意是：司马迁因为受了宫刑，所以在史书里阴阳怪气，是
个很不妥当的人。比较而言，司马相如虽然人品也差，文章浮华
无用，但临死前知道歌功颂德，比司马迁强多了。

深挖批评者的动机，将其解释为泄私愤，是上位者最爱做的
事。但司马迁显然不认为自己写《史记》是出于私人恩怨，他觉
得自己就是在按照《春秋》的传统写作：

孔氏著《春秋》，隐桓之间则章，至定哀之际则微，为
其切当世之文而罔褒，忌讳之辞也。（《史记·匈奴列传》）

孔子作《春秋》，是古代史就批判得直接一点，当代史就批
判得隐晦一点，所以司马迁自己也是这么做的。

不管你是谁，不对就该批，历史书就是这么写的。"贬天
子"和"达王事"不但不矛盾，相反是一体两面，指出天子的缺
陷，才能通往理想的政治。

第二，司马迁这么主张，倒也不是个人思想特别叛逆。他
是引用的董仲舒的话，其实代表了当时"春秋公羊学"的主流
立场。

司马迁所引的这句话，不见于今天还能见到的董仲舒著作，
但董仲舒的著作里，有意思相近的话：

孔子明得失，差贵贱，反王道之本，讥天王以致太平，

刺恶讥微，不遗小大，善无细而不举，恶无细而不去，进善
诛恶，绝诸本而已矣。（《春秋繁露·王道》）

要想"致太平"，就要"讥天王"，《公羊传》里的很多议
论，确实也不大为尊者讳。

后人往往觉得司马迁不怎么儒家，是因为后来儒家已经整体
上被矮化了。《史记》却因为鲜明的态度，峻切的风格，很难被
矮化，所以后世很多人，选择站在矮化后的侏儒的立场上，批判
司马迁离经叛道。

> "子曰：'我欲载之空言，不如见之于行事之深切著明
> 也。'夫《春秋》，上明三王之道，下辨人事之纪，别嫌疑，
> 明是非，定犹豫，善善恶恶，贤贤贱不肖，存亡国，继绝
> 世，补敝起废，王道之大者也……故《春秋》者，礼义之大
> 宗也。夫礼禁未然之前，法施已然之后；法之所为用者易
> 见，而礼之所为禁者难知。"

孔子说："我的道如果只是记载在空言议论里，不如在历史
事件的叙述中展现出来，来得又深刻，又切实，又显著，又明
白。"

这一段先引用孔子的话，点明《春秋》是通过历史叙事展现
治国之道，相对于纯理论著作有优势。然后详细论述《春秋》有
什么独特的现实意义。

前面司马谈《论六家要旨》，是对诸子学说的综述。司马迁
这一大段议论，则是对西汉武帝之前的《春秋》学乃至整个经学

的综述。

因为对于汉朝人来说，《春秋》是儒家经典的核心。不过司马迁这段话，重要性远不能和父亲的文章比。因为司马谈评点六家，是原创；司马迁论《春秋》及六经，大半只是在讲述经学家的一般意见，是引用或化用的董仲舒。

比如论六经的话，很多话更可以和《春秋繁露·玉杯》对读：

	司马迁	董仲舒
《诗》	记山川谿谷禽兽草木牝牡雌雄，故长于风；	道志，故长于质。
《礼》	经纪人伦，故长于行；	制节，故长于文。
《乐》	乐所以立，故长于和；	咏德，故长于风。
《书》	记先王之事，故长于政；	著功，故长于事。
《易》	着天地阴阳四时五行，故长于变；	本天地，故长于数。
《春秋》	辩是非，故长于治人；	正是非，故长于治人。

至于"《春秋》之中，弑君三十六，亡国五十二"，更是汉儒不假思索的口头禅。

司马迁把《春秋》抬到"王道之大者""礼义之大宗"的地位，也不仅是因为他是历史学家，有此偏好，而是因为这种理解是汉儒的共识。

经孔子修改过的《春秋》已不再是一般的史书了，它变成了儒家的经典，字里行间隐含着孔子对当时出现的种种"邪说暴行"的批判，也隐含着他为后世"天子"亦即汉朝制定的拨乱反正之法。这种说法在汉代被普遍接受，因而

《春秋》学是汉朝统治者确定"汉道"的重要理论依据。在汉代儒家经典中,《春秋》拥有特殊地位,可谓经典中的经典。(陈苏镇《春秋与汉道》)

司马迁答得如此规矩,实在是因为壶遂问得太重大,由不得他直抒胸臆。但壶遂紧跟着又问了一个更严重的问题。

> 壶遂曰:"孔子之时,上无明君,下不得任用,故作《春秋》,垂空文以断礼义,当一王之法。今夫子上遇明天子,下得守职,万事既具,咸各序其宜,夫子所论,欲以何明?"

壶遂说:"孔子的时候,上没有圣明君主,他处在下位又得不到任用,所以撰写《春秋》,留下一部空文来裁断礼义,相当于一代帝王的法典。现在先生上遇圣明天子,下得到太史令的职务,万事俱备,全部处于适合的位置上,先生要撰述大著,是想要阐明什么呢?"

壶遂问的,是个送命题。

孔子生在一个坏时代,所以他作《春秋》,"当一王之法"。可你要继承《春秋》的精神是什么意思?是我们生活的这个时代还不够好,还是我们的皇帝还不够圣明?

"明天子"治下,各人都思不出位,做好本职工作就可以,你怀抱伟大理想,就好像在攻击我们生活的这个时代。

你把《春秋》说得越伟大,你想要继承《春秋》精神这事,就显得越僭妄。

于是司马迁又回应了一大段，先表明态度：

太史公曰："唯唯，否否，不然。"

"唯唯，否否，不然。"这六个字，太传神，现场感太强了。

壶遂扣了一顶大帽子，是绝对不能反驳的。所以司马迁先说"唯唯"，您说得对，当今天子确实是"明天子"，所有的官员确实只需要"守职"，宏大理想属于多事。

"否否"，我不是那个意思，您觉得我想继承《春秋》，我没有。

"不然"，您觉得儒家经典都是批判当今社会的，也不对。

"余闻之先人曰：'伏羲至纯厚，作《易》八卦。尧舜之盛，《尚书》载之，礼乐作焉。汤武之隆，诗人歌之。《春秋》采善贬恶，推三代之德，褒周室，非独刺讥而已也。'"

这句引用父亲司马谈的话，讲儒家经典是怎么歌功颂德的。

《周易》中的八卦，体现了伏羲的纯厚，《尚书》里记载了尧舜的盛德，礼乐也因此而产生。《诗经》里的《商颂》《周颂》，是歌颂商汤、周武王的。《春秋》里诚然有很多讥刺的话，但对夏商周三代尤其是周王室的褒奖，还是毫不掩饰的。

"汉兴以来，至明天子，获符瑞，封禅，改正朔，易服色，受命于穆清，泽流罔极，海外殊俗，重译款塞，请来献见者，不可胜道。臣下百官力诵圣德，犹不能宣尽其意。且士贤能而不用，有国者之耻；主上明圣而德不布闻，有司之过也。且余尝掌其官，废明圣盛德不载，灭功臣世家贤大夫之业不述，堕先人所言，罪莫大焉。"

说完儒家经典如何歌颂古代，再讲自己生活的这个时代，有多少值得歌颂的人物和事件，尤其是皇帝圣明，德行太多，更是让有司忙都忙不过来。这时候我身为史官，不能不觉得肩头的担子很沉重，不把这些丰功伟绩记录下来，就是对不起这个伟大时代。

"余所谓述故事，整齐其世传，非所谓作也，而君比之于《春秋》，谬矣。"

最后总结一句，我写书，就是抄抄素材，整理排列一下，无所谓原创性，和《春秋》更没有可比性。您把我的书和《春秋》比，是真不合适。

前面司马谈、司马迁执手流涕的一段，这里司马迁与壶遂对答的一段，都是关于《史记》的创作宗旨的。

从来都是关心前一段的人多，关心这一段的人少，这当然非常合理，因为前一段越说越真，这一段越说越假。

司马迁一上来就说，每隔五百年，就有伟大的人写出伟大的著作，孔子去世至今五百年了，"意在斯乎！意在斯乎！小子何敢让焉"，他想要继承孔子作《春秋》的用意，这是他发自心底的话。

壶遂提出第一个问题，孔子为什么要作《春秋》。司马迁回应的一大段，不是假话，但许多是汉代经学的片汤话，投入了多少个人的真情实感，就不好说了。

壶遂又问第二个问题，明天子治下，你想继承《春秋》，到底想说明什么？这个问题太可怕，司马迁回了一大堆歌功颂德的话，至于最后那句"而君比之于《春秋》，谬矣"，更是假得不能再假。

这就是政治高压的时代，不小心说了一句真话，就不得不说一堆假话来掩饰。

这段对话里还有个疑点，谈到记录历史的责任时，司马迁说"余尝掌其官"，言下之意是这段对话发生时，他已经不是太史令了。也就是说，和壶遂的这段话，发生在司马迁已经遭遇了李陵之祸，作了中书令之后。也就是说，这段对话本来可能是一篇独立的文章，后来才加入《太史公自序》的。

当时的政治气氛，《史记》不敢记载，后来班固作《汉书》，却是很写了一些的："且陛下春秋高，法令亡常，大臣亡罪夷灭者数十家，安危不可知……"对照壶遂、司马迁说的"万事既具，咸各序其宜""臣下百官力诵圣德，犹不能宣尽其意"，真是使人既想笑，又想哭。

李陵之祸

> 于是论次其文，七年而太史公遭李陵之祸，幽于
> 缧绁。

编订太初历的大工程结项，太初元年（前104），司马迁开始专心修史。七年后，也就是天汉三年（前98），司马迁遭遇了李陵之祸。

严格说来，"李陵之败"和"李陵之祸"是两件事。

"李陵之败"是指天汉二年（前99）李陵出征匈奴，战败后投降，主角是李陵；"李陵之祸"是指司马迁为李陵辩护，天汉三年受了宫刑，主角是司马迁。

关于前者，《史记·匈奴列传》是这么记载的：

其明年，汉使贰师将军广利以三万骑出酒泉，击右贤王于天山，得胡首虏万余级而还。匈奴大围贰师将军，几不脱。汉兵物故什六七。

汉复使因杆将军敖出西河，与强弩都尉会涿涂山，毋所得。

又使骑都尉李陵将步骑五千人出居延北千余里，与单于会，合战，陵所杀伤万余人，兵及食尽，欲解归，匈奴围陵，陵降匈奴，其兵遂没，得还者四百人。单于乃贵陵，以其女妻之。

这一段，司马迁用笔极收，只是简单交代结果：汉军兵分三路伐匈奴，公孙敖那一路无功，贰师将军李广利和骑都尉李陵，都败得很惨，李陵还投降了。

或许，司马迁写这段时，仍然心有余悸。但这份压抑在胸中的激情与怨念，却在《报任安书》中喷薄而出。

司马迁向任安解释，李陵战败的消息传回长安，自己为什么要为他辩护：

夫仆与李陵俱居门下，素非能相善也。趣舍异路，未尝衔杯酒接殷勤之欢。然仆观其为人自奇士，事亲孝，与士信，临财廉，取予义，分别有让，恭俭下人，常思奋不顾身以殉国家之急。其素所蓄积也，仆以为有国士之风。夫人臣出万死不顾一生之计，赴公家之难，斯已奇矣。今举事一不当，而全躯保妻子之臣随而媒孽其短，仆诚私心痛之。

这段话大概分三层意思：

第一层，我和李陵不熟——这是强调，自己为李陵说好话是出于公心。

第二层，展开说李陵的好处，尤其强调李陵的爱国，"人臣出万死不顾一生之计，赴公家之难，斯已奇矣"。这个"奇"字，完全是在骂人了。按照大汉提倡的价值观，所有人，至少所有的士大夫都应该是心里装着"国家""公家"的，可现在出了个爱国的李陵，却"斯已奇矣"，应该算"奇人"，那么，朝堂上的这些士大夫，又算是什么人？

于是切入第三层，那些说李陵不好的人，他们不配，他们只是"全躯保妻子之臣"，就关心自家那点事。

当时司马迁这一番话说出来，汉武帝什么反应虽然还未可知，满朝官员都对他侧目而视，简直是一定的。

李陵战败这年，按司马迁生于公元前145年算，再过几年他就该"知天命"了。即使按照生于公元前135年算，他也是三十大几的人了，但就是这么热血，这么耿直。

> 且李陵提步卒不满五千，深践戎马之地，足历王庭，垂饵虎口，横挑强胡，仰亿万之师，与单于连战十余日，所杀过当，虏救死扶伤不给。旃裘之君长咸震怖，乃悉征左右贤王，举引弓之民，一国共攻而围之。转斗千里，矢尽道穷，救兵不至，士卒死伤如积。然李陵一呼劳军，士无不起，躬流涕，沫血饮泣，张空弮，冒白刃，北向争死敌。（《报任安书》）

况且李陵带领不满五千的步兵，深入敌人战马奔驰的土地——强调了己方的"步"，匈奴的"马"，谁都知道步兵对骑兵的劣势有多大。

踏上单于的王庭，好像垂挂在虎口上的诱饵——强调了李陵的军队是诱饵，饵被吃了，本来就是计划中的步骤，问题是，饵已经吸引了老虎，真正打虎的人，也就是汉军主力，李广利统帅的三万骑兵，表现怎么样呢？事实是，李广利的损失比李陵更严重。

李陵军向强大的匈奴正面挑战，面对着居高临下的无数敌兵，同单于连续作战十多天，杀伤的敌人超过了自己军队的人数，使敌人连救死扶伤都顾不上。"横挑""仰"强调李陵处境之不利，"强胡""亿万之师"（亿是十万）强调匈奴兵力之强，然后才强调李陵给匈奴造成的伤害之大。

单于十分惊恐，于是就征调左、右贤王，出动了所有会开弓放箭的人，举国上下，共同围攻李陵——李陵已经把匈奴打得极限动员了，一方面可见李陵之英勇，另一方面又引出了一个问题：李广利那边面对的匈奴军队应该很弱了，为什么他还败得那么惨？

李陵转战千里，箭矢已经用完，退路已经断绝，救兵不来，士兵死伤成堆。可是，当李陵振臂一呼，鼓舞士气的时候，兵士没有不奋起的，他们流着眼泪，满脸是血，强忍悲泣，举起没有箭的弓弩，冒着白光闪闪的锋刃，向北拼死杀敌。这里极写李陵之得军心，汉军在他的带领下，战斗到了最后一刻。

总之，五千步兵打匈奴的倾国之师，打成这样，已经是奇迹了。

这段话，任何翻译都对不起原文，实在还原不了那种表达效果。如果司马迁为李陵辩护的现场，口头表达也有这么精彩的话，不难想象现场的气氛有多炸裂。

> 陵未没时，使有来报，汉公卿王侯皆奉觞上寿。后数日，陵败书闻，主上为之食不甘味，听朝不怡。大臣忧惧，不知所出。(《报任安书》)

这里把满朝公卿王侯又骂一遍。李陵连连告捷的时候，你们在赞美庆功，没有人考虑过战局变幻的风险吗？没有人想过派兵给李陵提供接应吗？等失败的战报真的来了，主上为之食不甘味，你们却没有一个人能为主上分忧，你们都是干什么吃的？

这一段读下来，又感觉司马迁为李陵辩护尚在其次，他最想做的，是批判这个苟且又谄媚的官场。

> 仆窃不自料其卑贱，见主上惨凄怛悼，诚欲效其款款之愚。以为李陵素与士大夫绝甘分少，能得人之死力，虽古名将不过也。身虽陷败，彼观其意，且欲得其当而报于汉。事已无可奈何，其所摧败，功亦足以暴于天下。仆怀欲陈之，而未有路，适会召问，即以此指推言陵功，欲以广主上之意，塞睚眦之辞。未能尽明，明主不深晓，以为仆沮贰师，而为李陵游说，遂下于理。(《报任安书》)

这一段，司马迁说自己进言，是因为看见汉武帝伤心，想出言安慰，而且是被皇帝问到了才说话的。但是这里有两个疑点：

第一，司马迁说，他推测李陵的本心，是想暂时投降，将来再寻找机会报效汉朝。后来班固为李陵立传，也写了这一点，认为李陵本来有这个想法。但问题是，司马迁是怎么知道的呢？前面才说自己和李陵不熟，不熟的人，你凭什么揣测他的想法？

这段话，确实会给人司马迁在刻意美化李陵的印象。

第二，司马迁说，汉武帝认为自己在攻击李广利，这是误会，自己并没有这个意思。但李广利和李陵同时出兵，李广利麾下有三万骑兵，李陵只有五千步兵，李陵打得越精彩，就越证明李广利无能，这不是显而易见，任谁都会想到的事吗？

或许，司马迁确实想嘲讽一下李广利，只不过他低估了问题的严重性。

我在《司马迁的记忆之野》里说了一个猜想，汉武帝一再重用李广利，是想培养一个新的外戚集团，和支持太子的卫氏外戚分庭抗礼，乃至为将来更换太子作准备。

攻击李广利，司马迁以为只是在向皇帝指出现在的对外战争用人不当，却没有意识到可能触碰了储君之争这根最敏感的政治神经。

所以，他就不免要"幽于缧绁"，被绳捆索绑丢进天牢了。

对汉武帝比较善意，情理上也确实较为通顺的理解是：李陵是假投降，这个猜测汉武帝也是有点赞同的，所以他暂时也没有严惩司马迁，只是把他关起来而已。同时，汉武帝派人去匈奴那边侦探情报，李陵到底怎样了。

结果消息传来（后来才证明是个假消息），李陵不但投降了，而且在帮匈奴训练军队。于是汉武帝震怒，李陵灭族，司马迁也被处以死刑，后来以宫刑替代。

这就是为什么天汉二年李陵战败，到天汉三年司马迁才受刑的原因。

宫刑的伤害与侮辱

接下来一段，是司马迁选择用宫刑替代死刑后的心路历程。

> 乃喟然而叹曰："是余之罪也夫！是余之罪也夫！身毁不用矣。"

"是余之罪也夫！"可以理解为质问：这难道是我的罪吗？也就是说，司马迁始终坚持自己无罪。

但也可以理解为自责：这真就是我的罪过啊。

问题不在于自己的话说得对不对，而在于《史记》还没有写完的时候，根本就不该为了一件说了也于事无补的事冒险说话。

在概括《史记·滑稽列传》的题旨的时候，司马迁说："不流世俗，不争势利，上下无所凝滞，人莫之害，以道之用。"说话滑稽，"人莫之害"，司马迁显然做不到，他的话，讲得太气势磅礴、天风海雨了些。

汉代的法律，即使犯了死罪，也可以花钱免罪。翻一下《史记·卫将军骠骑列传》，会发现类似"当斩，赎为庶人"这样的表述，是频繁出现的。

不过，武帝一朝财政紧张，为了创收，赎死的价格也在飞速上涨，就在司马迁被判死刑的下一年，汉武帝下诏公布的赎死价格是五十万钱。那么此时司马迁需要拿出来的，也差不多是这个数字。有学者计算，这大约相当于司马迁十年太史令全部收入的一半。吕后时，赎死只需要"金二斤八两"，按金一斤相当于一万钱计算，不过二万五千钱而已。

司马迁"家贫，货赂不足以自赎，交游莫救视，左右亲近不为一言"，这条路他走不通。

司马迁自己没钱，也没有人愿意帮他。从《史记》的零星记载很容易感受到，司马迁认得很多名流，但就是没有人愿意帮他。

《史记》的很多篇章里，司马迁都发表过对人情冷暖的感慨，尤其是《游侠列传》里说：

> 且缓急，人之所时有也。太史公曰：昔者虞舜窘于井廪，伊尹负于鼎俎，傅说匿于傅险，吕尚困于棘津，夷吾桎梏，百里饭牛，仲尼畏匡，菜色陈、蔡。此皆学士所谓有道仁人也，犹然遭此灾，况以中材而涉乱世之末流乎？其遇害何可胜道哉！

大意是：危急的情况，是人说不定什么时候就会遇到的，那些学者们所称道的有道德的仁人，尚且不能幸免，何况是中等才能却又遇到了乱世的风浪的人呢？

这段感慨，大约便是由这段经历生发出来的。

当然，司马迁的死罪和《卫将军骠骑列传》里那些将军因为战败而犯的死罪，性质完全不同。兵战凶危，因为不可抗力打了败仗，大家都能理解，也知道培养优秀将领之难，所以收钱免一位将军的死罪，在武帝一朝大约已经有了成熟的流程。可是司马

迁不同，当时未必有多少人（可能根本就没有人）能意识到司马
迁是中国文化史上不可或缺的人物。司马迁是因为触怒皇帝而被
处以死刑的，这股怒气的导火索，直通宫中最为禁忌的隐秘，花
钱去救他，谁知道皇帝会不会迁怒于自己呢？

　　毕竟，皇帝也不是卫青、霍去病叱咤风云时代的那个虽然也
残暴，但毕竟胸襟开阔、意态豪雄的皇帝了。

　　所以，司马迁只剩一个选择，就是"身毁不用"，接受
宫刑。

　　宫刑是伤害性巨大，侮辱性更强的肉刑。

　　早期刑罚，往往是"同害报应刑"，也就是犯人用身体的哪
个部位实施犯罪，就对哪个部位施以刑罚。从《张家山汉简·二
年律令》里可以看到：

　　　　强与人奸者，府（腐）以为宫隶臣。（《杂律》）

　　宫刑本来是用在强奸犯身上的。这就导致了，你不是强奸
犯，但受了宫刑，身上也仿佛散发着强奸犯的气味。

　　汉文帝废除了宫刑，但汉景帝又创制了新规：

　　　　（中元四年）秋，赦徒作阳陵者死罪；欲腐刑者，许
　　之。（《汉书·景帝纪》）

　　宫刑成了死刑的替代刑。

　　所以宫刑又多了一种卑污的气息，就是贪生怕死。

　　司马迁一直是生活在士大夫圈子里的人，对受宫刑者的鄙

夷，司马迁是深有体会的：

> 故祸莫憯于欲利，悲莫痛于伤心，行莫丑于辱先，诟
> 莫大于宫刑。刑余之人，无所比数，非一世也，所从来远
> 矣！昔卫灵公与雍渠同载，孔子适陈；商鞅因景监见，赵良
> 寒心；同子参乘，袁丝变色。自古而耻之，夫以中材之人，
> 事有关于宦竖，莫不伤气，而况于慷慨之士乎！（《报任安
> 书》）

祸患没有比贪利更悲惨的了，悲哀没有比心灵受创更痛苦的
了，行为没有比污辱祖先更丑恶的了，耻辱没有比遭受宫刑更重
大的了。

受过宫刑的人，社会地位比任何人都卑贱，并非是现在才如
此，而是一个古老的传统。

从前卫灵公与宦官雍渠同坐一辆车子，孔子便离开卫国到陈
国去；商鞅走宦官景监的门路而被秦孝公召见，贤士赵良为此寒
心；宦官赵谈（司马迁因为避父亲的讳，写作赵同）给汉文帝做
车右，袁盎为之脸色大变。

自古以来，人们对宦官都是鄙视的。一个才能平常的人，什
么事和宦官攀扯上关系，都没有不感到屈辱的，更何况一个慷慨
刚强的志士呢？

司马迁选择了宫刑，就相当于从原来的圈子里被除名了。

可以想象，对汉武帝不满，暗暗同情李陵的人还是很多的，
如果司马迁一开始就选择死亡，那么他作为一个慷慨直谏的太史
令，可以在士大夫圈子里留下很好的口碑。倒也不一定要把人性

想象得过于阴暗，等到几年之后老皇帝撒手人寰（这是可以预见的），那些不愿意对司马迁出手相救的朋友，还是很愿意安全地赞美几句他的气节的。

但受了宫刑的司马迁，却会被看作一个开始太莽、后来太怂的人。

何况，以当时的手术和康复治疗的水平，接受宫刑后死亡的概率恐怕不低。[3] 那就是死亡加社死，远不如直接接受死刑来得干脆。

司马迁说：

> 且负下未易居，下流多谤议。仆以口语遇此祸，重为乡党所笑，以污辱先人，亦何面目复上父母丘墓乎？虽累百世，垢弥甚耳！是以肠一日而九回，居则忽忽若有所亡，出则不知其所往。每念斯耻，汗未尝不发背沾衣也！
>
> （《报任安书》）

下等人不是容易当的，越是沦落到卑贱的地位，诽谤和议论越是汹涌而来。

我因为多嘴说了几句话而遭遇这场大祸，又被乡里之人羞辱和嘲笑。不要忘了，司马迁"长无乡曲之誉"，年轻的时候他就不被老乡喜欢，也正是因为他们的不喜欢，司马迁才需要父亲动用关系，入仕为郎。司马迁如果很成功，就是在打乡党的脸，司

---

③ "斩为城旦者，过百日而不死，乃行捕者赏。廷卒乙廿一。"（《岳麓书院藏秦简（伍）》2151+1166）连受砍腿刑罚的罪犯，都要过一百天不死，逮捕者才能领到奖金，可见死亡率相当高。

马迁倒了霉，才证明乡亲父老们真是目光如炬。

《史记》里写了很多和家乡关系特别紧张的人，其中就包括汉朝的太祖高皇帝刘邦。出身不太好的杰出人士，微贱时被家乡嫌弃，发达后被家乡当宝，还真是挺普遍的现象。

司马迁说，自己污辱了祖宗，还有什么面目再到父母的坟墓上去祭扫呢？到百代之后，这污垢和耻辱只会更加深重啊！本书开始部分就提到，司马迁死后没有葬入祖坟。万幸，百世之后的我们知道，司马迁说错了，并没有"垢弥甚耳"，那些所谓的污垢，在《史记》的光辉之下，早已连黑子都算不上。

司马迁说，痛苦在我的肠中一日九回转，坐在家中，精神恍恍惚惚，好像丢失了什么；出门则不知道路在何方。每当想到这个耻辱，冷汗就会从脊背上冒出来沾湿衣服。

理解了这一层，才能明白当时的情势下，司马迁选择死亡有多么容易，选择活下来有多么难。毛泽东说：

> 中国有两部大书，一曰《史记》，一曰《资治通鉴》，都是有才气的人在政治上不得意的境遇中编写的。看来人受点打击，遇点困难，未尝不是好事。当然这是指那些有才气、又有志向的人说的。没有这两条，打击一来，不是消沉，便是胡来，甚至去自杀，那便是另当别论。
>
> （陈晋《毛泽东读书笔记精讲》）

现在人不爱听"苦难是财富"之类的话。这番话，倒是说得很辩证。苦难能否带来成果，终究还是看人。

必须强调的是，任安眼里的那个司马迁，并不是这样一副失魂落魄的样子，司马迁看起来应该是情绪稳定、条理清晰的，因为他做了汉武帝的中书令，也就是皇帝在宫中的秘书。汉武帝还是看重司马迁的才能的，受了宫刑之后，司马迁不适合再做太史令，就到宫里做了中书令。

据班固说，这是"尊宠任职"，也就是司马迁得到的待遇还不错，相应的表现应该也不错。一个能给喜怒无常的皇帝做秘书的人，看着不可能是一副精神恍惚的样子。

这就要说到《报任安书》的写作时间问题。

今夕何夕报任安

任安被卷入了征和二年（前91）的巫蛊之祸，第二年被处死。《报任安书》里说到"今少卿抱不测之罪……恐卒然不可为讳"，显然说任安是处于生命危险之中的，所以历来有很多人都相信，这封信写于征和三年（前90）。

在这个理解的基础上，《报任安书》里的许多话，都被作了比较迂曲的解读。如信的第一句：

> 曩者辱赐书，教以慎于接物，推贤进士为务，意气勤勤恳恳。若望仆不相师，而用流俗人之言，仆非敢如此也。

任安请求司马迁以"推贤进士为务"，就被解读成任安向司马迁委婉求救。

这个理解还带来另外一些问题：如果任安都快要死了，司

马迁还在信里大谈自己的人生感慨，怎么看都太不近人情。而且
《报任安书》是一篇两千多字的文章，写在竹简上，大概需要
六十支左右的竹简，体积和重量都很可观，送进死囚牢里，也不
太现实。

当然，所有的疑问，都有研究者提出极富想象力的解释，
司马迁这么做的境界和情怀被越解释越高。比如说：写信时《史
记》已经完稿，司马迁也就不想再全性命，这封信其实不是写给
任安的，司马迁料定它一定会落到汉武帝手里，写这封信，目的
就是向汉武帝示威。

司马迁去世本来不确定是哪一年，根据这个解释，当然也就
有了答案。就在这一年，也就是征和三年（前90），司马迁被汉
武帝处死，死得壮烈而又欣慰。

这些解释是如此精彩，以至于很多人发现了另一种比较朴素
的可能之后，也断断舍不得放弃。

这种比较朴素的可能是王国维先生最早发现的，《报任安
书》的开头，司马迁交代了自己最近追随汉武帝的行程：

> 书辞宜答，会东从上来……涉旬月，迫季冬，仆又薄从
> 上雍……

对照《汉书·武帝纪》：

> （太始）四年春二月，行幸泰山……十二月，行幸雍，
> 祠五畤，遂至安定、北地。

这两个行程是精确对应的。而这一年之外，汉武帝也不再有类似的行程。

所以《报任安书》应该写作于太始四年（前93）。

信里说任安有生命危险是怎么回事呢？因为此前"安有当死之罪甚众"，任安差点被汉武帝处死，早就有好几次了。

那么任安之前要司马迁"以慎于接物，推贤进士为务"，可以就按照字面意思来理解，就是要求司马迁举荐人才。恰恰是这句话，击中了司马迁心头最痛苦的点。要说"推贤进士"，为李陵辩护不就是吗，可是结果如何呢？而那些自命清高的士人，谁又愿意接受一个受到宫刑的人的推荐呢？所以司马迁很长时间没有给任安回信。

而司马迁动笔回复的时候，可能已经知道这次任安死不了，所以才情绪激动地和任安说了那么多心里话——我们都是劫后余生的人，有什么不能聊的呢？

当然，相信朴素的叙事就意味着要牺牲高端的阐释，这是许多深刻的学者所不能接受的。不接受就不接受吧。

贤圣发愤之所为作

> 退而深惟曰："夫'诗书'隐约者，欲遂其志之思也。

司马迁说，自己退而深思，"诗书"之所以含义隐微而言辞简约，是作者想要把自己真正想说的表达出来。

这里"诗书"应该看作偏义复词，就是指《诗经》，因为

《尚书》并不"隐约",只是因为言辞古奥而难读而已。

有些事,大环境不允许说,但还是坚持要说,那就只能隐约地说。

类似的还有,《春秋》也是隐约的,前文已经引用过《匈奴列传》的"太史公曰":

> 孔氏著《春秋》,隐桓之间则章,至定哀之际则微,为其切当世之文而罔褒,忌讳之辞也。

孔子的《春秋》,鲁隐公、鲁桓公时候的事,因为是二百年前发生的,就可以说得明白一些;但说到鲁定公、鲁哀公的时代,表述就非常含蓄了。

因为这就是孔子生活的时代,写当代史,不能直接做什么褒贬,只能回避忌讳,绕着来表达。

这都是司马迁在强调说实话之难。

> 昔西伯拘羑里,演《周易》;孔子厄陈蔡,作《春秋》;屈原放逐,著《离骚》;左丘失明,厥有《国语》;孙子膑脚,而论兵法;不韦迁蜀,世传《吕览》;韩非囚秦,《说难》《孤愤》;《诗》三百篇,大抵贤圣发愤之所为作也。此人皆意有所郁结,不得通其道也,故述往事,思来者。

这一段是讲光荣的荆棘路,列举了一些伟大人物遭遇磨难后创作出伟大著作的例子,然后总结说:这些人都是胸中聚集愤懑,理想与现实无法调和,因而追述往事,期待将来有人能够理解自己。

　　这句话，刚好和乔治·奥威尔的一句名言意思相反。

　　奥威尔说的是："谁掌握了过去，谁就掌握了未来；谁掌握了现在，谁就掌握了过去。"

　　司马迁说的是："正因为失去了现在，所以才要把握住过去；如果能把握住过去，才有可能面向未来。"

　　前者是老大哥的操作，后者是畸零人的不屈。

　　这段司马迁说自己写作《史记》的动力之源。

　　正因为这种动力如此强悍，读《史记》的人没有感受不到的，所以《史记》得了一个恶谥"谤书"。

谤　书

　　《太史公自序》的前文，司马迁吞吞吐吐地反复表示，做《史记》是为了继承孔子的《春秋》。

　　汉代以来，《春秋》的神圣地位越来越凸显，它不仅仅是一部历史书，也是衡量社会的一种尺度。

　　司马迁希望自己的著作，也成为这样一种尺度。

　　但是帝王们，还有善于和帝王共情的人们，自然绝不容忍这一点。

　　古来说《史记》是"谤书"的人，倒也并不一定认为《史记》捏造了事实，也就是"谤书"和"实录"未见得矛盾。谤是批评的意思，把阴暗面如实记录下来，也是谤。《史记·孝文本纪》引用了汉文帝的诏书："古之治天下，朝有进善之旌，诽谤之木，所以通治道而来谏者。"说明古代的治世，是鼓励臣民"诽谤"天子的，显然"谤"本来不一定包含恶意和夸大。

反感"谤书"，是因为在这部分读者眼里，如实记载帝王的缺陷也是不可以的，是不懂得"为尊者讳"，正确的修史方法，应该是"国恶不可书"，别写给帝王抹黑的事。

《史记》里的《孝景本纪》和《今上本纪》，据说就是汉武帝看不惯，"怒而削去之"的。

前文引用过东汉明帝的观点，认为司马迁"微文刺讥，贬损当世，非谊士也"。值得注意的是，他这段话就是说给班固听的，这可以看作是皇帝对《汉书》应该如何写的最高指示。

班固给司马迁立传，就是抄《太史公自序》和《报任安书》，可能就是因为接到皇帝的指示后，没法写了。从《汉书》的不少细节里，读者能感受到，班固虽然和司马迁有不少分歧，但也对司马迁不乏敬意。但是对皇帝已经定性了的史学家，好话说多了，势有不能，坏话说重了，于心不忍，所以班固只能抄司马迁原文。

到三国曹魏的时候，魏明帝曹睿和大臣王肃讨论过《史记》的问题：

> 帝又问："司马迁以受刑之故，内怀隐切，著《史记》非贬孝武，令人切齿。"对曰："司马迁记事，不虚美，不隐恶。刘向、扬雄服其善叙事，有良史之才，谓之实录。汉武帝闻其述《史记》，取孝景及己本纪览之，于是大怒，削而投之。于今此两纪有录无书。后遭李陵事，遂下迁蚕室。此为隐切在孝武，而不在于史迁也。"（《三国志·王肃传》）

魏明帝认为，司马迁受宫刑后，心存怨念，所以著《史记》就是为了批评汉武帝，这种行为，真是令人咬牙切齿。

魏明帝曾被大臣评价为小一号的秦皇汉武，而且也是爱折腾的皇帝，他和汉武帝有很深的共情，倒是非常自然。

不过魏晋是大臣以顶撞皇帝为乐的时代，王肃没有顺着魏明帝说，反而夸《史记》写得好，认为心头"隐切"、放不下怨念的，是汉武帝。

不是帝王而批评《史记》是"谤书"的，一样很多。最著名的例子是东汉末的王允，他说："昔武帝不杀司马迁，使作谤书，流于后世。"言下之意，对《史记》没有彻底消失，竟是充满了遗憾。

清代有位才女李晚芳，她的评论，也值得特别摘出：

> 使迁内省，则知降敌在所不赦，平日虽有他长不足以盖，必不轻言渎主为之救解。甚或笃于友谊，不忍不言，以冀君开一面，不幸因而罹罪，亦当反己自责，罪实由己，于人何尤？即终老蚕室，以著书立说，如文王之衍《周易》，孔子之修《春秋》，安在不可以见圣贤学问？乃君不徇其请则怼君，人不如其意则怼人。尝观其《报任少卿》一书，怼君者十之六七，怼朝臣朋友者十之二三，全无一言反己内咎。所谓自是而不知其过者，非欤！其褊蔽也甚矣。操是心而修国史，大本已失，故《平准》《封禅》，尽属谤书，诸"传"诸"赞"，半借以抒其愤怼不平之气。如是而欲上继知我罪我之心法，愚未敢轻信也。但其才大学博，驱驾古今如自己出，足令读者喜其文而不觉其过，往往为之愧惜，不

以为伊戚之自贻，反以为君待之过刻。(《读史摘微》)

大意是：司马迁如果自己反省，也应该知道，李陵投降匈奴罪在不赦，是绝不可以为他辩护的。受宫刑之后，如果安心著书立说，觉得自己像文王、孔子那样也不是不可以。可是司马迁是怎么表现的呢？汉武帝不听他的，他就怨恨汉武帝；别人不如他的意，他就对别人发火。一篇《报任安书》，十之六七是在表达对汉武帝的怨愤，十之二三是在对朝臣、朋友发怒，没有一句说自己不对。觉得错永远是别人的，就是司马迁这种人。怀着这种念头写史书，已经丢掉了著史的根本立场，就是在泄愤而已。要说这是继承孔子修《春秋》的心法，我是不信的。只不过司马迁文才太好，读者因为喜欢他的文章而忽视了他的过错，不知道他倒霉是自找的，反而误以为是君主对他不厚道。

就我这些年目光所及，喜欢批评某本书"夹带私货"的读者越来越多了，他们想必会和这位大清才女，有很多的共鸣吧。

当然，所有认为《史记》是"谤书"的指责，时过境迁之后，都可能被反向解释，比如认为司马迁是有勇气批判专制统治，具有朴素的民主精神和高贵的独立人格，等等。尤其是，受了宫刑之后，司马迁的境界反而得到了升华，这才成就了《史记》的伟大。

这个问题要展开的话过于复杂，这里只想简单梳理一下《史记》写作的时间跨度。

作《史记》是司马谈、司马迁父子两个人的事业。

"太史公仕于建元元封之间"，司马谈在太史的位置上干了二十多年，收集史料之外，也动笔写了不少。《史记》中多少篇章是司马谈的作品，学界虽然有争论，但肯定为数不少。

司马迁元封三年（前108）当上太史令，太初元年（前104）编订历法的工程结项，到天汉三年（前98）受宫刑。十年太史令生涯，尤其是后面的七年，精力都集中在修史上了。

受宫刑之前，司马迁的思想认识是怎样的呢?《报任安书》里说：

> 仆以为戴盆何以望天，故绝宾客之知，忘室家之业，日夜思竭其不肖之材力，务一心营职，以求亲媚于主上。

"戴盆何以望天"是当时的谚语，比喻事难两全。具体说，皇帝是"天"，其他的人只是"盆"。所以这句话经常用于表达为了效忠皇帝，可以置亲朋好友于不顾。

司马迁用"亲媚"一词来描述自己的追求，也就是说，直到这个时候，他对汉武帝仍然是仰视的，他写朝政黑暗民间疾苦，也是期待皇帝能把天下治理得更好，而不会有什么太具超越性的想法。

那么这段时间里，司马迁修史，也不会是"抒其愤忿不平之气"的态度。

宫刑之后司马迁的想法发生了许多改变，到太始四年（前93）写《报任安书》的时候，《史记》已经完稿，这中间不过五年多一些的时间。而司马迁还担任着中书令的职务，按常情论，秘书工作是极为繁剧的，随时要准备被喊过去替领导写稿、改稿，恐怕很难全副精神沉浸到史书的论著工作里去。

简牍时代，修改一部大书是很麻烦的事，司马迁不大可能把此前父亲和自己三十年的工作重来一遍。

所以更合情理的推测恐怕还是,《史记》里的大量篇章,是司马迁受宫刑之前写成的,后来并没有大改。因此,看到《史记》里一些歌功颂德的文字,也不必都推测司马迁是不是阴阳怪气、话里有话——虽然这种情况确实是大量存在的。

或者这么说,读者应该始终记得:《史记》的作者是司马谈和司马迁两个人,司马迁是一个变量而不是一个常量。所以《史记》的立场本身是复杂多变的,应该说这是一件值得庆幸的事。正是这种不确定,使得《史记》呈现出来的视角更丰富,价值更多元,也更加耐人寻味。

官方认可的纪传体史书,后世被尊为"正史"。纪传体开创于《史记》,但《史记》是太史公私撰,意在藏之名山传之其人,本无意成为正史,是《史记》搭建的历史叙述框架太好用,"历代作史者遂不能出其范围,信史家之极则也"(赵翼语),实在绕不过去,才被追认为正史。但在纪传体这个公用的架子上,《史记》却摆放着琳琅满目、各放异彩的私货,这是《史记》的魅力,为后来任何正史所不及。

无意中成为正史之首,难说是不是《史记》的幸运,却肯定是正史的光荣。

开始与结束

于是卒述陶唐以来,至于麟止,自黄帝始。

《自序》上半部分的最后一句话，说明《史记》从哪里写起，写到何时结束。

但这句话，说得既不符合实情，还自相矛盾。

陶唐氏也就是尧，历史从尧讲起，在汉代非常政治正确。因为儒家经典《尚书》的第一篇是《尧典》，这个起点和经典一致。还有一个传说，刘氏就是尧的后代，一上来就讲尧，是给读者展示，出身卑微的刘家皇帝，老祖宗有多辉煌伟大。

元狩年间（前122—前117），汉武帝猎获了一只据说是麒麟的动物，把它献祭给了上天。孔子的《春秋》，写到"西狩获麟"为止，《史记》也写到元狩年间结束，显得和《春秋》非常合拍。还有人把"麟止"的止，理解为趾，这就又和《诗经·周南·麟之趾》挂钩，那首诗的主题，很适合引申为歌颂大汉皇族子孙众多，德行优越。

但问题是，《史记》第一篇《五帝本纪》，明明是从黄帝写起的，元狩之后的史事，《史记》里也有大量记载。

这句里多出来的"自黄帝始"，可能就是后人读出来不对劲，加的注释。

要理解这个问题，要对照看《自序》下半部分的最后一句话。

读

《史记·太史公自序》

（下）

　　《太史公自序》后半部分，是司马迁自己介绍《史记》这部书。具体说，是《史记》一百三十篇的目录，以及每一篇的小序，或者叫引辞。

　　《史记》本来没有书前的目录，《自序》提供一份，便于读者查找。不过到《自序》里来查目录，仍然很麻烦，纸质书出现后，阅读整体上便利了很多，这点不方便就格外突出。所以唐代之前就已经有人另外整理了一份目录，放在全书之前。唐朝人编的《隋书·经籍志》说到《史记》，已经提到一百三十卷之外，还有目录一卷。

　　小序介绍每篇的主旨。汉代这种方式比较常见，《尚书》《诗经》《周易》都有类似的小序。

　　小序往往是多用四字句，介绍本篇内容，最后用一两个散句，点明是为了某件事，作了这一篇。

小序很重要，因为是司马迁自己对各篇内容的总结；但对《史记》的理解，不能被小序局限。《史记》正文比小序精彩丰富得多。一来，伟大的作品总是大于作者的主观创作意图的；二来，司马迁可能是顾虑到《自序》会被更多人看到，不想惹麻烦，所以在小序里说了很多政治正确的话，有些表述，未必是他的真实想法，或者虽是真实想法，但话只说了一半。

　　如"嘉厉公纳惠王，作《郑世家》第十二"，仿佛郑国是周天子的忠臣，"射王中肩"这种最早最具标志性的让天子颜面扫地的事，反而不提。

　　"嘉威、宣能拨浊世而独宗周，作《田敬仲完世家》第十六"，和本篇的"太史公曰"感叹这么个缺德玩意儿怎么就成功窃国了形成鲜明对照。

　　"夫事人君能说主耳目，和主颜色，而获亲近，非独色爱，能亦各有所长。作《佞幸列传》第六十五。"既给君主提供情绪价值，也能解决实际问题，这才叫佞幸。这是对佞幸的最高礼赞了。

　　当然最典型的还是"汉兴五世，隆在建元，外攘夷狄，内修法度，封禅，改正朔，易服色。作《今上本纪》第十二"，给人感觉《今上本纪》就是对汉武帝的歌功颂德。

　　总之，光看这些小序，会以为司马迁是个正能量的精神小伙，很难体会到《史记》的复杂性。

　　在《史记》各篇的"太史公曰"里，司马迁就坦诚得多，对社会、政治上的很多弊端，批判得尖锐而直接。所以，把这些小序和相应的"太史公曰"对照阅读，也是非常有趣的体验。

　　《太史公自序》最后有一大段话，是介绍全书的，可以看作

《史记》全书的大序。

我们的讲述方式，是把大序提前，先建立对《史记》的宏观认识。

然后再讲一篇篇小序。讲法是先作简单意译，然后介绍一些相关知识。不求全面和深入，以帮助读者快速对本篇内容形成大概了解为目的。

大序

维我汉继五帝末流，接三代绝业。周道废，秦拨去古文，焚灭《诗》《书》，故明堂石室金匮玉版图籍散乱。于是汉兴，萧何次律令，韩信申军法，张苍为章程，叔孙通定礼仪，则文学彬彬稍进，《诗》《书》往往间出矣。自曹参荐盖公言黄老，而贾生、晁错明申、商，公孙弘以儒显，百年之间，天下遗文古事靡不毕集太史公。

太史公仍父子相续纂其职。曰："于戏！余维先人尝掌斯事，显于唐虞，至于周，复典之，故司马氏世主天官。至于余乎，钦念哉！钦念哉！"罔罗天下放失旧闻。王迹所兴，原始察终，见盛观衰。

想我大汉王朝继承五帝的遗风，接续三代中断的大业。这一句，说遥远的上古，五帝三代，曾经很好。

这句话这样理解：周朝王道废弛，秦朝毁弃古代文化典籍，焚毁《诗》《书》，所以明堂石室金匮玉版图籍散失错乱。这一句，说不远的过去，从周平王东迁以来，文化环境一直很不好，到秦朝格外坏。尤其严重的问题，是文化典籍损失巨大。

"古文"指用先秦古文字写的书，秦朝把它们都"拨去"，也就是废除了。民间所藏的《诗》《书》也都烧了。

官方藏书的情况一样糟糕。

明堂是古代帝王"宣明政教"的地方，所以当然会有很多政策性的文件；石室是藏图书档案的地方，也就是未央宫西北部的石渠阁，这是司马迁经常查找资料的地方。

所以司马迁不得不感叹，明堂和石室保存的档案，编排得太混乱了。重要的文献，本该放在金匮里，写在玉版上，一般的地图和文籍也有秩序，现在却全都乱了套。

接下来这两句话这样理解：这时汉朝兴起，萧何修订律令，韩信申明军法，张苍制立章程，叔孙通确定礼仪，于是文质彬彬的学者逐渐进用。《诗》《书》不断在各地发现。这两句，是说好日子终于回来了，因为大汉兴起了。

司马迁强调了四个人对汉朝制度建设的意义。

萧何的贡献在于文书行政。

韩信的贡献在于军事建制。

张苍的贡献在于技术指标——章是天文历法方面的内容，程是度量衡方面的规定。

叔孙通的贡献在于礼仪规范——叔孙通为刘邦制定了朝会的礼仪，又为汉惠帝订立若干宗庙礼仪的事。他是个特别精通如何用仪式感营造神圣感的人。

于是越来越多的学者得到了任用。"文学"是指精通文献的学者，和今天的文学含义不同。"彬彬"要用《论语》里的话来理解，"文质彬彬，然后君子"。

又有越来越多的传统文化典籍被重新发现。

曹参荐举盖公讲论黄老之道，而贾生、晁错阐明申不害、商鞅之法，公孙弘以儒术显贵。

这一句，首先道破汉代的三种最重要的意识形态。汉初推崇黄老，武帝时代表彰儒术，而不论提倡黄老还是儒术，都离不开法家的里子。于是有所谓"黄老刑名之学"和"儒术缘饰法律"。

百年之间，天下遗文古事无不汇集到太史公这里。

从汉朝建立到司马迁担任太史令，是九十八年。

总结一句，上述各种著作，都汇总到太史公这里。文献基础已经具备，伟大的时代正在呼唤伟大的著作。

司马谈、司马迁父子相继担任太史令的职务。太史公说："呜呼！我先人曾职掌此事，尧舜时代就以此著称，直到周朝，再次职掌其事，所以司马氏世代相继主掌天官之事。修史的重任，就落在我身上了吗？敬记在心，敬记在心啊！"

这句里的太史公，就指司马迁。这里再次强调修史是自己的责任。

网罗搜集天下散失的旧闻，对帝王兴起的事迹，既要追溯源头，也要考察终结，既要看到兴盛，也要看到衰亡。

这句说自己的历史著作的主旨。类似的意思，《报任安书》里说得更全面精到，因此那句也更有名："仆窃不逊，近自托于无能之辞，网罗天下放失旧闻，略考其行事，综其终始，稽其成败兴坏之纪……亦欲以究天人之际，通古今之变，成一家之言。"

以上是综述全书，以下则是分别介绍全书的"五体"。

> 论考之行事，略推三代，录秦汉，上记轩辕，下至于兹，著十二本纪。

对各代所行之事，进行编排（论）与考察（考），夏商周三代以上的古史，只能简略推测；秦汉以来是当下的历史，可以详细记录。记述的上限，是轩辕黄帝，记述的下限，就是当下。于是作了本纪十二篇。

本是树木的根，纪是丝线的总束，本纪是根本纲纪的意思，也即全书的根本。

所谓纪传体"以人物传记为中心叙述史实"，作为一种泛泛之谈，当然大差不差。但细究起来，纪传体实际上是一种综合体，《史记》只有列传部分，才是以人物为中心的（其实也有例外），而所谓本纪，其核心的特征是将历史大事按照年代先后进行编排，毋宁说倒是一种编年体。

《史记》诞生之前，早已有了很成熟的编年体史书。编年体的优势是时间线索清晰，劣势则是一年之内可能有很多不相干的事，关联紧密的事前后又可能隔了很多年，因此阅读门槛比较高。

本纪的优点，是只讲最重要的事，枝蔓都放到别的部分去讲，因此主干比较清晰，比传统的编年体易读。

后世习惯认为，本纪是写帝王的。秦始皇之前，秦只是诸侯之一，项羽只是霸王，吕后也没有像武则天那样称帝，都有人认为不够格立本纪。

但从司马迁这段话看，他只是强调要梳理出一根时间的主轴而已，谁在发布政令，就给谁立本纪，帝王不帝王的，倒不是重点。

明确了这个定位，有些争议其实就无烦多言了。

值得关注的倒是"十二"这个数字。

古人认为，十二是"天之大数"。一年有十二个月，岁星（木星）绕天一周是十二年，十二年也叫"一纪"。

古人又相信天人之间是有感应的，所以涉及重大问题，往往喜欢调整事实，来迁就十二这个数字。所以孔子修《春秋》，讲了十二位鲁国国君在位时的史事；而《吕氏春秋》，也分为"十二纪"。

天文学是司马迁的家学，司马迁又是极推崇孔子的，也熟悉《吕氏春秋》，所以《史记》的本纪，也必须是十二篇。后来班固作《汉书》，也延续这个观念，把西汉的皇帝，硬凑成十二个。

> 既科条之矣，并时异世，年差不明，作十表。

各种事件已按类别加以排列，有的事发生在同一时间，有的事发生在不同世代，光读文字，容易弄不清年代关系，于是作了十表。

这句话很好地说明了《史记》作十表的原因：实在是困境逼出来的创造。

"科条"即科分条列，与本纪只关注主轴，是相对而言的。司马迁要面对的史料，实在太纷繁芜杂了，他处理的方式，是有的放到世家里记载，有的放到列传里叙述。这个过程，也就是"科条"。

"科条"之后，每一个单篇都比较容易读了，但是篇和篇之间的关系，很容易被忽视，需要制作表格，把各种内容加以综合。

十表的内容，有些和《史记》的其他部分是重复的，表的意义，就是把这些内容的要点和关联，更加清晰地呈现出来。

实际上，十表里还有很多独特的信息，很多长期被遮蔽的历史，全靠这些表，才得以钩沉出来。这一点后面介绍具体的表时再说。

> 礼乐损益，律历改易，兵权、山川、鬼神，天人之际，承敝通变，作八书。

礼乐增减，律历改易，兵法权谋，山川鬼神，天和人的关系，趁其衰败实行变革，作八书。

这些概念，和八书的具体对应关系是：

礼乐损益——指《礼书》和《乐书》，孔子认为三代的礼乐一以贯之，无非是有所损益罢了。

律历改易——指《历书》，律是音律，古人认为音律和历法密不可分，每个朝代都有自己的历法，历法是一定要不断修订的。

兵权——指《律书》，《律书》讲历代兵家之事。

山川——指《河渠书》，关注水利与水患。

鬼神——指《封禅书》，这篇讲祭祀各种天地鬼神。

天人之际——指《天官书》，讲天象与人事的对应关系。

承敝通变——指《平准书》，讲经济改革。

八书记述历代文化典章制度和其他一些重要专题，但现存的《史记》八书，有的肯定已非司马迁原作，详见后文各篇的讨论。

> 二十八宿环北辰，三十辐共一毂，运行无穷，辅拂股肱之臣配焉，忠信行道，以奉主上，作三十世家。

二十八宿列星环绕北极星，三十根车辐集于车毂，运行无穷，辅弼股肱之臣与此相当，他们忠信行道，以奉事主上，为此作三十世家。

《论语·为政》说："为政以德，譬如北辰，居其所而众星共之。"北极星象征君主，二十八宿是众星中的优秀代表，自然象征国之大臣。

《道德经》里所谓"三十辐共一毂，当其无，有车之用"。毂象征君道，插入车毂的三十根辐条，自然代表臣。

北极星和车毂，看起来都是始终留在自己的位置上的，二十八宿和三十辐，却是运转无穷的。君无为，臣有为。儒家和道家，在这个问题上的看法，有许多相通之处。

司马迁这段话，说的是道德足够高、功绩足够大的臣子，都可以入"世家"。这个标准其实很主观，大致是司马迁觉得你行，你就行。

后世更习惯这么解释：身份是王侯，而且子孙能够传承家业的，才叫世家。实际上和司马迁有点各说各的。

司马迁这么主观的标准，很难成为后世的标杆；反过来，后世拿自己的标准去要求司马迁，也很无聊。

以今天的眼光看来，《史记》的世家部分，显然可以分两大类。

从《吴太伯世家》到《田敬仲完世家》，总计十六篇，都是先秦诸侯国的编年史。

从《孔子世家》到《三王世家》，总计十四篇，大致可以视为人物传记。有些人虽然也有自己的王国、侯国，但和先秦诸侯显然不可同日而语。

除孔子外，其余十三篇里的人物，班固作《汉书》时也写到了。班固的处理方法很干脆，取消世家一体，全部丢进列传。

> 扶义俶傥，不令己失时，立功名于天下，作七十列传。

有些人仗义而行，倜傥不羁，不辜负自己的时代，立功名于天下，为之作七十列传。

《史记》之前，传主要指解释经的文字。也不妨理解为，本纪是《史记》的经，传是对本纪的展开的解释。

当然，传的核心是写人，这个是《史记》独创的，本纪记录时代，每个人都是时代的注脚。

因为传有很多，所以总称为列传。正如面对在场的很多人，可以总称"列位"。

《史记》列传的编排，不像后世正史那么整齐，但大的规律还是有的，就是按照时间先后排。

第一篇《伯夷叔齐列传》，伯夷、叔齐是商周之际的人。

第二篇《管晏列传》到第七篇《仲尼弟子列传》，写的都是春秋时的人，可结合《十二诸侯年表》读。

第八篇《商君列传》到第二十八篇《蒙恬列传》，写的是战国至秦朝时人，可结合《六国年表》读。其中比较特殊的是《刺客列传》，因为是类传，所以人物年代跨度比较大。

第二十九篇《张耳陈余列传》到第三十四篇《田儋列传》，写的都是楚汉之际的群雄，可结合《秦楚之际月表》读。

第三十五篇《樊郦灌滕列传》到第四十六篇《吴王刘濞列传》，写的是武帝以前的汉朝人。其中比较特殊的是《扁鹊仓公列传》第四十五，扁鹊年代比较早，放在这个位置大约是因为仓公是汉文帝时人。

从第四十七篇《魏其武安侯列传》开始，大多记武帝朝的人，但颇有一些例外。

如《循吏列传》《滑稽列传》写的是汉代以前的人，司马迁把他们混在一群汉朝人中间，就是用来借古讽今的。

如《匈奴列传》《南越列传》《东越列传》《朝鲜列传》《西南夷列传》《大宛列传》，主旨并非为人物立传，是写中原王朝周边的族群。后世正史，往往会把它们集中编排在一起，放在全书非常靠后的位置。《史记》则是将其与汉朝的名臣将相交错排列的。古人觉得混乱，现代学者倒是有人觉得这应算司马迁"进步的民族观念"。

凡百三十篇，五十二万六千五百字，为《太史公书》。

全书总计一百三十篇，五十二万六千五百字，称为《太史公书》。

五体介绍完，再作一总结。我们把这句视为"大序"部分的结束。"序略"以下，则是《太史公自序》的小序。

邢义田先生的《汉代简牍的体积、重量和使用》一文，推算《史记》：如果是写在新鲜竹简上，重达将近 60 公斤，如果使用较轻的木简，也有 40 多公斤。更惊人的是体积，写在竹简上的《史记》，体积超过 28 万立方厘米，是现代纸本体积的 225 倍。

这样一部大书，是很容易丢失掉一些篇章的。班固读到的《史记》，就已经缺了十篇，据说是《孝景本纪》《孝武本纪》《礼书》《乐书》《兵书》《汉兴以来将相年表》《日者列传》《三王世家》《龟策列传》《傅靳列传》。

今天的《史记》，仍然是一百三十篇，但有些已经不是司马迁的原文了。给《史记》补缺的人里，最有名的是汉元帝（前48—前33 在位）、汉成帝（前33—前7 在位）时的一个博士，叫褚少孙。

至于字数，是无论如何凑不成五十二万六千五百字了。

司马谈、司马迁父子为自己的作品拟订的书名是《太史公书》，正如孟子的书就叫《孟子》，庄子的书就叫《庄子》一样。没有书名号的时代，为了强调说的是书不是人，就称为《太史公书》。

"史记"的意思是史官的记载，本来泛指各种历史著作，司马迁多次使用这个词，如：

周太史伯阳读史记曰："周亡矣。"（《周本纪》）

是以孔子明王道，干七十余君，莫能用，故西观周室，论史记旧闻，兴于鲁而次《春秋》……（《十二诸侯年表》）

秦既得意，烧天下《诗》《书》，诸侯史记尤甚，为其有所刺讥也。（《六国年表》）

余观史记，考行事，百年之中，五星无出而不反逆行，反逆行，尝盛大而变色。（《天官书》）

孔子读史记至楚复陈，曰："贤哉楚庄王！轻千乘之国而重一言。"（《陈杞世家》）

孔子读史记至文公，曰"诸侯无召王"。"王狩河阳"者，《春秋》讳之也。（《晋世家》）

乃因史记作《春秋》，上至隐公，下讫哀公十四年，十二公。（《孔子世家》）

自孔子死之后百二十九年，而史记周太史儋见秦献公曰："始秦与周合，合五百岁而离，离七十岁而霸王者出焉。"（《老子韩非列传》）

西狩获麟，曰"吾道穷矣"。故因史记作《春秋》，以当王法，以辞微而指博，后世学者多录焉。（《儒林列传》）

上面说的"史记"都不是指司马迁自己的书。"史记"变成司马迁著作的专名，大约是东汉的事。

维昔黄帝，法天则地，四圣遵序，各成法度；唐尧逊位，虞舜不台；厥美帝功，万世载之。作《五帝本纪》第一。

从前黄帝以天为法，以地为则；颛顼、帝喾、尧、舜四位圣明帝王，相继遵循他订立的原则，却又各自建成一定的法度；唐尧让位于虞舜，虞舜并不因此快乐（而是深感责任重大）；这些帝王的功业如此美好，所以千秋万世都拥戴他们。因此作了《五帝本纪》。

这是本纪第一篇。

五帝里真正重要的是三个人，所以这里也只点了黄帝、唐尧、虞舜的名。

黄帝重要，是因为他被认为是人文初祖。

司马迁特别坚持一件事，黄帝是人。

此前的战国神话里，黄帝往往是神（代表某种至高的自然力），汉武帝时代，很多方士想把黄帝打造为仙（人修炼到老而不死的境界），但司马迁很坚持，黄帝就是人。

作为人，黄帝是特别重要的祖先。黄帝的正妻生了两个儿子，小儿子的儿子是颛顼，大儿子的孙子是帝喾。

秦、楚、越、匈奴……这些文化上比较边缘的人群，都是颛顼的后代。

商人的始祖契，是帝喾的次妃所生；周人的始祖弃，是帝喾的元妃所生。他们都是帝喾的后代。

再溯本追源，自然大家都是黄帝的后代。

所以黄帝是这片土地上所有人共同的祖先，这是司马迁着力打造的信念。

至于尧舜故事，核心自然是禅让。

战国时，禅让说很流行，但说法五花八门，主要有：

天授民与的禅让（《尚书·尧典》《孟子》《郭店楚简·唐虞之道》等）；尚贤无亲的禅让（《墨子》等）；虚张声势的禅让（《庄子》等）；阴谋篡逆的禅让（《竹书纪年》《韩非子》等）；逃避艰辛的禅让（《韩非子》）；谁信谁傻的禅让（《荀子》）。

司马迁选择了上述的第一种，并提供了一份生动的叙事文本，这从此成为民族记忆的一部分。

> 维禹之功，九州攸同，光唐虞际，德流苗裔。夏桀淫骄，乃放鸣条。作《夏本纪》第二。

大禹的功绩，是让九州大同，大禹在尧舜时代就建立了光辉的功绩，所以恩德流传后世。夏桀荒淫骄横，于是被放逐到鸣条这个地方。因此作了《夏本纪》第二。

这里谈夏禹的功绩，却没有强调治水，而是突出了"九州攸同"。

《夏本纪》依据《尚书·禹贡》，详细介绍了九州的情形。

每个州的重要信息，都分五个部分：

一是州界，就是介绍各州的边界在哪里。

二是山川，就是介绍本州有什么名山大川。因为名山大川往往会成为一个地方的精神象征，是祭拜的对象；同时名山大川往往也是战略要地，有重要的军事价值。所谓"国之大事，在祀与戎"，山川要优先讲。

三是田土，就是介绍各州的土地状况，生产条件怎么样，能有多少收成。无农不稳，这个是经济基础。

四是贡赋，就是介绍各州有什么独特的出产，要上交多少给中央。

五是贡道，就是这些东西要送到冀州的中央去，路应该怎么走。值得注意的是，《禹贡》重点都是讲的水路。因为水路运输的花费比陆路运输少得多，讲水路，就是讲怎么节约成本。

九州介绍完，又有两大段，分别介绍：导山，也就是开辟山路；导水，疏通河流。其实导山还是为了导水，重点是讲怎么在高山之间开出一条水路来。

按照这个框架，禹最重要的工作，实际上是建立了一个覆盖黄河流域、长江流域最精华地区的内河运输网。放眼全世界的古代文明，恐怕再也找不到第二个覆盖面如此之大、运输能力如此之强的内河运输网络了。这一条条河流，就像一条条血脉，使得生活在这片土地上的人彼此相连。这也是华夏民族大一统传统的坚实基础。

如果说《五帝本纪》提供了华夏文明血缘上的大一统叙事，《夏本纪》则强调了华夏文明地理上的大一统叙事。

说大禹"德流苗裔"，这其实就是家天下的开始，大禹的后代继承了天子之位。德是恩惠，大禹功绩大，因此他的后代都得了恩惠。

夏朝后面的事没多少可讲，这里更不必多说，所以讲完大禹，就直接跳到夏朝灭亡了。

维契作商，爰及成汤；太甲居桐，德盛阿衡；武丁得说，乃称高宗；帝辛湛湎，诸侯不享。作《殷本纪》第三。

契让商族兴起，后来王位传到了成汤。太甲暴虐，因此被放逐到桐地，那时执掌朝政的是阿衡，也就是伊尹，他真是功德隆盛。武丁得到傅说辅佐，功业盛大，被称为高宗。帝辛沉湎酒色，诸侯不再朝拜他，商朝就灭亡了。因此作了《殷本纪》第三。

司马迁拥有的商朝的资料，明显比夏朝的资料丰富。

从殷商的始祖契，到商代开国之君成汤的父亲，是所谓"先商时期"，《史记》总共记了十三代君主。

从成汤立国，再到末代君主纣王亡国，即所谓商朝，经历了二十九位君主。

《自序》仅提及了：

一、契，商人的始祖。

二、商汤，商王朝的建立者。

三、太甲，商汤的孙子。太甲表现不好，伊尹就废了他。等他改过自新，伊尹就让他回来当天子。这成了中国历史上绝无仅有的一个废立天子的正面案例。后世的乱臣贼子，都很喜欢这个故事，因为若要干同样的事，这就是历史依据。

司马迁认为伊尹的名字是阿衡，但更多学者相信，阿衡是官名，相当于后世的宰相。

四、武丁，是商朝的第二十二代王，他在位期间，是殷商的鼎盛期。

五、帝辛，也就是著名的商纣，商朝亡在他手里。

殷墟甲骨发现之后，证明了《史记》里这份殷商史记录，有可信度很高的一面，这也就是王国维说的："《史记》所述商一代世系，以卜辞证之，虽不免小有舛驳，而大致不误。"（《古史新证》）

但《史记》显然也遮蔽了许多事实。

比如商人对血腥杀戮的狂热兴致，《史记》就没怎么涉及，没有提可怕的人殉与人祭。《史记》称武丁在位时"天下咸欢"，实际上武丁在位期间，屠杀数量之多，人祭规模之大，都骇人听闻，远非臭名昭彰的商纣可比。

又比如商代女性地位较后世要高一些，女子甚至有带兵作战的权力。但如妇好这样一位女将军，史书中却不著一字。

不写这些，未必是司马迁的责任，因为他所能见到的史料，早已是如此。不过《史记·殷本纪》的书写，很重要一个目的是输出这样一种价值观：一位合格的天子，要能够任用贤才，要懂得尊重生命，这样才能得到人民的拥戴，上天的支持。

天子要得天命，而人心就是天命。

　　维弃作稷，德盛西伯；武王牧野，实抚天下；幽厉昏
乱，既丧丰镐；陵迟至赧，洛邑不祀。作《周本纪》第四。

　　周人的始祖弃，发明了农业生产，到西伯，也就是周文王时
代，周人功德隆盛。周武王在牧野击败了商纣的军队，安抚了天
下百姓。周幽王、周厉王昏暴淫乱，丧失了丰、镐二京。王室衰
败，周赧王时洛邑断绝了周室宗庙的祭祀。因此作了《周本纪》
第四。

　　周朝历史长达八百年。

　　从后稷到周文王，是所谓"先周时期"，《周本纪》一共列了
十五位君主的名字。

　　武王伐纣以后，周王朝建立，就进入了"西周时期"，从周
武王到周幽王，《周本纪》共列了十二位君主的名字；

　　平王东迁洛邑到周末的赧王，就是东周时期，《周本纪》共
列了二十五位君主的名字。

　　前后相加，《周本纪》所列周王世系中的君主，一共有
五十二位。

　　《自序》里则仅强调了几个时间节点：

　　第一是周人起源，重点人物是弃。

　　第二是周灭商，重点人物是周文王和周武王，强调了牧野之
战大破商朝军队的意义。

　　第三是西周灭亡，重点人物是周厉王和周幽王两个昏暴的君
主。周人的旧都丰镐沦陷，周王室不得不东迁。

第四是东周灭亡，重点人物是周赧王。和桀纣、幽厉不同，周赧王并无重大劣迹，只是碰到国运气数已尽而已。所以周赧王常常和汉献帝被并称为"赧献"。

《周本纪》为后人指摘的问题也很多。

《周本纪》里有不少神话故事。周人的始祖弃的诞生是感生神话，早期历史疑以传疑，倒也罢了；讲西周灭亡，《周本纪》讲了一个龙的唾液穿越千年，化身蜥蜴，令小宫女怀孕生下褒姒的故事，把妖女祸国的主题，发挥到了极致。

另外对很多史事的讲述，今天的学者也往往不取《史记》的说法，而相信一些更古老的典籍或出土文献的记载。

如"共和行政"，《史记》说是周公、召公联合执政，而另一些古书则认为是一个叫共伯和的贵族执政。

又如多数学者相信，《史记》中烽火戏诸侯之事并不存在。周幽王想废掉太子宜臼，太子宜臼与外公申侯勾结犬戎入侵，导致了关中毁灭的浩劫。自然有人不乐见宜臼成为下一位天子，便另外立了一位周携王，周王室出现了二王并立的局面。这么重要的史实，《史记》竟完全没有记载。

不过无论如何，《周本纪》提供了一份完整、系统的关于周王朝的历史叙事，其余传世文献和考古发现，都做不到这一点。

维秦之先，伯翳佐禹；穆公思义，悼豪之旅；以人为殉，诗歌《黄鸟》；昭襄业帝。作《秦本纪》第五。

秦的祖先伯翳，曾经辅佐大禹。秦穆公思及大义，祭悼秦国在殽战死的将士。秦穆公死后以活人殉葬，秦人为此作了《黄鸟》一诗。秦昭襄王开创了帝业。"昭襄业帝"，话只说了一半，很可能这里丢掉了一句。因此作了《秦本纪》第五。

这篇讲秦朝建立前秦人的历史，注意，这不能叫"先秦"，广义先秦指秦朝建立之前的历史时代，狭义先秦指春秋战国时期。先秦与先商、先周，是性质完全不同的概念。

《太史公自序》这里的介绍很简单，七句话倒有四句在讲秦穆公。读《秦本纪》正文，会更加强烈地感受到，《史记》是真推崇秦穆公。和《左传》不承认秦穆公的霸主地位，形成鲜明对照。

秦只是诸侯，很多人认为没有立本纪的资格，因此引起了许多争论。但司马迁这么安排，自有必须如此的道理。第一，不先讲秦国史，秦朝史便不知从何而来，实际上《殷本纪》《周本纪》也是从先商、先周历史讲起的，秦的区别只是史料丰富，可以写的内容多，所以拆成了《秦本纪》和《秦始皇本纪》两篇；第二，司马迁作本纪，是看某一政权是否事实上是时代的主轴，并不特别强调拥有一个"天子"的名分，那么从战国开始，秦国确实已然是主导时代的力量。

实际上相比前面几篇，《秦本纪》算得上简洁明晰，疏漏固然很多，时间信息却大体准确。因为秦始皇焚书，烧的是"史官非秦记"，秦国自己的史书是不烧的，因此司马迁能接触到原始档案。

《史记》里其他篇章，尤其是战国部分失载错乱的现象很普遍，往往需要用《秦本纪》来校正。

　　始皇既立，并兼六国，销锋铸鐻，维偃干革，尊号

称帝，矜武任力。二世受运，子婴降虏。作《始皇本纪》
第六。

　　秦始皇即位，兼并了六国，他销毁兵器，铸为钟鐻，希望
干戈止息。鐻是古代悬挂钟鼓的架子两侧的柱子。他给自己上尊
号称为皇帝，一味仗恃武力。秦二世承受国运（指即位当了皇
帝），子婴投降做了俘虏。因此作了《始皇本纪》第六。

　　今天我们读到的《始皇本纪》，情况比较复杂，它由四部分
内容组成：

　　一、司马迁所作的《始皇本纪》。

　　二、贾谊的《过秦论》三篇，但排列次序是下、上、中。

　　三、别本《秦公世系》。

　　四、班固的《评秦始皇本纪》。

　　先说司马迁写作的部分。这篇写的是秦王朝的历史，而不仅
仅是秦始皇个人的传记。司马迁既依托秦朝的官方史料搭建了基
本框架，又大量采用了民间观点和传说。这种多元视角的写法，
呈现了历史现场的纷繁复杂，因此具有一种更本质的真实性（具
体细节真实与否当然需要另论），也传递出一种光怪迷离的文学
效果。千古一帝浩瀚伟业的恢弘迷人，专制君主暴政酷刑的血腥
恐怖，以及掌控一切之人将死之时的弱小无助……重重叙述犹如
天风海雨压迫而来。直至今日，对始皇帝看法截然相反势不两立
的人，仍然都可以从这篇里找到自己想看到的东西。

　　叙事部分完成后，司马迁引用贾谊的《过秦论》，对秦王朝
作一盖棺论定。后世研究者倾向于认为，司马迁本来仅仅引用了
下篇，后人将上、中两篇，也附在了后面。

别本《秦公世系》，也是后人附入的，这份资料与司马迁所依据的史料不尽相同，也是一份可信度很高的较原始的史料，为《史记》原文做了很好的补充。

东汉的时候，汉明帝问班固，司马迁、贾谊评论秦朝，有没有什么不得当的地方。班固很巧妙地把这篇回答《评秦始皇本纪》，作成了论证汉朝是天命所归的文章。

> 秦失其道，豪桀并扰；项梁业之，子羽接之；杀庆救赵，诸侯立之；诛婴背怀，天下非之。作《项羽本纪》第七。

秦朝无道，豪杰并起。项梁开创反秦大业，项羽继承了他的事业。项羽杀了卿（庆）子冠军宋义，解救了赵国，诸侯都拥立他。可他诛杀子婴，背弃义帝怀王，天下人都认为他做得不对。因此作了《项羽本纪》第七篇。

这段议论，对项羽有肯定有否定。肯定的话，是表彰他亡秦之功。否定的话，是批判他杀秦子婴和楚怀王。

现代学者对项羽崛起与失败的原因，研究深入得多。不过司马迁这么写，实际上代表了汉朝对项羽的官方定性。

刘邦起兵初期，与项羽合作很多，实际上很多地方受惠于项梁、项羽叔侄，这是无法掩盖的历史事实，所以不如痛痛快快承认项羽的功绩。

秦是正统王朝之一，而刘邦接受了秦王子婴的投降，按照这个逻辑，汉朝的合法性，也就顺理成章。刘邦据有关中，依据的是所谓"怀王之约"。所以项羽杀害子婴和楚怀王，也就罪大恶极了。这两件事在楚汉之际，是否弄到"天下非之"的地步，其实很难说，但汉朝人写历史，必须这么写。

《项羽本纪》无比生动，一大原因是司马迁笔下内容，应该有很多来自历史当事人的后代的口述。鸿门宴樊哙闯帐气概如见，樊哙的孙子樊他广是司马谈的朋友，司马迁小时候或许听过樊他广讲爷爷的故事。垓下之围时，项羽瞋目一怒吓得汉军将领杨喜败退数十里，这个杨喜的后人杨敞，是司马迁的女婿，为了渲染项王的神威，司马迁让女婿的祖宗出足了洋相。

不过总体上说，司马迁写《项羽本纪》，仍是主旋律叙事。但读者很少会感受到这一点，反而觉得项羽霸气与缺陷并存，又情意深长，格外有魅力。而这种魅力又并不妨碍人们仍然承认项羽的失败是历史的必然，还有很多人会就司马迁点出的项羽失败原因，进一步分析引申出很多做人或施政的道理。最成功的主旋律叙事，就是让人意识不到这是主旋律叙事。

《项羽本纪》是最不像本纪的本纪，或者说是最无法给后世的本纪作出表率的本纪。问题倒不在于项羽有没有立本纪的资格，而是这篇就是个人传记的写法，历史大事编年的色彩很淡。

　　子羽暴虐，汉行功德；愤发蜀汉，还定三秦；诛籍业帝，天下惟宁，改制易俗。作《高祖本纪》第八。

项羽凶暴残虐，汉王推行功德。从蜀、汉地区发愤起兵，回到关中平定三秦。诛灭项羽成就帝业，天下由此安定，进一步改革制度，更易风俗。因此作了《高祖本纪》第八。

"子羽暴虐，汉行功德"一句先定调，汉朝对项羽的胜利，是正义的胜利。接下来的话，是讲刘邦创业的过程和辉煌的业绩。

司马迁笔下的刘邦和项羽一样，也是非常立体的人物。区别是项羽被塑造成可爱之处很多但注定失败的人，刘邦则刚好相反，可以挑出一堆小节上的毛病，却是天命所归的人。这两个形象未必没有可讨论的地方，却非常符合人的接受心理。

刘邦最引人瞩目的长处，是豁达大度，善于用人，刘邦解决实际问题的能力，则被淡化了。比如说，细数《高祖本纪》中刘邦的战绩，会发现刘邦实际上拥有第一流的军事指挥才能：起兵反秦时他击败过和章邯齐名的秦朝大将，楚汉相争时，他和项羽正面相持虽然落在下风，但打造的防线却也令项羽无可奈何。这些成就被司马迁写得清汤寡水，相反，刘邦的每次失败，都令人印象深刻。

这种胜利轻描淡写，失败浓墨重彩的写法，也不是司马迁想贬低刘邦。事实恰恰相反，一个伟大的君主，个人能力不应该被过分强调，他的真正重要的素质还是：重大问题上具备高尚的德行（如忠于义帝和关爱百姓），面对失败时拥有不屈不挠的意志，善于把不同类型的人才放置到合适的位置，面对众多互相冲突的建议时具有决断力。

把刘邦塑造成一个成功的开国君主形象，这件工作司马迁做得显然很成功，后世众多帝王都对刘邦表达过赞佩之情。如后赵的石勒，提到曹操、司马懿十分不屑，自信可以与东汉光武帝刘秀一争长短，但对刘邦却表示心悦诚服；如明太祖朱元璋谈及刘邦，常常有极强的代入感。

《汉书·高帝纪》也写刘邦，大量内容是照搬《史记》的，但比《史记·高祖本纪》多了5000多字。班固补充进来的内容，大多可读性不高，但极具史料价值。

> 惠之早霣，诸吕不台；崇强禄、产，诸侯谋之；杀隐幽友，大臣洞疑，遂及宗祸。作《吕太后本纪》第九。

惠帝早逝，吕氏宗族的人物感到不悦——这句有不同理解，详下。

吕后提高吕禄、吕产的地位，加强他们的权力，却导致刘姓诸侯图谋翦除他们。吕禄、吕产都是吕后的侄子，吕后封他们为王，又让他们分掌中央的军权。

吕后杀害赵隐王刘如意，又囚杀赵幽王刘友，朝中大臣疑惧，终于导致吕氏宗族覆灭之祸——严格说来，"杀隐"和"幽友"性质不同：前者是因为刘如意真的威胁过吕后的儿子汉惠帝的地位；后者则是因为吕后想拉拢刘友，但刘友不配合。

因此作了《吕太后本纪》第九。

有学者强调，本篇的篇名，是"吕太后本纪"而非"吕后本纪"，因为本篇不是刘邦的妻子吕雉的完整传记，而是她以太后身份执政十五年的大事记。道理讲得很缜密，不过《史记》行文，一直就是吕后、吕太后、高后混用的，并没有严格遵守某种规范。好文章和日常生活一样，规范常在有无之间。

吕雉的家族在汉朝建立的过程中，应该是起到相当大的作用的。吕家的重要人物和汉初功臣之间，关系盘根错节。刘邦刚刚去世的时候，在吕雉的领导下，形成了刘氏宗室、吕氏外戚和异姓功臣三大政治集团之间的微妙平衡，吕氏家族的地位还在不断上升。但随着吕雉故去，平衡被打破，结果宗室和功臣联手铲除了外戚。

吕氏集团从掌权到覆灭的过程，真相到底如何，后来的汉朝官方讳莫如深，所以司马迁的记述，也只能充满迷雾。

如这里说汉惠帝早早去世，"诸吕不台"四字，就可以有多种理解：一种是，汉惠帝作为吕后唯一的儿子，最能保障诸吕的利益，所以他去世导致诸吕焦虑而不悦。另一种是，诸吕在惠帝去世后继续掌权，导致宗室和功臣都非常不悦。两种理解好像都无不妥。

吕后对自己的权力基础并不稳固心知肚明，所以要快速扩张吕氏的权力（崇强禄、产），要铲除自己看不顺眼的以及不配合自己的宗室成员（杀隐幽友）。而这些行为，又激起了宗室和功臣的反弹（"诸侯谋之""大臣洞疑"），形成一种恶性循环。双方的矛盾终于不可调和，最后以"喋血京师"收场。

不过无论如何，吕氏家族并没有篡夺汉朝天下的心思，所以严格说来"诸吕之乱"并不存在，有当代学者用"诛吕之乱"来称呼这场政争，倒是非常妥帖。

因为吕后并没有像武则天那样称帝，汉惠帝在位的七年，竟然也放到《吕太后本纪》里叙述，很多人认为不合理。《汉书》把这十五年的事，拆成了《惠帝纪》和《高后纪》，正统观念更强的人，则会认为《汉书》做得也不够，应该只有《惠帝纪》，把吕后称制的八年，附录其中。

从文学效果来说，《项羽本纪》《高祖本纪》《吕太后本纪》三篇一路读下来，只觉得光线越来越幽暗，空气越来越阴冷，血不再流得那么多，但因为是在密闭的宫禁之中无处散发，血腥和尸臭却越发浓郁得化不开。一个个出场的人物看起来都道貌岸然，说着正气凛然的话，可是这些人的身体又仿佛随时会裂开，从中钻出异形一类的怪物，张着长满獠牙的巨口猛扑而来。

可就是在这部恐怖片的最后，司马迁说："惠帝垂拱，高后女主称制，政不出房户，天下晏然。刑罚罕用，罪人是希。民务稼穑，衣食滋殖。"仿佛镜头瞬间切换到辽阔的原野，和煦的阳光普照大地，空气中弥漫着谷物的馨香。

这种阅读体验非常奇妙，而且这种幸福感和前面的恐怖感同样真实，这就是历史的复杂性。

> 汉既初兴，继嗣不明，迎王践祚，天下归心；蠲除肉刑，开通关梁，广恩博施，厥称太宗。作《孝文本纪》第十。

汉朝建立不久，惠帝死后继承人身份存疑，众臣迎立代王刘恒即位，天下心服。文帝废除肉刑，解除国内各地区之间的往来限制，博施恩惠，死后被称为太宗。因此作了《孝文本纪》第十。

惠帝死后，"继嗣"其实是"明"的，即位者就是他的儿子。只不过对发动政变的宗室和功臣们来说，小皇帝不死，铲除诸吕就不能算彻底，所以只能宣布他不是惠帝的儿子，杀他才名正言顺。而不承认这次政变具有定国安邦的巨大意义，汉文帝的皇位就来得不正。后来的汉朝皇帝都是汉文帝的后代，所以孩子的身份，也就只好永远"不明"了。

这篇有两个突出看点：

一是汉文帝从代国到长安即皇帝位，整个流程中，场面上的冠冕堂皇和行动间的步步惊心，形成鲜明对照。一边嘴上反复强调自己德不配位不足以承担社稷之重，一边在住进未央宫的当晚就把长安城里最重要的两支军队的指挥者都换成自己的亲信；一边对诛吕功臣厚加赏赐酬谢拥立之功，一边明升暗降一点点架空其实际权力……可以说把帝王心术的阴阳两面，都展示得淋漓尽致。

二是多引用汉文帝的诏书。这些诏书措辞温润质古，时时体现出拳拳爱民之心，而诏书后的叙事，则提示读者文帝绝非空言惠民，而是让天下苍生享受到了实在的好处。所以，汉文帝真堪称"三代以后第一贤君"了。

《汉书·文帝纪》比《史记·孝文本纪》内容更丰富。汉文帝在位期间发生了什么？《孝文本纪》里有几年不书一字，《文帝纪》里则多少有些记载，引用的诏书也更多。有人认为，《史记》写得少，正见得文章之妙，删除不重要的不写，画龙点睛的效果就出来了；有人则认为，这只是传抄中一部分内容遗失的结果，太史公并不是刻意如此。从历史研究的角度说，西汉史料奇缺，《汉书》补充的内容，当然很有价值。

《孝文本纪》最后发议论说，到汉文帝时代，汉朝已经"德至盛也"，可以操办改正朔、易服色、封禅泰山之类的文化工程了，却"谦让未成于今"。也就是这篇必然写作于元封元年（前110）汉武帝封禅之前，当时任太史令的还是司马谈。也就是说，这篇的作者应该是司马谈而非司马迁。

如果这个推论成立，那么有研究者认为司马迁受了宫刑之后，对汉武帝满心怨愤，于是美化汉文帝，盛赞当时之好，借以讽刺当下政治生态之恶劣，人民生活之困苦，自然也就不成立了。

> 诸侯骄恣，吴首为乱，京师行诛，七国伏辜，天下翕然，大安殷富。作《孝景本纪》第十一。

诸侯王骄横恣睢，吴王率先叛乱。朝廷派兵讨伐，叛乱的七国纷纷伏罪。天下安定，太平富裕。因此作了《孝景本纪》第十一。

班固读到的《史记》已经缺了十篇，《孝景本纪》极可能是其中之一。

有一种说法，汉武帝读了《史记》里的《孝景本纪》和《今上本纪》，也就是写父亲和写自己的两篇后，非常愤怒，于是把这两篇都毁掉了。

这个说法至少有一点是合理的，就是司马迁对汉景帝的印象，大概确实不佳。《史记》的《外戚世家》《五宗世家》《绛侯周勃世家》《梁孝王世家》《张释之冯唐列传》《吴王濞列传》《魏其武安侯列传》等篇，都写到汉景帝，形象大抵不怎么光辉。

今天我们读到的《史记·孝景本纪》，不知道是什么人补的。过去有人以为是把《汉书·景帝纪》抄了过来，抄的时候又有节略，大概也不对。一来《孝景本纪》里还是有些《景帝纪》里没有的内容；二来《孝景本纪》里有些事说得比《景帝纪》还隐晦，如果是东汉以后才写成的文字，似乎不必这样遮遮掩掩了。

所以更大可能是，这一版《孝景本纪》的作者，是个谨小慎微的西汉人。我们不知道这个人是谁，但他确实是能够接触到原始的官方记录的。如"立皇子彻为胶东王"这条记载，直呼汉武帝的名讳，汉武帝即位前的档案才会这么写。但诸如被废的栗太子之死，功臣周亚夫之死，还有匈奴入侵造成的惨痛损失……种种涉及西汉朝廷刻薄寡恩、腐朽无能的地方，《孝景本纪》全都讳莫如深，这也很符合官方记录的特征。

最重要的是，从讲故事的角度看，《孝景本纪》提供的时间信息，有一种毫无必要的精确，当然反过来说，这正是它的史料价值所在了。也因此有人说《孝景本纪》是《史记》里最像本纪的本纪，因为它确实只是一份帝王在位期间的大事编年而不是他的个人传记。

但本篇最后的"太史公曰"，自来研究者却多倾向认为是司马迁原文，因为话说得又直又冲：

> 汉兴，孝文施大德，天下怀安。至孝景，不复忧异姓。而晁错刻削诸侯，遂使七国俱起，合从而西乡，以诸侯太盛，而错为之不以渐也。及主父偃言之，而诸侯以弱，卒以安。安危之机，岂不以谋哉？

大意是：汉文帝时本来好得很，汉景帝却听了晁错的建议，非要搞事情，操作又激进，不知道慢慢来，结果导致了叛乱。等到主父偃提建议，推恩令一出，目的就都达成了。天下安危的关键，难道不是靠谋略吗？

这几乎是指着汉景帝的鼻子骂了。

> 汉兴五世，隆在建元，外攘夷狄，内修法度，封禅，改

正朔，易服色。作《今上本纪》第十二。

汉朝建立已经五代，建元以来达到隆盛——建元是指汉武帝当了皇帝。这里有个算法问题：经过汉高祖、汉惠帝、吕后、汉文帝、汉景帝，到汉武帝是第六任。从《史记》立本纪的标准看，司马迁可能没算汉惠帝。

天子外攘夷狄，内修法度，还举行了封禅大典，修订历法，改变服色。

因此作了《今上本纪》第十二。

这一篇肯定不是司马迁的原作，有人截取《史记·封禅书》，取名《孝武本纪》，放到了这个位置上。

这件事是谁干的，争议就多了。大多数人认为，不管怎么说，汉武帝算得上是雄才大略，号称是他的本记，却只讲他祭祀鬼神的事，实在没抓住重点。但也有发表缺德议论的，如晚明学者郝敬说，司马迁是特别看不惯汉武帝迷信鬼神的，一篇《孝武本纪》只说这件事，正见得武帝荒唐，这么做的人，"亦知子长本意"，是懂司马迁的。

《史记》中涉及汉武帝一朝的史事，无论篇数还是字数，都在四分之一左右，这些篇章堪称《史记》全书最精彩和最真实的内容。失去了《今上本纪》这根时间轴，如何把这些片段拼合起来，成了巨大的难题，也是最考验史学、史才和史识的工作。

维三代尚矣，年纪不可考，盖取之谱牒旧闻，本于兹，于是略推，作《三代世表》第一。

夏、商、周三代太久远了，具体年代已不可考——说明何以是"世表"而不是"年表"。

大致于传世的谱牒旧闻中取材，以此为据，进而大略地推断——说明写作本篇的史料来源。所谓"谱牒旧闻"，指战国时流行的世系、年谱一类的书。

作《三代世表》，这是表的第一篇。

所谓"三代"，一般指夏朝、商朝和周朝（严格说来不含东周）。这张表上起五帝，下至周厉王被放逐，周召共和，也就是说，看上限不止三代，看下限三代还没结束。

篇名与内容不符，可能反映了司马迁对这张表该怎么编列也犹豫过。本表前有简短的小序，司马迁说，他所掌握的资料，"黄帝以来皆有年数"，但是仔细考察下来，则自相矛盾。完全放弃这些材料，未免可惜；强行消除分歧，选定一种说法，则可能扭曲事实。最终司马迁的选择是学习孔子编《尚书》的办法，解决不了的疑难就承认解决不了，把问题保存下来，"疑则传疑，盖其慎也"。

至于世表为什么不干脆编列到西周结束，而是到共和为止，自然是因为共和以后的资料已经精确到足以编年了。司马迁是根据自己拥有的史料的性质，而并非根据王朝断限来决定自己的工作方式的。

以今天的概念说，本表涉及的时段，属史前时期和原史时期，此后则进入历史时期了。

这篇最后，还附了一段张夫子和褚先生的辩论。这段自然不是司马迁写的，而是这二位读《史记》后的感想，实际上讨论的也就是应该如何面对《史记》的这种自相矛盾。张夫子问：《诗经》里说商朝的始祖契和周朝的始祖弃都没有父亲，但《史记》却说他们都有父亲，这应该怎么解释？褚先生就说了一堆调和之论，又对当时掌权的大将军霍光歌功颂德。

> 幽厉之后，周室衰微，诸侯专政，《春秋》有所不纪；而谱牒经略，五霸更盛衰，欲睹周世相先后之意，作《十二诸侯年表》第二。

幽王、厉王之后，周朝王室衰落——这句说西周末的情况。按照年代顺序，应该是厉王在先，幽王在后，不过汉语的表达习惯是，并称的两个人，念仄声的放在后面。类似如司马迁和班固，并称班马而不是马班。

诸侯主导天下政局，《春秋》有些未作记载——这句说春秋时的情况。所谓"诸侯专政"，指的是霸主号令天下。

而谱牒只记大纲，五霸又交替盛衰——这句说原有史料的局限，有的过于简略，有的容易让人弄不清年代先后。

为考察周朝各种复杂的人与事的先后关系，作《十二诸侯年表》第二。

本表从共和元年开始（前841），到周敬王去世结束（前476）④。今天我们习惯说公元前476年春秋时代结束，下一年就是战国了，这个时代断限，就由司马迁的这个处理而来。

周敬王为什么能成为一个时代结束的标志？完全是看在孔子的面子上。司马迁自己概括本表内容时说，"自共和讫孔子"。孔子修《春秋》修到公元前481年，孔子去世则是公元前479年，孔子不在了，这张表就该结束了。周敬王还有三年在位时间，不便划到下一张表去，附在这里而已。

这篇叫《十二诸侯年表》，实际上列了十四栏，还要加上作为天下共主的周，以及孔子的父母之邦鲁国。这两个地位特殊，不算在"十二诸侯"里面。

本表之前司马迁的序文，高屋建瓴而感慨至深。序文中说到《春秋》和《左传》的关系，是现存最早的对《左传》一书性质的说明（当然很多人不接受）。本表的内容，大多依据《左传》，但可以发现不少疏漏以及对《左传》的误读。简牍时代整理繁杂

――――――――――

④ 司马迁推算年份时，有一年疏误，所以此表截止于公元前477年。

的信息的难度，比纸本时代艰难得多，和今天比较，更是相去不可以道里计，所以倒也不必苛责。

　　春秋之后，陪臣秉政，强国相王；以至于秦，卒并诸夏，灭封地，擅其号。作《六国年表》第三。

　　春秋以后，陪臣执政。臣的臣，叫陪臣。诸侯对天子称臣，各国的大夫对诸侯称臣，诸侯的大夫对天子来说，就是陪臣。三家分晋，田氏代齐，赵、魏、韩、田，本来都是大夫，于天子为陪臣，他们升级为诸侯，就是所谓"陪臣执政"。

　　强国之君互尊为王——西周以至春秋，理论上王的尊号为天子专属，楚、吴、越等国国君称王，是蛮夷之君的无礼行径，不必一般见识。到战国时代，中原诸侯国也纷纷称王，并互相承认。

　　及至秦王嬴政，终于吞并中原各国——中原各国在文化上自居先进地位，自称"诸夏"，西方的秦国则往往被视为戎狄。

　　废除分封，独享尊号——西周封建制，是所谓封疆土，建诸侯。秦实行郡县制，不再封疆土，是所谓"灭封地"；秦也不再有诸侯王之类的称号，最高统治者独享皇帝的尊号，是所谓"擅其号"。

　　作《六国年表》第三。

　　本表从周元王元年（前475）开始⑤，但不是截止于秦始皇二十六年（前221）秦一统天下，而是截止于秦二世三年（前

---

⑤ 和上表同样有一年误差，写作公元前476年。

207）刘邦入关灭秦。

六国指崤山以东的六国：魏、韩、赵、楚、燕、齐。但本表实际上有八栏，包括了虽然毫无实力但毕竟享有天子名分的周，以及最终一统天下的秦。

有些前一表中单列一栏的国家，到这个时代或已灭亡，或过于弱小，失去单列一栏的资格，相关内容附在和它关系最紧密的大国那一栏里。如晋、卫附于魏，郑附于韩，鲁、蔡附于楚，宋附于齐。

本表之前司马迁的序文，可以看作是一篇研讨秦之兴亡的史论。显然，从道德视角无法解释秦的成功，司马迁提了三点原因：

第一，天运，"盖若天所助"，似乎是上天有意促成秦的成功。

第二，地利，"夫作事者必于东南，收功实者常于西北"，强调争天下的过程里，西北地区有巨大的优势。

第三，人谋，所谓"战国之权变亦有可颇采者"，秦在策略的务实性、可行性上，显然有优势，所谓"议卑而易行"。

总之，相比于当时的许多学者，司马迁算是一个对秦的成功颇为肯定的人。

《六国年表》有许多错误，司马迁心知肚明，因为他所拥有的资料，实在太匮乏了。秦始皇焚书，对《诗经》《尚书》和诸子造成的损失相对较小，对山东六国的史书，却带来几近毁灭性的打击。要了解更可信赖的战国历史编年，可以参看杨宽先生的《战国史料编年辑证》。

> 秦既暴虐，楚人发难，项氏遂乱，汉乃扶义征伐；八
> 年之间，天下三嬗，事繁变众，故详著《秦楚之际月表》
> 第四。

秦朝统治暴虐，楚人陈胜发难，但项羽接着倒行逆施，汉王于是仗义征伐。

八年之间，天下三易其主——秦二世在位三年，楚汉相争五年，是所谓"八年"。号令天下的人，先是秦，然后是楚，最终是汉，是所谓"三嬗"。

事件繁复，变故众多，所以详著《秦楚之际月表》第四。

本表从秦二世元年（前209）开始，到汉高祖五年（前202）刘邦灭项羽结束。与上一表有三年重合，不过上一表记秦二世在位的三年极简略，本表则十分详尽。这八年之间，确实"事繁变众"，很多事情不精确到月，不能理清前后因果。

秦楚之际，对于司马迁来说，已经是近代史。太史公掌握的史料既丰富，用力也更勤，本表比前几表要精确得多。

要更好地理解本表提供的信息，可以参看李开元先生的《秦末七国大事月表》和《楚汉之际列国大事月表》。

对于汉朝人来说，秦朝的快速灭亡是个令人困惑的问题，因为此前的夏商周三代，都绵延数百年，从来没出现过这样短命的王朝。汉高祖刘邦的崛起也显得神奇，因为此前的历史几乎可以说是贵族的历史，刘邦出身如此寒微，成功却如此轻易，也是前所未有的事。

本表之前司马迁的序文，可以看作是对这两个问题的回应，或者说把两个问题合二为一了。秦的种种作为，既是为自己掘

墓，又是为汉朝开路。当秦把传统的地方力量、特权阶层全部摧毁之后，也就打破了"无土不王"的古老魔咒，给了"起于间巷"的刘邦机会。司马迁感叹说，刘邦就是传说中的"大圣"吧，"非大圣孰能当此受命而帝者乎？"

这个结论似乎是在扯着嗓子地歌功颂德，但又有人忍不住觉得司马迁是在阴阳怪气，暗讽刘邦就是运气好。总之，这方面的解读，近乎自由心证了。

> 汉兴已来，至于太初百年，诸侯废立分削，谱纪不明，有司靡踵，强弱之原云以世。作《汉兴已来诸侯年表》第五。

汉朝兴起以来，直到汉武帝太初时的一百年间——从汉高祖元年（前206）到汉武帝太初四年（前101），有的诸侯王被废黜，又有新的诸侯被封立，有一个大诸侯国被分割成几个诸侯国的情况，也有一个大诸侯国被朝廷削去若干郡县的情况。旧有的谱牒记载不明，导致相关部门官员弄不清前面的，也就没法写后面的。"强弱之原云以世"——这句读不通，肯定有脱讹，可能是说，可以根据其世系的长短推知其本来的强弱，大抵是强国就率先被打击肢解，弱国倒可以苟延残喘。

作《汉兴已来诸侯年表》第五。

从本表开始的六表，都是对汉史问题的梳理。

汉代分封，分为二等，王爵和侯爵。本表是排列汉代的诸侯王的。

由异姓诸侯王而同姓诸侯王，由"大者或五六郡，连城数

十"的诸侯国，到至多不过和一郡相当的诸侯国，汉代强干弱枝
的政策推行之成功，形诸表格，一目了然。

> 维高祖元功，辅臣股肱，剖符而爵，泽流苗裔。忘其昭
> 穆，或杀身陨国。作《高祖功臣侯者年表》第六。

辅佐高祖取天下的创业功臣，天子与他们剖符为信，封以侯
爵，他们的子孙后代还可以继承爵位和封地。

但列侯们继承关系混乱，也有的竟至杀身亡国。所谓昭穆，
指宗庙里祭祀祖先时的灵位排列次序，始祖居中，以下二、四、
六等奇数代居左，为昭，三、五、七等偶数代居右，为穆，是所
谓"左昭右穆"。

作《高祖功臣侯者年表》第六。

本表之前司马迁的序文，写得极有抚昔伤今、低回不已之
感。这些功臣获封侯爵时，天子与他们立下誓言："使河如带，
泰山若厉，国以永宁，爰及苗裔。"除非黄河变得像丝带一样
细，泰山变得像磨刀石一样平，你的封国都可以永远安宁，一直
传给你的子孙后代。然而事实如何呢？汉初高祖封的一百四十三
个侯爵，到太初年间，已经只剩五个了。

司马迁说："罔亦少密焉，然皆身无兢兢于当世之禁云。"现
在法网确实稍微严密了一点，但归根结底是你们太不小心不把当
今的禁令当回事啊。话说得很委婉，但不满汉武帝对功臣后代太
苛刻的意思，还是很明显的。

有研究者注意到，司马迁说"余读高祖侯功臣"，言下之意
是这张表并不是他作的（或者他只是做了一些整理工作），而是

利用了现成的档案。又据《汉书》记载，高后二年（前186），由丞相陈平领衔，给列侯们按功劳评定排名。而细读这份排名，则会发现它迥异于《史记》的人物传记提供的景观：有些在这份榜单中非常耀眼的人物，在《史记》的叙事中毫无存在感，而这些被淡化的人物，有的就来自吕后家族，有的则似乎和吕后家族之间有些说不清道不明的牵连。

那么，到底是因为这份榜单是吕后掌权时拟定的，所以这些人被拉高了排名呢，还是他们确实功劳很大，但吕氏集团被清洗后，他们的具体事迹被抹煞了呢？这就非常令人遐想了。

> 惠景之间，维申功臣宗属爵邑，作《惠景间侯者年表》第七。

惠帝、景帝年间——具体说，包括惠帝、吕后、文帝、景帝四朝，从惠帝元年（前194）到景帝末年（前141），共五十四年。

申明功臣宗属爵位和食邑。这里应该有缺漏，意思大概是又有些人获得了封爵和封地。

作《惠景间侯者年表》第七。

这五十四年间，受封侯爵的共九十多人，大致可分五类：一是刘邦时代的功臣，过去没有封侯的。二是在汉文帝入承帝位的过程里立了大功的——这一类仅两人，可见文帝对封侯的谨慎，极其"珍惜国家名器"。三是景帝时平定七国之乱的功臣——景帝封侯显然手比较松，不过著名的飞将军李广，也不曾抓住这个机会。四是诸侯王子弟和外戚，所谓王子侯和外戚恩泽侯。五是外族人投降汉朝而受封的——异族也比较容易获封，是因为向来有怀柔远人的传统。

本表之前司马迁的序文，首先就长沙王吴芮发了一番感慨。汉朝平定天下，封了八个异姓诸侯王，到汉惠帝时，就只剩一个长沙王，不但王位传之子孙，连庶子无功封侯的也有好几个。而吴芮的优点，似乎就是一个"忠"。

本表列第一的，是长沙王的小儿子，列第二的，则是长沙国相轪侯利仓。利仓就是湖南长沙马王堆汉墓二号墓的墓主。他的妻子辛追，则是一号墓的墓主，也就是那具世界上保存得最好的湿尸。

　　北讨强胡，南诛劲越，征伐夷蛮，武功爰列。作《建元以来侯者年表》第八。

北面讨伐强大的匈奴，南面诛灭劲锐的越人，征伐四方蛮夷，以军功封侯的人大量涌现。作《建元以来侯者年表》第八。

"建元以来"即汉武帝登基以来。本表之前司马迁的序文，引经据典加以史为证，盛赞武帝事四夷，开疆拓土的功业之伟大。由于《史记》中到处流露着反战情绪，所以自古以来读《史记》的人，都坚信司马迁这里是在说反话。

　　诸侯既强，七国为从，子弟众多，无爵封邑，推恩行义，其势销弱，德归京师。作《王子侯者年表》第九。

诸侯国日渐强大，吴楚等七国合纵反叛朝廷——这句回溯景帝朝的教训。

诸侯王子弟众多，没有爵位封邑，朝廷下令推行恩义，分封诸侯王子弟为侯——指主父偃建议的推恩令。这一举措致使王国势力日益削弱，而德义却归于朝廷。

作《王子侯者年表》第九。

本表完整的题目应是"建元以来王子侯者年表"。

武帝朝获封为侯的人数太多，所以功臣侯和王子侯分开列表。

本表的序言极短，不妨照引：

> 制诏御史："诸侯王或欲推私恩分子弟邑者，令各条上，朕且临定其号名。"
>
> 太史公曰："盛哉，天子之德！一人有庆，天下赖之。"

这就是武帝的推恩诏书和司马迁的歌功颂德。照例，读《史记》的人认为司马迁又在阴阳怪气了。

本表记录汉武帝时所封的王子侯163人，绝大多数转眼又失去封爵。

> 国有贤相良将，民之师表也。维见汉兴以来将相名臣年表，贤者记其治，不贤者彰其事。作《汉兴以来将相名臣年表》第十。

国家的贤相良将，是民众的表率。谱列汉兴以来将相名臣年表，对贤者则记其治绩，对不贤者则明其劣迹。作《汉兴以来将相名臣年表》第十。

本表之前，没有司马迁的序。

本表从汉高祖元年（前206）编起，编到汉成帝的鸿嘉元年（前20）结束。即使司马迁生于公元前135年，他大概也活不到这时候。

很早就有人把本表列为《史记》亡佚的十篇之一，则今本里的这篇，应该是后人所补。不过本表里有用的信息很多，还是有不少人认为，本表大部分内容是司马迁的作品，只是后人又补编了一部分。

本表分四栏，分别记录每年的"大事记""相位""将位""御史大夫位"，但没有"贤者记其治，不贤者彰其事"，只谈国家大事，记录下这人的结局而已。

维三代之礼,所损益各殊务,然要以近情性,
通王道,故礼因人质为之节文,略协古今之变。作
《礼书》第一。

夏、商、周三代之礼,因为面对的要务不同,而
各有增减,但礼的要领,始终在于切近人的情性,通于
王道,所以礼顺应人的本质,有时减损,有时修饰,大
体依据古今时代变化而变化。作《礼书》,这是书的第
一篇。

《礼书》是《史记》"八书"之首,也是据说很早就
失传了的十篇之一。

不过许多学者认为,今天我们读到的《礼书》,开头
八百余字(到"以为典常,垂之于后云"为止),仍是司
马迁的作品,但余下的内容,却是从《荀子》里抄来的。

被认为是司马迁作品的部分，可以看作是《礼书》的绪论，讨论的内容，大体也就是《自序》里这几句话说的意思：礼是建立在人性基础之上的基本社会规范，礼应该随着时代变化而作出相应的形式调整。

所以遗失了的正文部分，应该是介绍、讨论汉代的礼制，究竟发生了怎样的变化。显然，把《荀子》里内容挪过来，对理解这个问题毫无帮助。

《史记·礼书》虽然失传，但是却开创了后世正史专门记载礼制相关内容的传统。二十四史加《清史稿》，二十五部最重要的纪传体著作里，十七部都有专门的礼志，没有礼志的八部，则是因为它们根本就没有志。

乐者，所以移风易俗也。自《雅》《颂》声兴，则已好郑卫之音，郑卫之音所从来久矣。人情之所感，远俗则怀。比《乐书》以述来古，作《乐书》第二。

乐是用来移风易俗的。自《雅》《颂》之声兴起，人们就已经喜好郑、卫之音，郑、卫之音由来已久了。音乐关乎人情，有动人的音乐，就能吸引远方异俗之人。编排《乐书》，来展现自古以来音乐的兴衰，作《乐书》第二。

司马迁这几句话说得非常有意思，用今天的话说，就是高雅艺术自古干不过流行文化，要想增强软实力文化输出，就要靠流行文化。

就凭这几句话，也就难怪自古以来的大儒，往往要嫌弃司马迁对乐的教化功能理解太浅薄了。当然，照例有人认为司马迁在说反话。

《乐书》也是据说很早就失传了的十篇之一。不过开头七百来字（到"世多有，故不论"为止），被部分学者认为是司马迁的原作。

《乐书》余下来的部分，先是讲了一个明显不靠谱的历史故事，其后大多取自《礼记·乐记》，只有两段不见于今本《乐记》。不过据余嘉锡先生考证，这两段也是《乐记》里的，倒是可以补今本《乐记》之不足。

后世纪传体史书，往往也会修"乐志"。"乐"的部分，除了介绍官方雅乐如何应用于各种重要仪式外，还保存了大量典礼上的歌词。今天的人，想说赞美的话而词汇量不够，也可以从中撷取一些学舌。

晚清的郭嵩焘说，《史记》的《礼》《乐》二书不是失传，而是司马迁故意没写，"虚立其篇名而隐其文"罢了。因为按照儒家理想，积德百年才可以制礼作乐，汉朝何尝有德？"三代礼乐无复可征，秦汉以下不足言矣"，值得写的没法写，可以写的又不值得写，所以，就不如不写了。

这么揣测史迁心意，难说有什么依据，但仿佛在指着后世众多正史的礼乐志说："我不是针对谁，我想说在座各位都是垃圾。"

　　非兵不强，非德不昌，黄帝、汤、武以兴，桀、纣、二世以崩，可不慎与？《司马法》所从来尚矣，太公、孙、吴、王子能绍而明之，切近世，极人变。作《律书》第三。

没有军队国家就不会强大，没有德政国家就不会昌盛，黄帝、商汤、周武王因为善战而有德才能崛起，夏桀、商纣、秦二世因为好战而缺德才会灭亡，对军事怎么可以不慎重呢？

《司马法》产生已经很久了，太公望、孙武、吴起、王子成甫能继承并有所发明。《司马法》在汉代被视为兵书的源头，属于军礼的经典，地位超然。

真正优秀的军事家，应该切合近世情况，极尽人事之变。作《律书》第三。

从这个介绍看，《律书》之律，是指军律，这篇应该是论述军事沿革的。

《律书》也是《史记》的失传篇目。

今本《律书》，开头部分是司马迁写的军事史概述，讲到汉文帝为止，盛赞汉文帝的偃武修文，与民休息。

但再往下，就变成了音律之律，在谈论音乐了。一般认为，这是后人从《历书》中截取音律部分，移入本篇。

律居阴而治阳，历居阳而治阴，律历更相治，间不容翲忽。五家之文怫异，维太初之元论。作《历书》第四。

乐律处于阴而治阳，历法处于阳而治阴，律历交替相治，其间不容许丝毫差错——《大戴礼记·曾子天圆篇》中有类似的句子。古人喜欢讲音律与历法的对应，往往说得玄之又玄。

原有五家的历书说法不同，相互冲突——"五家"指黄帝、颛顼、夏、殷、周。只有太初元年（前104）所论的历法——这句似乎未完，可能是有脱讹，也可能是司马迁本来就不愿意多谈此事。可以回顾前文司马迁生平部分关于太初历的争论。

作《历书》第四。

本篇极难读，涉及的问题非常专门，专家的理解也不一，不是对历法问题特别有兴趣，不妨先放过。

　　星气之书，多杂机祥，不经；推其文，考其应，不殊。
比集论其行事，验于轨度以次，作《天官书》第五。

观测星象、气息的书，往往杂有预测吉凶的内容，荒诞不经。

推究其文辞，考察其应验，却往往相合——"不殊"二字，有人翻译成没什么特殊，是抱有司马迁是唯物主义者的期待，但考察《天官书》的内容，这个期待难免落空。

编排解释与天文有关的认识活动，并依次用日月星辰运行的轨度加以验证。作《天官书》第五。

古人认为天上星宿的排列，与人间的设官分职相对应，故称天文为天官。

"太史公为天官，不治民"，相比于写历史，看星星才是司马迁的家学，司马迁对这些神秘感应，不大相信，又不能完全不信，《自序》短短一句话里，就有反映。

《天官书》和《历书》一样，也很专门，本来似乎也该说不妨先放过，但这篇有一部分其实可读性极强，引一段：

　　汉之兴，五星聚于东井。平城之围，月晕参、毕七重。
诸吕作乱，日蚀，昼晦。吴楚七国叛逆，彗星数丈，天狗过梁野；及兵起，遂伏尸流血其下。元光、元狩，蚩尤之旗再见，长则半天。其后京师师四出，诛夷狄者数十年，而伐胡尤甚。越之亡，荧惑守斗；朝鲜之拔，星茀于河戍；兵征大宛，星茀招摇：此其荦荦大者。若至委曲小变，不可胜道。由是观之，未有不先形见而应随之者也。

一边讲恐怖的天象，一边讲人间的劫难，这种神秘叙事摄魂夺魄的力量，似乎已经深植于人性深处，即使不信他这一套，也难免被触动。

受命而王，封禅之符罕用，用则万灵罔不禋祀。追本诸神名山大川礼，作《封禅书》第六。

即使承受天命做了帝王，也很少获得封禅符瑞的——所谓"封禅之符"，等于是上天给人间的帝王颁发的封禅许可证。这句是说，够资格封禅的帝王很少。

如果要封禅天地，那一切神灵没有不受祭祀的——这句强调封禅大典规模之浩大，流程之繁复。

追溯祭祀名山大川诸神之礼，作《封禅书》第六。

《封禅书》看起来是讲了一部从远古到汉武帝时代的封禅史。

封禅是人间的帝王向上天汇报自己的统治如何成功，当然，也是向天下万民展示这一点，这是古代最重要的形象工程。

但是，在实际运作中，封禅被注入了另外一个功能，也就是帝王个人向上天祈求长生。

这个话题，特别容易写成歌功颂德的官样文章，或者充斥着奇怪的知识点的科普文。但《史记》这篇写得极好看，或者说，看似平静的说明文字里，充满巨大的张力。

第一，封禅告成功这个形象工程，老太史令司马谈是高度认同的，司马迁的态度却比较复杂，尤其是对秦皇汉武的封禅资格，大有保留意见。这篇文章可能是父子俩共同完成的，所以这两种不同的态度，同时保存在这篇文章中，这就形成了一种对峙的力量。

第二，封禅求长生这种迷信活动，司马迁显然视为荒诞的戏剧。钱锺书注意到：

> 按马迁此篇用"云"字最多，如"其详不可得而纪闻云"；"其牲用疆驹、黄牛、羝羊各一云"；"夜致王夫人及灶鬼之貌云"；"或曰郊上帝诸神祠所报聚云"；"则若雄鸡其声殷殷云"；"风辄引去，终莫能至云"；"闻其言不见其人云"；"闻若有言万岁云"；"三元以郊得一角兽曰狩云"；"东入海求其师云"；"因以祭云"；"乃遣望气佐候其气云"；"食群神从者及北斗云"；"见大人迹云"，复出迭见，语气皆含姑妄言而姑妄听之意，使通篇有惝恍迷茫之致。（《管锥编》）

所有的"云"字都在表达某种怀疑，因此疑云中仿佛隐藏着许多锋芒。司马迁详细记录方士们的荒诞言论，然后描绘汉武帝虔信之深，全篇以"然其效可睹矣"一句收结。皇帝狂热的长生梦想与冰冷的事实碰撞，结果不必多言。万千黎庶耗费无穷血汗乃至肝脑涂地才创造出的财富，在碰撞中化为乌有，可在雄才大略的君主心里，这些却是如此微不足道。

维禹浚川，九州攸宁；爰及宣防，决渎通沟。作《河渠书》第七。

大禹疏通河流，九州得以安宁；及至建立宣防宫之时，河道沟渠更是被疏浚了一通——宣防宫是汉武帝堵塞瓠子决口后所建的宫殿。宣是疏，防是堵，宫名含着治水的两种基本策略。

作《河渠书》第七。

自然河流是河，人工水道是渠，本篇讲水利工程，从大禹治水讲到元封二年（前109）汉武帝堵塞黄河决口的工程。

河渠的作用是通航和灌溉，不受控制的河流，则是巨大的灾难。

战国时代，是水利工程大发展的时期，《河渠书》就提到了鸿沟、都江堰、郑国渠等多个水利工程。但发展也带来了问题，在黄河下游，黄河本来是频繁改道、自由漫流的，所以华北平原中部一直存在大片罕有人迹的空白区，战国时代大规模的堤防建设，把黄河河道固定住，使得更多土地可以利用起来，但相应的弊端是，这条人为固定住的河道里，泥沙沉积，河床渐渐升高。

这个问题，战国时代并不醒目，到了汉代则爆发出来。武帝元光三年（前132），黄河在濮阳瓠子口（今河南濮阳西南）冲垮了堤坝，灾情尤其严重，这也是有记载以来的黄河首次夺淮入海。

拖延了二十多年，直到元封二年才把决口堵住。司马迁亲身参与了这个民生工程，并把感受写入了《河渠书》中。这一段书写雄沉悲壮，和《封禅书》的处处冷嘲形成鲜明对照。

然而，治理黄河水患超出了当时工程能力的极限，《汉书·沟洫志》记载："自塞宣房后，河复北决于馆陶。"滔滔浊流，不在这里泛滥，就在那里泛滥。

> 维币之行，以通农商；其极则玩巧，并兼兹殖，争于机利，去本趋末。作《平准书》以观事变，第八。

货币的流通，是为沟通农商；其弊端则是投机取巧，利上滚利，于是人们争相投机牟利，舍本逐末。本是农业，末是工商业。

作《平准书》来考察世事的变易，这是书的第八篇。

按照《管子》的说法，商品供给不足，市场价格上涨，叫作"重"；供大于求，价格下跌，叫作"轻"。相应的，国家为商品规定一个合理的价格，则叫作"平准"。

从《自序》里这段话看，《平准书》是提倡重农轻商，反对舍本逐末的。但这是对汉武帝时代政策的概括，不是司马迁的态度。

这一篇的内容，先极写汉朝建立时民生之凋敝，接着写经过文景时代的缓慢恢复，终于呈现出欣欣向荣的景象，然后"物盛而衰，固其变也"，好日子也就到头了。

本篇历数汉武帝时代的各项重大举措，这些大动作花钱如流水，造成了巨大的财政赤字。而为了填补这无数个窟窿，各项搜刮民间财富的新政纷至沓来。时代的沙尘暴滚滚而来，倾泄到大汉子民的头顶上。所谓重农，是要农民承担更繁重的徭役、兵役；所谓轻商，是要从商人身上榨取更多的财富。"作《平准书》以观事变"，不妨理解成：没什么比政策导致的经济波动更能反映社会生活的变化。

本篇是汉代财政史，也是司马迁的心灵史，其欲言又止低回不已处，大约只能这样表述：

> 你习惯的世界正在土崩瓦解，你喜欢的生活正在烟消云散。你觉得卑鄙的人正在不断取得成功，他们好喜欢你看他不爽又拿他没辙的样子。你的一声叹息，在四面凯歌声中细不可闻。(《司马迁的记忆之野》)

所以，本篇不但包蕴的历史信息丰富，而且是历来被称道的文学杰构。不过财政史写成这样，确实也不足以垂法，所以成为后世史家学习榜样的，还是《汉书·食货志》。

太伯避历，江蛮是适，文武攸兴，古公王迹。
阖庐弑僚，宾服荆楚。夫差克齐，子胥鸱夷，信嚭
亲越，吴国既灭。嘉伯之让，作《吴世家》第一。

公亶父时代，周人已经有了能够取代商朝的迹象。
太伯主动把继承权让给季历，避居长江流域的蛮夷之
地，建立了吴国。后来周文王、周武王才得以振兴周
邦。阖庐杀了吴王僚，夺取吴国的君位，进而大破楚
国。夫差战胜齐国后，伍子胥就被迫自杀，尸体被装进
了皮口袋，丢进江中。夫差听信伯嚭的话，亲近越国，
最终导致吴国的灭亡。为了颂扬吴太伯的逊让，把《吴
世家》列为世家第一。

《吴世家》讲吴国的历史。

《吴世家》叙述的第一个重点，是西周初年吴国

建国。

按照司马迁的说法，吴国的第一位国君太伯，是周太王的儿子。周太王三个儿子，长子太伯，次子虞仲，幼子季历。太王发现，季历贤明，又有个有圣德的儿子昌（也就是后来的周文王），所以想传位给季历，碍于嫡长子继承制度，又不便如此。太伯和虞仲觉察了父亲的心意，体贴父亲的难处，就主动出奔，后来在遥远的东南建立了吴国。

这段叙述有两大功能，一是强调吴太伯高尚的德行，二是确认吴国国君和周天子的亲属关系。

吴国的早期历史，史料中的记载非常模糊，很自然地就有了两种解读：

一种理解是相信《史记》的说法，吴太伯就是周文王的伯伯。

另一种解读是，文明边缘的族群，从文明核心区找位古人认作祖宗，是全世界都很常见的现象。周人历史上，确实有太伯出奔的事，但他并没有跑到长江下游那么远，和吴国也没什么关系。吴国说自己是太伯的后代，是攀附。

两派的支持者都写过很多考据文章，还引入了考古资料，但由于考古中获得的信息解释空间很大，仍然很难获得共识。

但不管怎么说，《史记》采信吴国是太伯后代的说法，对强化东南地区对中原王朝的认同，提升华夏文明的凝聚力，是很有积极意义的。

《吴世家》叙述的第二个重点，是春秋后期吴国崛起到灭亡。

西周时期的史料很少，所以不管哪个诸侯国，西周时期的历史，《史记》都讲得很少。但到了春秋时期，许多国家的信息就丰富起来。但吴国是偏远落后的国家，要到春秋末期，素材才相对多一些。

仿佛是为了和建国史呼应，吴国又发生了一个"让国"故事，吴王寿梦的几个大儿子，都想让位给小兄弟季札，但季札拒绝接受，结果反而给下一代制造了矛盾，也就是所谓"阖庐弑僚"的事。

阖庐、夫差两代雄主的事迹，《史记》大多取材于《左传》和《国语》。《史记》比《左传》易读，但不如《左传》完整详密，尤其是当时列国间各种事件如何互相勾连的，《左传》展示得更清晰。这是某一国的编年史和天下视野的编年史不可避免的区别，倒也怪不得《史记》。实际上，先快速把《史记》过一遍有个大概印象，然后去读《左传》，是不错的办法。

值得一提的是，写到夫差亡国的事，《左传》和《史记》里都没有西施。

《吴世家》另有一条游离于历史纷争之外的支线，即公子季札的故事，故事中的许多情节因过于神奇而令人神往，不过大多（除了"季札挂剑"）也是《左传》就有的。

《太史公自序》喜欢说，因为某某事，作了某世家，实际上一个大诸侯国的历史，本来就必须交代清楚，并非是为了某事而写。不过《吴世家》能够名列世家第一，确实是因为"嘉伯之让"。谦逊让位，是古人特别推崇的美德。《史记》的本纪第一篇讲尧舜禅让，世家第一篇有吴太伯让位，列传第一篇则是伯夷让位，主题都是"让"。

其实从历史叙事的角度说，把《吴世家》列在第一位效果并不好。吴国和越国的历史，关系特别密切，这一来，二者就远远隔开了。这是价值导向压倒了前因后果。

申、吕肖矣，尚父侧微；卒归西伯，文武是师；功冠群公，缪权于幽；番番黄发，爰飨营丘。不背柯盟，桓公以昌，九合诸侯，霸功显彰。田阚争宠，姜姓解亡。嘉父之谋，作《齐太公世家》第二。

姜姓的申国、吕国都已经衰落，所以尚父的地位，也就很边缘了。他一生坎坷，到老才归附了西伯。周文王、周武王都把他当作自己的老师。太公望尤其长于暗中设计权谋，周朝建立，他的功劳为群臣之首。头发斑白的太公望，最终享有了营丘一带的封地。齐桓公不背弃与鲁国在柯地所订的盟约，事业由此昌盛，他多次会合诸侯，霸功显赫。齐国的大贵族田常，杀了齐简公宠信的阚止，姜姓齐国于是瓦解灭亡。为赞美尚父的谋划，作《齐太公世家》第二。

《齐太公世家》可以简称《齐世家》，讲齐国的历史。

《齐世家》叙述的第一个重点，是西周初年齐国建国。

齐国的第一个国君也就是民间所说的姜太公，姜是古老的大姓，又分化出许多的氏，如申氏、吕氏。

当时姓和氏区分很严格，"男子称氏，女子称姓"，所以姜太公这个说法，是不合先秦礼法的。太公名尚，吕氏，所以叫吕尚，也可以尊称为尚父。又因为周文王见到他后说："我祖父太公就盼望得到你这样的人才。"所以又叫太公望。

司马迁生活的时代，太公望的传说已经非常多，司马迁也就选择了一些写到《史记》里。有些传说明显不是西周初年的事实，但是自有民俗学、神话学等方面的价值。如太公望曾经做过"赘婿"的传说，大概就和齐国赘婿确实特别多有关。

《齐世家》叙述的第二个重点，是春秋中期的齐桓霸业。

齐桓公的业绩和逸闻，《左传》讲得很马虎，管仲射中齐桓公衣带钩的故事都没有提，管仲辅佐齐桓公改革的内容，也全部阙如。《史记》这部分内容，倒是比《左传》好看得多，也能补充一些较有价值的信息，但未必可信的战国传说，也很不少。

这段提到的柯之盟，是《左传》和《史记》的一处重要分歧。《左传》仅仅提到有这样一次会盟，标志着齐鲁两国关系正常化，其他一句不愿意多说。《史记》则讲了一个精彩的故事：盟会现场，鲁国勇士曹沫挟持齐桓公，要求他退还侵夺鲁国的土地。齐桓公在威胁之下同意了，后来又想反悔，但管仲劝他不要如此，可以顺势向天下诸侯彰显齐国信守承诺的大国风范，这也就是所谓"不背柯盟，桓公以昌"。这个故事当然也不是司马迁编的，而是战国时就很流行。

《齐世家》还叙述了姜姓齐国的衰亡史。齐桓公之后，齐国内乱不断，国君渐渐被架空，传统的大贵族也在自相残杀中纷纷倒下，倒是一个本不起眼的外来家族陈氏（即田氏）慢慢崛起。《自序》里说的"田阚争宠，姜姓解亡"，就是所谓"田氏代齐"的关键一步。这件事发生在公元前481年，孔子修《春秋》，就修到这一年。孔子停笔不往下写了，多少是有被此事刺激到了的因素。

《齐世家》排在世家第二篇，看重的是太公的权谋"功冠群公"，在西周建立的过程中功绩第一。

> 依之违之，周公绥之；愤发文德，天下和之；辅翼成
> 王，诸侯宗周。隐桓之际，是独何哉？三桓争强，鲁乃不
> 昌。嘉旦金縢，作《周公世家》第三。

西周建立后不久，周武王就去世了，即位的成王年幼，周公执政。这时有的诸侯服从周王朝的统治，有的却趁机作乱。但最终，不管持什么立场的诸侯，周公都把他们安定下来。

周公大力推广"文德"，获得了天下的响应——"文德"是双关，可以理解为秉承周文王的德行，也可以理解为实施礼乐教化；"和"也有两层含义，既是一唱一和的和，也是和谐共处的和。

周公辅佐周成王，让天下各国都承认周王朝是自己的宗主。

隐公、桓公之际，发生了手足相残的事，这到底是为什么呢？

鲁桓公的后代，成为鲁国的三大强势家族，孟氏、叔孙氏、季氏，他们并称三桓，彼此争强，鲁国国运由此不昌。

周武王病危的时候，周公曾向祖先祈求，让自己替武王去死。祈祷的册文，密藏在一只牢牢捆扎的金属盒子，也就是所谓"金縢"里。为了赞美这件事，作《周公世家》第三。

《周公世家》或称《鲁周公世家》，也可以简称为《鲁世家》，讲鲁国的历史。

《鲁世家》叙述的第一个重点，是西周初年周公摄政。

周公是孔子的偶像，周公的事迹在儒家经典当中具有至关重要的地位。这些事迹在中国文化史上的象征意义如此巨大，以至于历史真相如何，都显得并不重要了。比如后世权臣为了标榜自

己没有篡位的野心，就喜欢拿周公自比。最有名的例子，如曹操的"周公吐哺，天下归心"。

司马迁写周公，大体是照着《诗经》《尚书》里的记述写的，但细节时有不同，也有少量不见于《诗经》《尚书》的内容。按照古代的价值排序，经高于史，所以古人看来，这些地方自然算是《史记》的缺陷，以今天的视角看，司马迁倒是保存下了一些珍贵的史迹。

《春秋》和《左传》都是从鲁隐公写起的。鲁隐公是鲁桓公的庶兄，父亲去世时，桓公年纪还小，隐公摄政，期待等桓公长大成人后，再归政给他。这情形，倒有点类似周公摄政，但鲁隐公的结局悲惨得多，他被听信谗言的桓公杀害了。这就是所谓"隐桓之际，是独何哉？"

鲁桓公的后代如何发展为鲁国最有权势的三大家族，鲁国又是如何在内外交困中走向衰落，《左传》的记载，比《鲁世家》全面系统得多，不过《左传》难读，《鲁世家》则给初学者提供了一个通俗易懂的简明读本。

鲁国虽然弱小，却比姜姓齐国长命。姜齐被田氏取代，是在公元前四世纪初，鲁国一直到公元前255年才被楚国灭掉，距离秦一统天下，只有三十多年了。

《鲁世家》能够列在世家第三，看重的是周公在西周初年至关重要的作用。无论是稳定周朝政局，还是塑造周人礼乐文明的气质，周公的贡献和历史地位，都是无与伦比的。

　　武王克纣，天下未协而崩。成王既幼，管蔡疑之，淮夷叛之，于是召公率德，安集王室，以宁东土。燕哙之禅，乃成祸乱。嘉《甘棠》之诗，作《燕世家》第四。

武王克纣后不久，天下尚未协洽，他便去世了。

当时成王年幼，管叔、蔡叔怀疑周公篡位，淮夷也起兵叛乱，于是召公率先支持周公，彰显了高尚的德义，王室也因此安定，周公这才能够全力东征，使东方得以安宁。

到战国中期，燕王哙学习尧舜禅位，结果造成了祸乱。

《诗经·召南·甘棠》是赞美召公的诗，可见召公永远活在人民心中，因此作《燕世家》第四。

这一篇讲燕国历史，燕国是召公奭的后代，所以本篇也叫《燕召公世家》。

召公也是姬姓，是西周宗室，似乎与文王、武王的关系稍疏远，但拥有强大而独立的权力。召公支持周公，对周公能够掌控政局，发挥了至关重要的作用。

传说，周公、召公曾经"分陕而治"，陕是今天的河南省三门峡一带，陕的西面，由召公治理，今天的陕西省就由此得名；陕的东面，由周公治理，陕东的疆域广大得多，当时也动荡不安得多。

周公和召公常常被相提并论，《诗经》里有《周南》《召南》，被认为是国风中的正风。所以把召公的传记放在周公之后，是非常合理的。

但读完鲁国史，接着读燕国史，却会觉得燕鲁之间关联非常微弱。召公的封国燕国，就在今天的北京一带，当时是非常偏远的地方，和中原主要诸侯国之间，还隔着黄泛区，联络就更少了。

　　鲁国在春秋时代是比较重要的诸侯国，但地位一路走低，战国时代就毫无存在感了。

　　燕国则在春秋中前期近乎隐形（提到较多的是姞姓的南燕），《左传》极少讲到燕国，《史记》也一样无话可说。出土的燕国铜器，铭文都自称"匽"或"郾"，而不作"燕"。匽者，隐匿也，躺平也，倒也符合该国的人设。

　　到战国时代，燕国却被算作了战国七雄之一。被讲得最多的事，就是"燕哙之禅，乃成祸乱"，以及后来燕王哙的儿子燕昭王重用乐毅，得以复仇的故事。这部分内容，《史记》记载不算详细，错误却不少。如燕昭王本只是燕国的一个普通公子，被送到韩国做人质，在赵武灵王的运作下，才得以回国做国君。《燕世家》却以为他是燕王哙的太子，内乱平息后自然即位，把一场牵动好几个诸侯国利益的政治斗争，完全忽视了。

　　《燕世家》列在世家第四篇，是根据召公的历史地位定的。按《自序》的说法，作《鲁世家》是因为《尚书》中的一篇，作《燕世家》是因为《诗经》中的一首，倒也相映成趣。

　　　　管蔡相武庚，将宁旧商。及旦摄政，二叔不飨，杀鲜放度，周公为盟。大任十子，周以宗强。嘉仲悔过，作《管蔡世家》第五。

　　武王灭商之后，留下两个弟弟管叔鲜和蔡叔度，让他们辅佐商纣的儿子武庚，想要安定商朝旧地；周公旦摄政，二叔不服，周公便杀死管叔鲜，流放蔡叔度，然后周公带领大家重新盟誓。

　　周文王的正妻大任（应作太姒）生育十个儿子，周室因宗族繁盛而强大。

为了表彰蔡叔度的儿子蔡仲能够悔过，作《管蔡世家》第五。

这篇叫《管蔡世家》，实际上是介绍周武王的兄弟及其后裔的。

周文王儿子多，《诗经·大雅·思齐》曰："大姒嗣徽音，则百斯男。"翻译成大白话是太姒传美名，文王有子上百人。太姒是周文王的正妻，她自己努力多生，也带动后宫的女人齐心协力，为文王生了许许多多的儿子。

太姒的十个儿子是：长子伯邑考，次子武王发，三子管叔鲜，四子周公旦，以下是蔡叔度、曹叔振铎、成叔武、霍叔处、康叔封、冉季载。

这里可以看出兄弟排行的规则，长子称伯，次子曰仲，幼子曰季，次子和幼子之间，不管多少个，都呼为叔。如果老三已经是幼子，那么就直接叫季，没有叔了。最著名的例子，就是刘邦行三，本来叫刘季。

周公平定管蔡之乱，是西周初年关系到周王朝生死存亡的一件大事。史料记载残缺而暧昧，给了后人无限的解读空间。

只看结果，对后世的影响倒还清晰，也就是"周公为盟"。这四个字应该理解为周公主持了新一轮的封建。武王克商，固然标志着周王朝的建立，但周人真正在天下扎根，周朝能够成为一个有顽强生命力的王朝，是这次封建之后才做到的。

本篇虽叫"管蔡世家"，但是管叔被杀而且绝嗣，其实谈不上是世家。

蔡叔被流放，后来他的儿子改过自新，因此也获得了自己的封国。蔡国地理位置偏南，国力虽然微弱，却是牵动春秋大国争霸的一枚关键棋子。蔡国的历史，需要与《吴世家》《齐世家》《晋世家》《楚世家》合起来阅读，才能感受到处处是凶险与玄机。

这篇还讲了曹国的历史，曹国也弱小，不过地理位置不像蔡国那样紧要，所以曹国的故事平淡很多。

这篇可以看作是周朝不重要的同姓诸侯的历史的合编。

王后不绝，舜禹是说；维德休明，苗裔蒙烈。百世享祀，爰周陈杞，楚实灭之。齐田既起，舜何人哉？作《陈杞世家》第六。

伟大的上古圣王不会绝后，舜、禹为此而感到高兴；他们功德美好清明，后代得以蒙受恩泽，传承功业。

舜和禹世世代代享受祭祀，到了周时，他们的后代获封陈国和杞国，后被楚国灭掉。

陈国灭亡后，作为陈国后裔的齐国田氏，又再度兴起。舜是位多么了不起的人啊！作《陈杞世家》第六。

这一篇主要讲了陈国的历史。陈国和蔡国是邻国，命运也有诸多相似之处。

陈国据说是舜的后代，陈国的一位公子到了齐国，若干代以后，篡夺了齐国国君之位，所以司马迁要感叹："齐田既起，舜何人哉？"汉朝人的价值观，常常比较直来直去，倾向于认为崇高的德行可以换来巨大的利益，所以祖宗伟大，儿孙享受，是自然的结果。

至于杞国的历史，则没什么可讲，所谓"杞小微，其事不足称述"。

　　本篇最后，司马迁说了一番明显与史事不符的话，但可以和《自序》里这番"王后不绝"的道理呼应：

　　　舜之德可谓至矣！禅位于夏，而后世血食者历三代。及楚灭陈，而田常得政于齐，卒为建国，百世不绝，苗裔兹兹，有土者不乏焉。至禹，于周则杞，微甚，不足数也。楚惠王灭杞，其后越王句践兴。

　　陈国是舜的后代，齐国的田氏也是舜的后代，陈国被灭了，田氏就代齐了。

　　杞国是禹的后代，越国也是禹的后代，杞国被灭了，越国就兴起了。

　　楚国灭陈在公元前479年，齐国的田常弑君事件发生在公元前481年，时间上衔接确实比较紧密。

　　楚国灭杞在公元前445年，但早在公元前473年，越国就已经灭吴称霸了，这个误差就有点大了。

　　上价值的时候，常不免调整一下事实。

　　这篇也是周朝不重要的异姓诸侯的历史的综论。

　　　收殷余民，叔封始邑。申以商乱，《酒》《材》是告。及朔之生，卫顷不宁。南子恶蒯聩，子父易名。周德卑微，战国既强，卫以小弱，角独后亡。嘉彼《康诰》，作《卫世家》第七。

为了管理殷商遗民，康叔建立了卫国。周公为了让他明白商朝乱德亡国的原因，写了《酒诰》《梓材》来告诫他。

到卫公子朔出生，卫国开始倾危不宁。卫灵公的夫人南子憎恶灵公的太子蒯聩，造成儿子和父亲名分颠倒。周朝统治日益衰微，好战的诸侯国已然强大，卫国因为弱小，国君角反而后亡。

赞美康叔能够谨遵周公《康诰》中的教诲，作《卫世家》第七。

这一篇讲卫国历史，卫国的始封君是康叔封，所以本篇也叫《卫康叔世家》。

卫国历史上的第一件大事，自然是卫国建国。周人吸取三监叛乱的教训，在东方设置军事重镇，于是才有卫国。周公显然把卫国的建立看作统治东方的新策略的关键，所以把卫国国君的重任交给了自己最宠信的弟弟康叔封，而且谆谆教诲，作了几次重要指示。这里提到的《康诰》《酒诰》《梓材》，都是周公的讲话稿，也是《尚书》的重要篇目。

此后卫国的历史，可以分为西周、春秋、战国三大段看。

西周时代，卫国和周王室始终保持着紧密的联系。西周末，国人暴动之后的那一段"共和"时期，当代许多学者都认为不是周公、召公联合执政，而是大贵族共伯和执政，而所谓共伯和，也即是卫国国君卫武公。《毛诗》《左传》中，卫武公的形象都非常正面，《卫世家》倒也没否认卫武公把国家治理得不错，却又说他是一个弑兄篡位的凶手。古人往往质疑司马迁的记载，其实倒也不妨认为，这正体现了真实历史人物的复杂性。

春秋时代的卫国史，《卫世家》写得流畅好看，《自序》里提到的这两件事，一在春秋初，一在春秋末，都是很经典的故事。不过要了解这段历史，《左传》和《诗经》都是更原始的材料。《诗经》里《卫风》《邶风》《鄘风》都是卫国的诗，数量很多，这些诗又往往和卫国政治有关，有很高的史料价值。彼此对照，很容易发现《卫世家》不准确的地方其实不少，这是阅读时需要留意的地方。

战国时代，卫国弱而不亡。《左传》的作者见到郑国灭亡，以为卫国也快亡了，没想到一直到秦始皇扫平六合的时候，卫国还没有灭亡。卫是到秦二世时才亡的。所以司马迁特意提了句"卫以小弱，角独后亡"。

同为同姓诸侯，卫国比蔡国重要得多，《卫世家》排在《管蔡世家》后面，大概是因为卫康叔是管叔、蔡叔的弟弟，而且没有管蔡之乱，就不会有卫国。

> 嗟箕子乎！嗟箕子乎！正言不用，乃反为奴。武庚既死，周封微子。襄公伤于泓，君子孰称。景公谦德，荧惑退行。剔成暴虐，宋乃灭亡。嘉微子问太师，作《宋世家》第八。

可叹啊，箕子！可叹啊，箕子！他正确的意见没有被采纳，本人反被迫害装疯为奴——箕子是纣王的亲属，多次劝谏纣王不听，又不忍离去，就是假装发疯，做了奴隶。

武庚死后，周朝封微子于宋——微子是纣王的庶兄，是武王伐纣时率先向武王投降的殷商贵族。三监之乱后，周公把商遗民一分为二，一半由卫康叔治理，建立了卫国；另一半由微子治理，建立了宋国。

宋襄公在泓水之战中受伤，君子盛赞他的美德——春秋中期，宋襄公与楚国交战，不愿意在敌人立足未稳时发动攻击，结果战败。他的行为是高尚还是愚蠢，历来争论很多。儒家公羊学派对宋襄公是盛赞的，所以说"君子孰称"。

景公有自谦爱民之德，荧惑为之退行——荧惑就是火星。春秋末期，宋景公在位时，火星即将运行到心宿的位置上，这种天象，被认为是大凶，会危及国君，古人称为"荧惑守心"。有人向宋景公提出，可以把危机转移到国相或者人民身上，宋景公拒绝了，宁可自己承受灾患。结果感动上天，荧惑改变轨迹，从心宿边上擦过。

剔成暴虐无道，宋国因而灭亡——剔成是宋国倒数第二代君主，并无大过，所以这里"剔成"应是宋王偃之误。宋王偃是宋国末代君主，《史记》说他极其暴虐，复刻了商纣的许多倒行逆施的手段，结果亡国。

赞美微子请教太师，作《宋世家》第八。

这一篇讲宋国历史，宋国的始封君是微子，所以本篇也叫《宋微子世家》。

《论语》里说，商纣王的时候，商王朝出现了三位高尚人士，他们的选择各不相同，却都符合仁的标准。所谓："微子去之，箕子为之奴，比干谏而死。孔子曰：'殷有三仁焉。'"

《宋世家》一开始先介绍"三仁"，体现了对孔子的尊崇。

接下来，《宋世家》记载了周武王和箕子的对话。这部分内容来自《尚书·洪范》，洪是弘大，范是规则，洪范也就是治国的根本大法的意思。《洪范》展开说有九个问题特别重要，也就是所谓"洪范九畴"。

《洪范》一篇，在汉代极被重视，司马迁照录这篇，也许只是随大流。箕子和宋国没什么关系，他被周武王封到朝鲜去了。

上述内容，占去了《宋世家》小半的篇幅。下面宋国的历史，《宋世家》的叙述就很简明。照例，春秋部分适合当作《左传》的预习材料来读。

有几点值得注意：

《左传》中的宋襄公形象很负面，他不攻击立足未稳的敌人，谓之"蠢猪式的仁义道德"也不为过。《公羊传》里的宋襄公则正义凛然。《宋世家》的叙事，基本沿用《左传》，议论却是《公羊传》的调子。有人会把这视为司马迁是董仲舒弟子的证据；有人则觉得这说明不了什么，毕竟公羊学是汉武帝时代的主流学术。

公元前546年，发生了一件大事，由宋国大夫向戌牵头，晋楚两个超级大国率领天下诸侯，在宋国盟会，达成和平协议。此后大约有半个世纪的时间，中原无大战，史称"宋之盟"或"向戌弭兵"。这事被不少学者视为春秋中期和春秋晚期的分界点，但《宋世家》对此全未提及。

宋国最后的那位亡国之君宋王偃，在不同史料中是截然相反的形象，至少在《孟子》中，他就是一位施行仁政的国君。他到底是因为什么而亡国，各家讲述很有点各取所需，真相是很不容易判明的。

和卫国一样，宋国诞生，也是三监之乱的结果：为了强化周人的力量而建立卫国，为了安抚商人的情绪而建立宋国。从这个角度看，《宋世家》紧随《卫世家》之后，是非常合理的。

作为周朝的异姓诸侯国，宋国比陈国、杞国重要得多。先《陈杞世家》而后《宋世家》，可能也参考了古代圣王的年代先后：陈是舜之后，杞是夏禹之后，宋是商汤之后。

　　武王既崩，叔虞邑唐。君子讥名，卒灭武公。骊姬之爱，乱者五世；重耳不得意，乃能成霸。六卿专权，晋国以耗。嘉文公锡珪鬯，作《晋世家》第九。

周武王去世后，叔虞在唐邑建国——叔虞是武王的儿子，周成王的同母弟，晋国的始封君。

君子讥讽晋穆公为儿子取名之事，曲沃武公终于灭掉了晋国的大宗——晋穆公是西周末的晋国国君，他给长子起名"仇"，小儿子取名"成师"。有君子认为，大儿子的名字不吉利，小儿子的名字却意味着前程远大。后来，成师被封到曲沃，成师的后代曲沃武公，到底取代了正统的晋国国君。

献公宠爱骊姬，造成五世之乱；重耳早年不得志，最后却能威霸诸侯。

六卿专权，晋国衰亡——春秋时代，卿是执政大臣，出将入相，是实权人物。晋国设六个卿职，本来有十多家大贵族竞争，到春秋后期，范氏、中行氏、知氏、赵氏、魏氏、韩氏六家垄断了卿职，晋国国君也渐渐有名无实。晋国最终被赵、魏、韩三家瓜分。

赞美晋文公得到天子赐予的珪鬯，作《晋世家》第九。城濮之战，晋文公击败了楚国，会诸侯于践土，这是他霸业的顶点。这次盟会，天子赐给晋文公许多象征诸侯领袖地位的器物。

《晋世家》讲晋国的历史，是《史记》最长的篇章之一。

晋国史也是《左传》的重点，所以二者重合度很高。大抵，喜欢《左传》的人，不会喜欢《晋世家》，因为同一件事，多半是《左传》叙事更加婉转周密，把方方面面的利益考量，交代得更清楚；不喜欢《左传》的人，更不喜欢《晋世家》，因为《左传》里有很多祖护晋国的话，尤其是有许多祖护晋国的乱臣贼子的话，这些都被《晋世家》沿袭下来了。

当然《晋世家》也有些特别的地方，最有趣的点是一代霸主晋文公的年纪，《晋世家》比别的记载要大二十六岁，于是很多故事，都画风大变。

不管怎么说，晋国历史几乎可说是春秋史的一根主轴，把《晋世家》快速过一遍，是了解这根主轴的不错的办法。

　　重黎业之，吴回接之；殷之季世，粥子牒之。周用熊绎，熊渠是续。庄王之贤，乃复国陈；既赦郑伯，班师华元。怀王客死，兰咎屈原；好谀信谗，楚并于秦。嘉庄王之义，作《楚世家》第十。

重黎创业，吴回继承——司马迁认为，重黎是颛顼之后，帝喾时是掌管火的官员，因此得到"祝融"的称号，楚人的事业，是他开创的。重黎犯错被杀后，他的弟弟吴回继承了他的地位。

从殷朝末年的粥子开始，楚人的世系，有了清晰的记载——粥通鬻，粥子即鬻熊，他是楚国发展史上一位重要人物。楚人认为他是周文王的老师。

周人任用熊绎，熊渠继承他的事业——熊绎是西周初年的楚人领袖，周成王把他封到荆楚之地，授以子爵；熊渠则是西周末年的楚国国君，一度自己称王。这两个人对应的年代，是西周的一头一尾。

楚庄王贤明，攻下了陈国，又恢复陈国，赦免了郑伯之罪，又因华元之言而班师回国。春秋时代的楚王，这里只列了一位楚庄王。陈国、郑国、宋国，楚庄王都有能力灭掉，但他没有这样做。保全别人的国家，是春秋时期一定程度上被尊奉的美德。司马迁时代，实践上早不这样做了，但观念上还有一点流风余韵。

楚怀王客死于秦，他的儿子公子兰反而怪罪屈原。战国时代的楚王，只点了楚怀王的名。秦昭襄王邀请楚怀王到秦国会谈，公子兰怂恿怀王去，屈原则劝怀王不要去。结果怀王一去就被秦国扣留，公子兰不但不引咎反省，反而怪罪屈原。这种行为十分可耻，但也反映了常见的人类心理。

楚王喜阿谀，信谗言，楚国终于被秦吞并。

赞美楚庄王的德义，作《楚世家》第十。

《楚世家》讲的楚国的历史，是所有世家中时间跨度最长的。大多数诸侯国都是西周时建立的，楚国的历史，却可以上溯到神话时代的帝喾。更重要的是，姜齐、鲁国、郑国、卫国这些国家，春秋时代很重要，但到了战国时代就有的灭亡，有的尽管没灭亡但也没什么存在感。燕国、赵国、魏国、韩国、田齐，则是战国时才出现的，或者是战国时才重要起来的国家。唯独楚国，春秋、战国之世，始终是举足轻重的大国。

楚国史是《左传》较为薄弱的环节。司马迁大概拥有别的史料来源，所以《楚世家》的春秋部分，颇有一些可以补《左传》之不足。当然也有些不太可靠的故事，照例，不靠谱的段落往往是可读性比较强的，如楚庄王"三年不蜚，一蜚冲天；三年不鸣，一鸣惊人"的故事。

《楚世家》战国部分，年代信息大体无误，司马迁应该是拥有较为可靠的楚国编年材料。在这根时间轴上，司马迁串联了许多战国传说。当然不能确保这些是事实，但读来确实跌宕俊爽，是非常有吸引力的文字。

由于南方的自然地理环境比较有利于简牍的保存，近年来出土的和楚国史有关的文献很多，可补《楚世家》的不足。

> 少康之子，实宾南海，文身断发，黿鳝与处，既守封禺，奉禹之祀。句践困彼，乃用种、蠡。嘉句践夷蛮能修其德，灭强吴以尊周室，作《越王句践世家》第十一。

少康的子孙，生活在遥远的南海边——司马迁相信，越国国君是少康的后代，而少康则是大禹的后代。值得注意的是，先秦文献中，所谓"东海"，通常是指今天的黄海；所谓"南海"，倒是指今天的东海。

他们文身断发，与乌龟、鳝鱼之类的水族动物生活在一起，守护在封山和禺山（二山相距不远，在今浙江德清境内），事奉大禹的祭祀。

句践受到吴王夫差的困辱，为恢复越国，于是信用文种、范蠡。

赞美句践身在夷蛮，却能修德行，消灭强大吴国以尊奉周室，作《越王句践世家》第十一。传说句践灭吴之后，曾召集诸侯在徐州会盟，向天子进贡。

《越王勾践世家》，简称《越世家》，讲述越国的历史。

《史记》中记述的越国早期的历史，传达的是一种天下一家的信念，但大概不可信。

越王勾践忍辱负重，终于灭掉吴国的故事，是《越世家》的重点。司马迁写这一段，取材时有严谨的一面，比如摈弃勾践到吴国做了三年奴隶的猎奇传说；也有看到自己心仪的人物，就忍不住浓墨重彩渲染的一面，比如特别强调范蠡的作用，但在更可信的早期史料中，范蠡本不是什么太重要的人物。

《竹书纪年》等史料记载，勾践灭吴之后，把国都迁到山东琅琊，学者多方考证，认为大概可信。《史记》未提及此事，是一疏漏。

越国灭亡，《越世家》说是战国中期为楚威王所灭，实际上越国更可能是亡于威王之子怀王之手。

讲完越国的历史，《越世家》又讲了一段范蠡传奇，故事颇具哲理，但不可信。

总之，《越世家》是信史与传说相杂糅的一篇。

> 桓公之东，太史是庸。及侵周禾，王人是议。祭仲要盟，郑久不昌。子产之仁，绍世称贤。三晋侵伐，郑纳于韩。嘉厉公纳惠王，作《郑世家》第十二。

郑桓公根据太史伯阳的建议，选择东迁——郑国第一代国君郑桓公，本来封地在关中，他意识到西周王朝已经风雨飘摇，于是按照太史伯阳的建议，把国家迁到了今天的河南新郑。

郑庄公侵夺了周人的庄稼，受到周王臣民的非议。郑庄公是郑桓公的孙子。周平王东迁后，很依赖郑国，到周桓王时，想改变这种处境，就收回了部分庄公的权力。庄公报复，就抢了周人的庄稼。

祭仲被宋胁迫结盟，郑国长期无法昌盛——祭仲是郑庄公时代的权臣，郑庄公去世后，几个儿子争位，别国势力也介入了这种权力斗争。宋国就曾胁迫祭仲盟誓，要他支持宋女所生的郑厉公。

子产的仁政，后世称道贤明——子产是春秋后期的郑国名臣。

三晋侵犯征伐，郑终被韩吞并。

赞美郑厉公帮助周惠王回国，作《郑世家》第十二——周惠王曾被弟弟放逐，郑厉公帮他夺回了天子之位。

《郑世家》记述郑国的历史。

郑国建国于西周末，比前面讲的那些诸侯国都晚；亡国于战国初，比上述多数国家都早。

但郑国是春秋列国纷争的最大枢纽，晋、楚、齐、秦等强国，都把郑国归附自己看作是霸业成就的标志，在这种处境下，郑国的内政外交，都有极具特色的创造。《左传》里关于郑国的记载，内容非常丰富，相比而言，《郑世家》只能看作是非常简要而且不大准确的一份提纲。

当然，《郑世家》里也有可补《左传》不足的地方。如著名的"郑伯克段于鄢"故事，《左传》以插叙手法，把前因后果都放在"隐公元年"讲完，很可能给人一种印象，郑庄公解决共叔段问题，前后不过几年光景。《郑世家》则清晰记载，整个事件的时间跨度是二十二年，所以很多阴谋论的解读，也就很难成立了。

《自序》把作《郑世家》的理由，归结为郑厉公能为天子服务，纯属尽价值导向的义务。《郑世家》最后的"太史公曰"，可能更能反映司马迁的真实感慨。郑厉公和郑国贵族之间，因为政治利益先彼此利用，后互相残杀，固然表现得不堪，但更有操守的人，结局也一样悲惨，"变所从来，亦多故矣"，一个人的命运啊，哪有那么容易总结的规律呢？

> 维骥𫘧耳，乃章造父。赵夙事献，衰续厥绪。佐文尊王，卒为晋辅。襄子困辱，乃禽智伯。主父生缚，饿死探爵。王迁辟淫，良将是斥。嘉鞅讨周乱，作《赵世家》第十三。

善于驾驭骏马，成就了造父的名声——骥、𫘧耳都是骏马的名字，造父则是赵人的祖先，传说他曾为周穆王驾车，巡游天下。

赵夙事奉晋献公，赵衰继承他的事业，辅佐晋文公尊奉周天子，终于成为晋国辅臣。赵夙是赵衰的父亲，赵衰则是赵氏在晋国得以发展起来的关键人物。

赵襄子被困辱，却擒捉了智伯。赵襄子，名毋恤，襄是谥号。春秋战国之际，晋国已经名存实亡，实权在赵氏、魏氏、韩氏、智（知）氏四家大贵族手里。智伯联合魏氏、韩氏想灭掉赵氏，到了赵氏生死存亡的关头，韩、魏两家转变立场，和赵氏联合灭掉智氏。这件事是赵氏得以立国的关键，当时赵氏的当家人，就是赵襄子。

主父遭臣子围困，掏雀充饥活活饿死。主父即赵武灵王，他是战国中期赵国的一代英主。赵武灵王是一位个性十足的君主，他为了全力以赴在前线指挥作战，早早把国君之位传给儿子，自称主父。后来赵国贵族政变，把他困在沙丘，他只能到雀巢中寻找食物，最后活活饿死。

赵王迁邪僻淫乱，贬斥迫害良将——指末代赵王冤杀名将李牧，最终导致赵为秦所灭。

表彰赵鞅讨平周王室之乱，作《赵世家》第十三——赵鞅即赵简子，上面提到的赵襄子的父亲，他曾经帮助周王室平定王子朝之乱。

《赵世家》开头部分讲赵氏作为晋国贵族的历史，仍然属于春秋史的内容。春秋史，照例是《左传》既比《史记》可信，又比《史记》丰富。这篇却奇峰突起，讲了一个"赵氏孤儿大报仇"的故事，虽然没什么真实性，但慷慨义烈，贯穿千古，写入民族记忆之中了。

赵国建立，已是战国，由于讲战国史没有一部像《左传》这样可信赖的史书，《史记》的重要性大增。《赵世家》喜欢讲做梦，神人在梦境中发布预言；《赵世家》里又常常见鬼，鬼神也要发布预言。而所有这些预言，都一定会应验。所以读《赵世家》特别容易生出光怪陆离之感。但这并不说明《赵世家》不可信，也许恰恰反映了太史公获得了秦始皇焚书之前的比较完备的赵国史料。充满超自然因素，正是先秦史料的真实状态。

《赵世家》的时间信息基本准确，这对疏通史料一团乱麻的战国史特别有意义。如果因为那些后人看来荒诞的内容，就忽视了这一点，是非常可惜的。另外，《燕世家》《魏世家》中的一些疏误，也需要用《赵世家》的记载去纠正。

总之，《赵世家》是文学价值和史料价值都极高的一篇。

> 毕万爵魏，卜人知之。及绛戮干，戎翟和之。文侯慕义，子夏师之。惠王自矜，齐秦攻之。既疑信陵，诸侯罢之。卒亡大梁，王假厮之。嘉武佐晋文申霸道，作《魏世家》第十四。

毕万获得了魏这块封地，占卜者预知他的后代必定发达——毕万是魏氏始祖。西周本有一个魏国（所以《诗经》十五国风中有《魏风》），这个魏亡于晋，晋献公把魏的土地封给大臣毕万，毕万就以魏为氏。

魏绛羞辱了杨干，又与戎狄议和——魏绛是春秋中后期晋悼公时候的人，他训练军队时，悼公的弟弟杨干的车子扰乱了军阵，魏绛就诛杀了杨干的车夫，以示军法森严。魏绛又根据戎狄贪图财物、不在乎土地的特点，用财物换取他们的土地，"魏绛和戎"的意义，是稳固了晋国西部、北部边陲。这句讲魏氏何以能在晋国发展壮大。

文侯仰慕仁义，拜子夏为师。在魏文侯一代，魏国的诸侯地位得到了周天子的认可。史料中魏文侯的形象，非常正面。

惠王骄傲自大，导致魏国被齐国、秦国攻打。魏惠王是魏文侯的孙子，他在位期间，魏国由盛转衰。据说他错失了孙膑、商鞅两大人才，孙膑投奔齐国，商鞅投奔秦国，这二人后来都给魏国造成重创。

安釐王怀疑信陵君，因而诸侯疏远魏国——安釐王是战国后期的魏国国君,信陵君是安釐王之弟,战国四公子之一。信陵君曾作为东方诸侯联军的统帅,破秦军于函谷关。后来安釐王怀疑信陵君,免了他的职,联军也就解体了。

魏终于为秦所灭,魏王假做了奴仆。

赞美魏武子佐助晋文公创立霸业,作《魏世家》第十四——魏武子指魏犨,武是谥号。

《魏世家》开头部分讲魏氏作为晋国贵族的历史,中规中矩,缩写《左传》《国语》而已。

魏国建国以后的历史,也即《魏世家》的战国部分,年代信息的错乱非常严重。幸亏西晋的时候,有一份重要的编年材料——也就是《竹书纪年》——出土了,这是盗墓贼从一个古墓里发现的。

《竹书纪年》从上古时代讲起,一直讲到魏襄王的时代。著名学者杨宽先生根据其战国史部分整理的魏国世系,与《史记·魏世家》的记载对照如下表:

	杨宽	《魏世家》
魏文侯	前445—前396	前424—前387
魏武侯	前395—前370	前386—前371
魏惠王	前369—前319	前370—前335
魏襄王	前318—前296	前334—前319
魏哀王	无	前318—前296
魏昭王	前295—前277	前295—前277
魏安釐王	前276—前243	前276—前243
魏景湣王	前242—前228	前242—前228
魏王假	前227—前225	前227—前225

《魏世家》大力塑造的人物，一是魏文侯，一是信陵君。不知道《自序》为什么说是为了赞美魏犨才作的《魏世家》，现存史料中，魏犨的形象不过是个武力超群却不识大体的一勇之夫，并不是多么出色的人物。

《魏世家》最后的"太史公曰"，则非常有意思。司马迁曾到过魏国都城大梁，和当地百姓有过对话。有人认为，魏国如果能坚持重用信陵君的话，不至于亡国。司马迁反驳了这种观点，说"天方令秦平海内"，上天有意让秦国一统天下，这事谁也拦不住，别说信陵君，换伊尹也不行。

司马迁祖上是秦人，他又认为汉朝的合法性来自秦朝，于情于理，他都很愿意说一些秦的好话。今天很多迷恋秦始皇的人，却觉得司马迁专门伪造秦的黑材料，真是绝大的讽刺。

> 韩厥阴德，赵武攸兴。绍绝立废，晋人宗之。昭侯显列，申子庸之。疑非不信，秦人袭之。嘉厥辅晋匡周天子之赋，作《韩世家》第十五。

赵氏孤儿赵武能够重振家业，多亏韩厥积了阴德。韩厥是韩氏的第一个重要人物，他小时候寄养在赵家，赵氏经历了劫难之后，赵武能够继承家业，多亏韩厥相助。使灭国者重新振起，使废弃者得以再立，晋人尊崇他。

韩昭侯在诸侯中地位显要——韩昭侯是战国中前期的韩国国君，他任用申不害，作了不少变革。申不害是法家代表人物，主张用"术"治国。

韩非遭到怀疑，不得信用，秦攻袭韩。韩非是战国末期的韩国公子，被后世誉为"法家思想的集大成者"。这句省略了主语，可以解释为韩王不任用韩非，秦王政，也就是未来的秦始皇，为了逼韩国把韩非送到秦国来，发兵袭韩。也可以理解成，韩非到了秦国，秦王政认为他是韩国间谍，就杀了他，并乘势出兵灭韩。

赞赏韩厥辅佐晋国，匡正周王室的兵赋，作《韩世家》第十五——韩厥为周王室做了什么事，并不太清楚，这句只能存疑。

《韩世家》讲韩氏的历史。

春秋时代，韩氏作为晋国贵族，并无太突出的表现。战国时代，韩国在七雄中最弱小，颇有苟延残喘之难，除了韩昭侯和申不害君臣，可称道者也实在不多，而即使是韩昭侯和申不害，他们留在史料中的残影，也多是些上不得台面的小伎俩。《韩世家》的叙事很简略，年代信息也有些不准确的地方，不过不如《魏世家》《田齐世家》严重。

> 完子避难，适齐为援，阴施五世，齐人歌之。成子得
> 政，田和为侯。王建动心，乃迁于共。嘉威、宣能拨浊世而
> 独宗周，作《田敬仲完世家》第十六。

田完避难，出奔到齐国寻求庇护——田完是陈厉公的儿子，叔叔当了国君后，他担心有危险，就出奔到了齐国。

田氏暗施恩惠于民，五代人之后，得到齐人的歌颂——齐景公时，田完的五世孙已经在齐国掌权。

田成子夺得齐国政权，田和成为诸侯——田成子指田常，成

是谥号。他杀死了齐简公，掌握了齐国政权。又过了将近一百年，田和被周天子承认为诸侯，史称齐太公。

齐王建动心，最后被迁到共地——所谓"动心"，指的是动了不参与国际争端的心。末代齐王田建，坐视秦国把别国都灭了，最后齐国也难逃被灭的下场。齐王建本人被迁到了共邑（今河南辉县），最后活活饿死。

赞赏齐威王、齐宣王能不与世道同流合污，坚持独自尊崇周天子，作《田敬仲完世家》第十六。

《田敬仲完世家》讲田氏齐国的历史。田氏到齐国的第一代，名完，字敬仲，按照先秦的称谓习惯，叫田敬仲完。为了和之前的姜姓齐国相区分，本篇也简称《田齐世家》或《田世家》。

《田齐世家》讲述了春秋时代田氏在齐国的发家史，照例袭用《左传》而有所简化，照例错误颇多。不过《左传》诞生的年代，田齐蒸蒸日上，《左传》里吹捧田氏的话连篇累牍，《史记》则可以直接揭发田氏阴谋篡位的本质。

田氏代齐之后，齐国"史记"性质的著作，残缺特别严重。一来田氏可能想抹掉一些东西，二来秦始皇之所以要焚书，就是给齐国人气的，大概焚书的时候，烧齐国的历史书，执行力度特别大。这就导致了司马迁写《田齐世家》，真有点巧妇难为无米之炊的感觉。

《田齐世家》中的田齐世系，和当代学者研究后的结论，对照如下表：

	杨宽	《田齐世家》
悼子	前 410—前 405	缺
田和（齐太公）	前 404—前 385	前 410—前 385
齐侯剡	前 384—前 375	缺
齐桓公	前 374—前 357	前 384—前 379
齐威王	前 356—前 320	前 378—前 343
齐宣王	前 319—前 301	前 342—前 324
齐湣王	前 300—前 284	前 323—前 284
齐襄王	前 283—前 265	前 283—前 265
齐王建	前 264—前 221	前 264—前 221

　　大致说，田齐以威王、宣王时代为盛世，但那时也埋下了诸多隐患。齐湣王时代内外矛盾爆发，齐国几乎亡国。此后虽然复国，但齐国从此对国际事务失去了兴趣，末代齐王田建在位时间长达四十多年，在列国纷争中一直没什么表现。不过生活在那个时段的齐国人，既不用像秦人那样忍受苛刑峻法，又不用像三晋和楚国人那样时时担心秦军的屠刀落到自己头上，日常安全感大约反而高一些。

　　真是历史的垃圾时间，小民的喘息机会。

　　周室既衰，诸侯恣行。仲尼悼礼废乐崩，追修经术，以达王道，匡乱世反之于正，见其文辞，为天下制仪法，垂六艺之统纪于后世。作《孔子世家》第十七。

　　周王室已经衰落，诸侯恣意而行。孔子伤感礼乐崩废，因而追研经术，以求抵达王道，匡正乱世，使之返于正轨。

　　孔子著书立说，为天下制定礼仪法度，他留下"六艺"作为治国的根本原则——六艺有两种，这里是指《诗》《书》《礼》《乐》《易》《春秋》六经。

作《孔子世家》第十七。

这里世家的性质发生了变化。此前的世家是一国的编年史，从《孔子世家》开始，世家实际上成了人物传记。和此前的列国诸侯比，共同点，是传主仍然拥有王爵、侯爵的称号，区别是这些人不再真正拥有自己的封地。说明秦汉社会和此前的社会有了根本性的区别。

具体到《孔子世家》，这一篇又很特殊，因为孔子不但没有封地，也没有王侯之类的爵位。一般解释，这是因为孔子的思想影响至为深远，后世无数优秀人物都以传承其精神为荣，孔子列于世家，当之无愧。

《孔子世家》是已知的第一篇孔子传记，是研究孔子怎么都绕不过去的作品。司马迁很认真地讲述孔子多少岁的时候在做什么，尽管说得并不都对，但总是为后来的研究提供了很好的抓手。

> 桀、纣失其道而汤、武作，周失其道而《春秋》作。秦失其政，而陈涉发迹，诸侯作难，风起云蒸，卒亡秦族。天下之端，自涉发难。作《陈涉世家》第十八。

桀、纣无道，商汤、周武王就兴起了——这句是说，统治者无道，就理应被讨伐。

周朝无道，《春秋》一书就问世了——在司马迁看来，"春秋大义"的内涵，包括"贬天子"，所以无道的国家，没有遭遇武器的"批判",也该领教批判的武器。

秦朝无道,陈涉发起反秦义举,诸侯相继起事,风起云涌,终于灭掉秦国。

天下亡秦之端,始于陈涉发难,因此作《陈涉世家》第十八。

陈涉,名胜,字涉。称字是比较有礼貌的叫法。因为他有名有字,谈吐也有见地,所以有研究者力图证明他不是农民而是小贵族出身。不过对于古代的上流社会来说,农民和小贵族的区别也无关紧要,反正都不妨碍称他是"匹夫"。

这段话,是陈说把陈胜列于世家的理由。司马迁把陈胜反秦比作汤武伐桀纣,孔子作《春秋》,古代学者往往看不惯;现代以来,很多观念都变了,这话就成了司马迁进步性的证明。

实际上,回到西汉中前期的历史情境里,把陈胜放在"世家"的位置上,可能既非离经叛道,也谈不上远见卓识,就是社会的一般判断。

陈胜率先起兵反秦,确实获得了极高的声望。项梁、项羽以八千人渡江而西时,名义上就是尊奉陈胜的命令,不久后项梁吞并另一支义军,理由是他们背叛了陈胜。项梁召集诸将在薛地商议反秦大计,也是在确定陈胜已死后才做出的举措。刘邦起兵,一开始也是以响应陈胜为号召。正如《陈涉世家》最后说的:"陈胜虽已死,其所置遣侯王将相竟亡秦,由涉首事也。"有研究者分析、统计过,秦末被扶立为王的所谓六国之后,除了齐王,其他人要么是陈胜部将,要么就是陈胜部将的傀儡。

这段历史参与者太多,记忆无法抹杀,所以刘邦当了皇帝后,仍然对陈胜保持尊崇,特意安置了三十户人家看守陈胜的坟茔。一直到司马迁生活的时代，陈胜墓祭祀不绝。这个待遇，不但超过六国诸侯王的十户，也超过了秦始皇的二十户。也就是说，陈胜不是像唐代学者刘知幾说的那样"无世可传，无家可宅"，他在汉朝，享受的就是世家待遇。

《陈涉世家》史料价值和文学价值俱佳，绝非只是出于政治因素而浪得虚名。

本篇最后没有"太史公曰"，但引了著名的贾谊《过秦论》的上篇。

> 成皋之台，薄氏始基。诎意适代，厥崇诸窦。栗姬偩贵，王氏乃遂。陈后太骄，卒尊子夫。嘉夫德若斯，作《外戚世家》第十九。

成皋台是薄太后的肇基之地——这句说的是汉文帝的母亲薄氏。薄氏是刘邦的姬妾，本不得宠。一日，刘邦在河南宫的成皋台上，听两个姬妾嘲讽薄氏，起了同情之心，于是召幸了薄氏，但也并未太当回事。薄氏却因此生了文帝，后来种种阴差阳错，文帝登基，薄氏成了大汉帝国最有权势的女人。

窦氏被迫到了代国，才使窦氏家族得以富贵——这句说的是汉文帝的皇后窦氏。窦氏本来是吕后的宫女，吕后把一些宫女赠送给诸王，窦氏是想回到自己的家乡富庶的赵国去，但给管事人送礼没送到位，被分到了偏远穷困的代国。没想到因祸得福，窦氏很得代王也就是后来的汉文帝刘恒的宠爱，加上一系列阴差阳错，居然成了皇后。她又很长寿，一直活到汉武帝时代才去世，因此窦氏家族也长期很有权势。

　　栗姬依仗地位尊贵而自骄于人，王氏才得以顺达显贵——这句重点说的是汉景帝的王夫人，也就是汉武帝的母亲。栗姬本来很得汉景帝宠爱，儿子已经被立为太子，但汉景帝的姐姐刘嫖想和栗姬结亲家，栗姬却不乐意。王夫人趁机为儿子刘彻求娶刘嫖的女儿，于是一举逆袭。

　　陈皇后过于骄贵，终于使子夫受到尊宠——陈后也就是前面说的刘嫖的女儿，汉武帝娶了她，做了姑妈的女婿，才在皇位竞争中胜出。陈后自然也就"太骄"，因此和汉武帝感情很不好，终于被废。民间传说陈后名阿娇，又爱讲"金屋藏娇"的故事，陈阿娇这个名字不见于《史记》《汉书》，恐怕倒是由这句"陈后太骄"发挥出来的。后来汉武帝立歌女出身的卫子夫为皇后。

　　赞美这些皇后们的德行如此之好，作《外戚世家》第十九。

　　这篇叫《外戚世家》，其实却是写高祖、文帝、景帝、武帝四代帝王的皇后（吕后除外）。所以后世读史的人，往往觉得"外戚"二字，用在这里颇不合适。另外，把来自互不相干的家族的皇后放到一起立世家，似乎也未见妥当。后世的正史，范晔《后汉书》有《皇后纪》，更多史书则会把皇后的传记，放在列传部分的开头。

　　不纠缠这些"正名"的问题，《外戚世家》为后世宫斗题材的文艺作品提供了无穷的素材和想象空间。西汉社会阶层流动性大，士人、女子都难免有起起落落的命运。有的女性出身卑微，甚至有改嫁经历，皇帝喜欢她，就可以立为皇后。这种大起大落的人生，天然具有传奇性。到了东汉，皇后固定来自几个家族，这种活剧就不可能再上演了。

　　当然，好故事道德意义往往欠奉，司马迁说"嘉夫德若斯"，就让后世道德感强烈的读者看不惯，说汉朝这些皇后们，哪里有什么德了？

> 汉既谲谋，禽信于陈，越荆剽轻，乃封弟交为楚王。爱都彭城，以强淮泗，为汉宗藩。戊溺于邪，礼复绍之。嘉游辅祖，作《楚元王世家》第二十。

汉高祖用诡诈手段在陈郡（今河南淮阳）擒住了楚王韩信，又因为越、楚之民剽悍轻捷，于是封其弟刘交作了楚王——所谓楚、越之地，西汉时的含义与春秋、战国时不尽相同，大致是泛指江淮下游地区。这一带原来属于项羽，后来封给了韩信。

于是建都彭城，加强淮、泗地区的统治，成为汉王朝的藩篱屏障。

楚王刘戊溺于邪僻，刘礼又被封为楚王继承王业——刘戊是第一代楚王刘交的孙子，景帝时，他和吴王刘濞合谋叛乱，兵败自杀，朝廷改封刘交的小儿子刘礼为楚王。

赞赏刘交辅佐高祖，作《楚元王世家》第二十。

楚元王刘交，字子游，是刘邦的弟弟。这篇介绍了刘邦兄弟的情况。

刘邦大哥叫刘伯，二哥叫刘仲，这都没有问题。倒是刘交身上有疑点：《史记》说他是刘邦的"同母少弟"，《汉书》说他是刘邦的"同父少弟"。

说同母，强调的是同父同母，血缘最亲；说同父，却是含蓄地说同父异母，隔一层。

《汉书》正确的可能更大一些，伯、仲、季都是排行，就是老大、老二、老幺，似乎是刘邦出生后，他爹认为不会再有儿子了，就给他取名叫"季"，但后来另娶了一位，生了刘交。刘太公对这个小儿子显然比三个大的上心，有名有字，还送去拜名师读书，俨然是当士人培养的。

《楚元王世家》非常简略，很多问题看不出究竟，《汉书》记载的内容要丰富得多。刘邦和这个小弟弟的感情，比和两个哥哥好。不过这未必能当作刘邦、刘交同母的证据，因为刘交显然最能干。刘邦创业时，把二哥留在家里照顾父亲，而把刘交和萧何、曹参一样视为团队的核心成员，当皇帝后，又封刘交到至关重要的楚地当王坐镇。这种问题上，不必怀疑刘邦的眼光。

刘交的后代，有两个特点值得关注：一是世袭宗正一职，宗正掌管皇族事务，显然西汉一朝，他这一支在皇室中一直有比较特殊的地位；二是好儒学，刘交本人论师承算荀子的隔代传人，还曾给《诗经》写过传，子孙也一直不乏精于学术的，到西汉末，更出了大学者刘向、刘歆父子。当然，这都是《史记》未涉及的问题了。

这一篇里，司马迁还简要介绍了赵王的情况。

> 维祖师旅，刘贾是与；为布所袭，丧其荆、吴。营陵激吕，乃王琅邪；怵午信齐，往而不归，遂西入关，遭立孝文，获复王燕。天下未集，贾、泽以族，为汉藩辅。作《荆燕世家》第二十一。

高祖率军反秦的初期，刘贾就加入行动——刘贾是刘邦的远枝亲属，他追随刘邦作战，战功是不小的，尤其是楚汉相争刘邦最艰难的时候，刘贾从侧翼攻入楚地，烧毁了项羽的积聚，切断了楚军的补给线，是刘邦得以扭转局势的关键人物之一。刘邦诈擒韩信后，把韩信的楚国一分为二，西边部分仍叫楚国，封给弟弟刘交，东边部分称为荆国，封给刘贾，建都于吴县（今江苏苏州）。

刘贾后被英布攻袭，丧失了他的荆吴之地——汉高祖十一年（前196）淮南王英布造反，猛攻刘贾，刘贾兵败身死。

营陵侯刘泽让人游说打动吕后，被封为琅琊王——刘泽也是刘邦的远枝亲属，但军功远远不如刘贾，所以只是侯爵。他得以封王，靠的是吕后时代搞投机：他知道吕后想封吕氏家族的人为王，但是不方便主动提，于是撺掇人去向吕后提这个建议，吕后大喜之下，为了平衡，也要再封刘姓宗室成员为王，刘泽就获封琅琊王了。

刘泽被祝午诱骗，轻信齐王，前往齐国不得归返，于是西入关中，又遇到迎立孝文帝的事，获封燕王——吕后死后，最急于铲平诸吕的，是齐王刘襄，刘襄派齐国的郎中令祝午把刘泽骗到齐国，不让他回去，夺取了琅琊国的兵权。刘泽就反过来骗齐王说，我去长安和大臣们谈判，让他们立你为皇帝，齐王同意了。但刘泽到长安后，反而提出不可让齐王即位，力主拥立汉文帝。汉文帝登基后，投桃报李，改封刘泽为燕王。

当天下未安定之时，刘贾、刘泽以高祖同族兄弟身份，成为其藩属。作《荆燕世家》第二十一。

这一篇重点讲刘贾、刘泽两个刘邦的远房亲属，他们本来未必有封王资格，但因缘际会，都当上了诸侯王。

世人讨论项羽失败、刘邦成功的道理，常说的一条理由是，项羽任人唯亲，刘邦广纳贤才，从这篇可以看出，其实刘邦也是很想优先重用亲人的，只是"子幼，昆弟少，又不贤"，没有足够的亲人可用罢了，但只要条件允许，还是尽量用刘家人。

严格说来，刘贾和刘泽的情形非常不同，正因如此，本篇就形成了强烈的对比效果。

刘贾的王爵，是凭本事挣来的，刘邦"欲王同姓以镇天下"的时候，下诏说："将军刘贾有功，及择子弟可以为王者。"别人让大臣们评选，但刘贾是刘邦直接点的，可见刘贾的功劳是有说服力的。但刘贾结局不好，没当几年王，就兵败身死，他的王国自然也就封给别人了。

刘泽的情况完全不同，他就是一个善于投机，在各派政治势力之间反复横跳的老滑头。可是刘泽不但善终，而且子孙继承王位，一直到汉武帝时代，他的孙子"禽兽行，乱人伦，逆天，当诛"，燕国才国除为郡。

照例，《自序》里评论比较正面，各篇最末的"太史公曰"，则会说些损话。司马迁说，刘泽"事发相重，岂不为伟乎！"出事了就能让各方势力都重视自己，难道不是很伟大吗？可谓反讽拉满。

> 天下已平，亲属既寡；悼惠先壮，实镇东土。哀王擅兴，发怒诸吕，驷钧暴戾，京师弗许。厉之内淫，祸成主父。嘉肥股肱，作《齐悼惠王世家》第二十二。

高祖亲属本来不多，齐悼惠王刘肥先长大成人，镇守东部国土——齐悼惠王刘肥是刘邦的庶长子，刘邦非常喜欢这个儿子，但刘肥外祖家没有势力，传位给他是不可能的。大概是作为补偿，刘邦把最富庶的齐国封给了他。后来吕后看见刘肥，谈不上猜忌，但就是容易来气，大概也和刘肥这个地位有关。

齐哀王刘襄擅自出兵，是想对诸吕发泄怒火——齐哀王刘襄是刘肥的儿子，吕后去世，他率先起兵发难。其实吕后生前，对齐王一系还是以拉拢为主，不过皇位的诱惑太大，是怎么拉拢都喂不饱的。

哀王的舅舅驷钧粗暴乖戾，朝中大臣因此不立哀王为帝——这当然是借口，因为齐哀王对皇位志在必得，齐国势力又过于强大，朝中掌权的功臣才找了这么个借口，拒绝他即位。

齐厉王与姐姐私通，最终因为得罪了主父偃，导致杀身之祸。齐厉王是末代齐王。

嘉许悼惠王刘肥是辅佐天子的股肱之臣，作《齐悼惠王世家》第二十二。

《自序》说的，大概是汉朝官方对齐国历史的定性。齐悼惠王是好的，后来的齐王就不很好，或很不好，下场糟糕，也是活该。

看《齐悼惠王世家》正文，会是另一种感受。对于关中的西汉朝廷来说，位于遥远东方的齐国，既富庶又危险，所以既要利用，又有提防。铲平诸吕的政变，齐王一系出力最多，但最终坐上皇帝宝座的，却是突然冒出来的汉文帝，齐哀王和他的兄弟们当然咽不下这口气。而正因为朝廷对齐王一系的怨气心知肚明，才越发要对齐王一系一边安抚，一边在其内部制造分裂，挑拨矛盾，以达到分而治之的目的。所谓吴楚七国之乱，其中济南、淄川、胶西、胶东四个小国，都是从原来的齐国分割出来的，叛乱失败，齐地势力当然也就遭到沉重打击。到汉武帝时代，大一统的步伐势不可挡，齐"国入于汉"，也就是当然的结局了。

和《自序》里这段话比，本篇最后的"太史公曰"，没有任何道德语言：

> 诸侯大国无过齐悼惠王。以海内初定，子弟少，激秦之无尺土封，故大封同姓，以填万民之心。及后分裂，固其理也。

当初封一个巨大的齐国是正确的，这是吸取当初秦朝的教训；后来把齐国分割成许多小国也是正确的。根据形势调整策略，本就是这个道理。

> 楚人围我荥阳，相守三年；萧何填抚山西，推计踵兵，给粮食不绝，使百姓爱汉，不乐为楚。作《萧相国世家》第二十三。

楚人把我方围困在荥阳，相持三年——荥阳是楚汉相争的一大枢纽，刘邦本人在荥阳对抗项羽的攻势，如果刘邦顶不住，韩信等人胜利再多，战略上也是败了。

萧何镇抚崤山以西，根据户籍输送兵员，粮食供给不断——刘邦能顶住的关键，就在于萧何能保障补给。所谓"推计踵兵"，计是基层行政组织和各职能部门报上来的统计数据，萧何要在此基础上，推算出可以给刘邦提供多少预备部队和后勤物资。

　　萧何使百姓爱戴汉王，而不愿做楚人——繁重的赋税徭役之下，说"百姓爱汉"，是夸张的，但不突破民众的承受极限，使得刘邦一方局势再糟，也总比敌方要好一些，确实是真本事。

　　作《萧相国世家》第二十三。

　　这篇写萧何，内容主要分几大段：

　　首先介绍萧何早年与刘邦的交往，以及刘邦打天下的过程里萧何的功绩。其次是天下平定后，刘邦力推萧何是功臣第一。然后是刘邦生命的最后两年，萧何被猜忌，活得提心吊胆的情况。

　　《自序》里这段评论，只和第一段内容有关；《萧相国世家》是第一篇汉初异姓功臣的传记，则本身就是第二段结论的体现。

　　古代交通，河流运输比陆路运输便宜得多；海洋运输，又比河流运输便宜得多。中国是一个大陆型国家，只能通过陆路运输与河流运输相结合的方式，给前线的作战部队提供支援，后勤成本极其高昂。这也就意味着，必须要有一个强大的文官系统，对广袤疆域内的人力、物力进行统一调配。所以，汉帝国与欧亚大陆另一端的古罗马相比，国力未必更强大，但文官组织之发达完备，却足以令罗马这样的地中海帝国瞠乎其后。

　　萧何作为这个系统的头号人物，重要性也就不言而喻了。他工作的性质，就决定了他的经历写下来很难好看，都是缺乏戏剧性的事务性工作。

　　刘邦晚年猜忌萧何，萧何只能通过自污来自保，这种权谋故事，倒是更容易为人津津乐道。需要补充一句的是：萧何在军队里并无基础，刘邦猜忌他，大概不是因为担心他篡位，而是刘邦想另立太子，而萧何这样和刘邦是丰沛老乡的功臣，和吕后家族的关系也不免很深，他一定会袒护吕后的儿子也就是后来的汉惠帝刘盈。

《萧相国世家》最后的"太史公曰"，说萧何在秦朝时不过是刀笔吏，"录录未有奇节"，汉朝建立后，跟最高统治者跟得紧，"依日（指刘邦）月（指吕后）之末光"，照章办事罢了。等到韩信、英布这些军功卓著的人被诛灭后，萧何就显得功勋绚烂了。

这话低估了萧何。一来，司马迁是在为韩信鸣不平，二来，汉武帝时代这么说，倒也符合政治生态，因为功臣后代对汉武帝来说往往是掣肘的存在，贬低一下他们的祖宗，皇帝也不反感。

> 与信定魏，破赵拔齐，遂弱楚人。续何相国，不变不革，黎庶攸宁。嘉参不伐功矜能，作《曹相国世家》第二十四。

曹参与韩信一起平定了魏地，又打败赵国，攻取齐地，削弱了楚霸王的势力——楚汉相争中，曹参追随韩信，先后击破了今山西南部的魏，河北南部的赵，山东地区的齐，使项羽陷入孤立。

他接任萧何的相国之位，不做什么变革，百姓得以安宁——萧何去世后，曹参成为汉朝第二任相国，一切政策，沿袭旧章，留下著名的"萧规曹随"的典故。

嘉许曹参不夸耀自己的功劳和才能，作《曹相国世家》第二十四——这句赞美，用了《老子》典："不自伐，故有功；不自矜，故长。"如此评价曹参，大概有两个原因：可能有很多人认为曹参才是功臣第一，他没有力争；更重要的是，官员的功劳和能力，总要通过变革才能体现出来，照章办事也就拿不到绩效，自然也就是很难显出"功"和"能"来了。

《曹相国世家》分两部分：前一半讲曹参在楚汉相争时的功绩；后一半讲天下已定后，曹参作为汉相国的表现。和《自序》里的评论，完全对应。

前一半，《曹相国世家》写得简洁、明晰而扎实，完全是档案的文风，很可能就是抄录的官方档案中对曹参功绩的记录。

后一半讲曹参如何无为而治，则有很多活灵活现、极富现场感的画面。曹参的曾孙曹寿，娶了汉武帝的姐姐阳信公主，家里有个骑奴，是后来成为大将军的卫青。曹参做相国时如何如何，应该仍是汉朝权贵圈子里的谈资，司马迁也出入于这个圈子，他笔下的场景，或许就来自圈里人的讲述。

《自序》说到曹参的军功，特别强调了是与韩信一起建立的，《曹相国世家》的"太史公曰"更直白：

> 曹相国参攻城野战之功所以能多若此者，以与淮阴侯俱。及信已灭，而列侯成功，唯独参擅其名。

言下之意，曹参的功臣排名能坐二望一，全是沾韩信的光。古人就注意到，这个评价并不公平。曹参与韩信一起行动前，战绩就相当漂亮；曹参还参加过刘邦晚年最后几场战役，也都战功赫赫。这人虽是司法领域出身，但身上实在是有点军事天分。

或许正因为年轻时代就熟悉基层，曹参很了解秦代弊政，明代方孝孺认为曹参认识到"秦之亡不在乎无制，而患乎多制；不患乎法疏，而患乎过密"。所以曹参当相国不愿意多事。浩劫之后社会的自我修复，就是消除满目疮痍的最佳办法，官府不折腾，更有益于民间自愈，所谓黄老之学，讲究"治道贵清静而民自定"，"（官府）无为而（社会）无不为"，无非就是这么个道理。

但对于渴望在考核中拿到优等，从而加官晋爵的官吏来说，这个模式其实很不利，曹参能坚持无为，是很需要定力的。所以司马迁对曹参的赞美，最后落在"不伐功矜能"上，或者用明代方孝孺的话说，曹参是"宁受无功之名，而不忍图有功以祸当世"。

联系汉武帝时代的官场作风，司马迁只赞美曹参的"无为"，用意也是很明显的。

> 运筹帷幄之中，制胜于无形，子房计谋其事，无知名，无勇功，图难于易，为大于细。作《留侯世家》第二十五。

运筹策划于军帐之中，无形之中克敌制胜。张良谋划的事，没有智巧之名，没有勇武之功，从容易处切入破解难题，从细微处着手成就大业。

作《留侯世家》第二十五——张良封地在留（今江苏沛县东南），所以这篇叫"留侯世家"。

按刘邦自己的说法，自己手下三个"人杰"，是张良、萧何、韩信。所以有一个对比就显得很扎眼，在汉初功臣排名里，张良仅列第六十二，在总共一百四十三名列侯中，仅在中间稍稍靠前的位置。司马迁特别强调他"无知名，无勇功"，部分也是在解释排名不高的原因。

《留侯世家》可以当爽文读，一个落难的贵族公子，有刺杀秦始皇这样的传奇经历，然后获得奇遇，被传授了顶级的兵法。此后辅佐逐鹿群雄中的最终胜出者，别人或在前线被坚执锐浴血奋战，或在后方推计踌兵熬到头秃，张良却只需要嘴角上扬云淡风轻一句话点破关键，天下大局就此改变。最后，张良巧妙地让刘邦放弃了废立太子的心思，然后飘然而去，挥一挥衣袖不带走一丝云彩，甚至可能修炼成仙了。

还有必须一提的是，张良长得非常俊美，"状貌如妇人好女"。

司马迁显然被这样一个形象迷住了，所以写作这一篇时，他的文学才华发挥得淋漓尽致。张良的形象也是古往今来的读书人最爱的人设，后世文人谈到他时发出了无数赞美。而张良身上的神仙色彩，则保障了他向下兼容，愚夫愚妇一样热爱他的故事。或者说，张良的形象，已然成为"民族审美心理"的一部分了。

事实比较残酷，张良"多病，未尝特将也，常为画策臣，时时从汉王"的履历，导致了他游离于汉初功臣的关系网络之外，因此也就很难得到权力网的保护和加持。尽管张良被塑造成了善于自保的典型，但和萧何、曹参的子孙世代富贵不同，汉文帝时代，张良的儿子就成为刑徒，永远失去了封国。《功臣表》记录说，张良的儿子犯的是谋杀罪，《留侯世家》也许是想保全张良的颜面，把罪名换成了比较引人遐想的"不敬"。

　　　　六奇既用，诸侯宾从于汉；吕氏之事，平为本谋，终安宗庙，定社稷。作《陈丞相世家》第二十六。

陈平六出奇计，都被高祖采用，诸侯这才归附汉朝——所谓"六奇"，具体是哪六条计策？司马迁没说，有后人凑了六件事。但也有一种可能：这就是陈平计策很多的意思。《易经》当中，用九表示阳，用六表示阴。陈平"多阴谋"，和六很配。

消灭诸吕的事，陈平为主谋，终于安定了刘氏宗庙和国家。作《陈丞相世家》第二十六。

陈平和张良都是谋臣，区别也很明显。

张良的比较理想的形象，是所谓运筹帷幄之中，决胜千里之外，胜在格局。阴谋诡计当然也有，但更多是决策层面的建言，是可以在公开场合把人说得心悦诚服的话。

陈平的"谋"是另一种风格。别人推荐陈平，说他的长项是"奇谋"，就是不按常理出牌，却是出其不意效果特别好的那种"谋"。陈平评价自己，说得更坦诚，他用的是"阴谋"，利用人性弱点下狠手，见不得光。

功臣表里，陈平排名第四十七，不算特别突出。刘邦、项羽争天下，最关键的还是赤裸裸血淋淋的暴力对决，陈平的诡计写在书里好看，实际上有多少可操作性，自古以来就有不少人怀疑。不排除那些传奇故事，是陈平得势后增饰出来的，而陈平真正得势，应该是在刘邦去世之后。

尽管《史记》写得有点隐晦，但陈平的表现大致还是清楚的：刘邦快死的时候，吕后成为权力核心已经是注定的了，陈平立刻去向吕后表忠心，这样陈平才超越了很多排名在自己之前的功臣，做到了左丞相。之后吕氏权力的历次扩张，陈平都很配合，但他又很有分寸地保持和功臣集团的良好关系。等到吕后去世，陈平立刻与吕氏切割，加入了铲除诸吕的行动。当然，最重要的是，拥立汉文帝，是陈平率先提出的。

所以由文帝而景帝而武帝，陈平的历史定位是正面人物，这是不容置疑的。《自序》里这段话评价如此之高，也就是当然之理。

不过司马迁显然不喜欢陈平的阴谋。《陈丞相世家》里，司马迁一边发议论指出，陈平是在假装配合吕后，一边又通过叙事展现出，陈平就是在真的配合吕后。最后还写了个细节：

> 始陈平曰："我多阴谋，是道家之所禁。吾世即废，亦已矣，终不能复起，以吾多阴祸也。"然其后曾孙陈掌以卫氏亲贵戚，愿得续封陈氏，然终不得。

陈平自己也知道，"阴谋"用多了，会导致"阴祸"，所以他说，我的后代如果被废，就再也没有复兴的机会了。果然，汉武帝时代，陈平袭爵的曾孙因为强抢别人的妻子而被处以弃市之刑，封国被朝廷没收，另一个曾孙想走皇后卫子夫家族的门路恢复爵位，到底也没有成功。

让人物预言自家的悲惨结局，是司马迁非常喜欢的表现手法。司马迁又议论说：

> 及吕后时，事多故矣，然平竟自脱，定宗庙，以荣名终，称贤相，岂不善始善终哉！非知谋孰能当此者乎？

吕后当政的时候，变故那么多，但陈平到底保全了自己，后来安定汉室，保持荣名一直到死，被誉为贤相，这难道不是善始善终吗？不是有才智和谋略，谁能做到这一步呢？

这话有没有内涵，也是各人体会了。

　　诸吕为从，谋弱京师，而勃反经合于权；吴楚之兵，
亚夫驻于昌邑，以厄齐赵，而出委以梁。作《绛侯世家》第
二十七。

诸吕勾结，谋划削弱皇室，周勃的行为，背离了"经"而合于"权"——经权理论，是儒家一组很重要的命题：伦理纲常，是经，随机应变，是权；岁月静好，要坚持经，非常关头，要懂得权。政变当然违背了经，但铲除诸吕是好的，所以允许权。

吴楚七国起兵叛乱，周亚夫驻军于昌邑，以扼制齐赵之军，放弃了求救的梁王——周亚夫是周勃之子，文景时的名将，平定七国之乱的头号功臣。

作《绛侯世家》第二十七——周勃封地在绛（今山西侯马东北），所以这篇叫"绛侯世家"。

汉初功臣的家族，读到《绛侯世家》，才有了点世家的感觉。前面几篇，完全就是个人传记，就算儿孙世袭爵位，也无功业可言。周勃的儿子周亚夫，却是出色人物。

周勃在汉初功臣中排名第四，司马迁写周勃的军功，和写曹参是一样的写法，扎扎实实的功绩档案拿出来，不需要任何修辞手法。

功劳摆完，周勃木强敦厚、不好文学的性格，在司马迁笔下

有生动的展示。更有意味的是，周勃拥立汉文帝之后，二人如何相处——这样的君臣关系，在中国古代史上从来都是烈火烹油鲜花着锦之下潜流激荡、刀光剑影般的存在。周勃一度被汉文帝丢进监狱，放出来后一句"吾尝将百万军，然安知狱吏之贵乎"的感叹，更是戳中了后世无数功臣名将的痛点。

周亚夫的结局，比父亲更加悲惨。细柳营，真将军，霸上、棘门军若儿戏，已经成为古典文学里烂熟的典故了。《自序》里论周亚夫，只提平定吴楚七国之乱，自然因为这是定国安邦的大功。但是汉景帝一句"此怏怏者非少主臣"的评语，注定了周亚夫的结局。周亚夫的儿子购买武器，被举报谋反，周亚夫自辩说，那是陪葬的明器。办案官吏提出了一个让人绝对无法自证清白的定论："君侯纵不反地上，即欲反地下耳。"后人读史至此，忍不住感叹，这和岳飞"莫须有"的罪名，又有什么区别呢？

周勃还能发出"安知狱吏之贵"的怨言，周亚夫只能无话可说。周勃最终获释，周亚夫只能五日不食，最终呕血而死。这父子俩命运的区别，自然又是汉文帝、汉景帝那一对父子性情差异的体现了。

前面写陈平，司马迁的评论很正面，但叙事时时含着讥刺。这篇写周亚夫，议论处怪他"足己而不学，守节不逊，终以穷困"，叙事却处处显出刚直不阿、大节不可夺的名将气度来。这是史迁的正言若反。

七国叛逆，蕃屏京师，唯梁为扞；偩爱矜功，几获于祸。嘉其能距吴楚，作《梁孝王世家》第二十八。

　　吴楚七国叛逆，朝廷的宗藩里，只有梁国抵御叛军——汉景帝的同母弟刘武，被封为梁王。七国之乱时，梁国挡住了叛军的正面强攻，而且"梁所破杀虏略与汉中分"，梁王杀伤擒获的叛军，数量与周亚夫的汉军主力相当。

　　但他自恃宠爱，夸耀功绩，几乎遭到杀身之祸——"偩爱"指梁王自恃特别得窦太后的宠爱；矜功就是指夸耀平定叛乱的功绩。刘武因此期待能够继承皇帝之位，被袁盎等大臣阻挠后，又派人刺杀了袁盎。汉景帝知道后，派人严查此事。

　　赞赏刘武能抵抗吴楚叛军，作《梁孝王世家》第二十八。

　　除景帝外，汉文帝的儿子们，只有梁孝王刘武比较重要。这篇的内容，也无非是古代帝王之家的常见剧情：老太后喜欢小儿子，希望大儿子去世后，能传位给弟弟，而终究不能如愿。比较有意思的是，不论是窦太后还是汉景帝、梁孝王，都不是很高级纯粹的政治动物。汉景帝兴致一来，真就会说可以传位给梁王；七国之乱的时候，梁王刘武也就真的浴血奋战，捍卫了哥哥的江山。这些事当然也可以用权谋来解释，但好像还是感情用事的成分更多一些。

　　正因如此，本篇就显得比更高明巧妙的政治斗争多了一些"人味儿"，然而"人味儿"于政治不是什么幸事，很多问题不能像礼制更成熟的时代那样扼杀在萌芽中，而是冲突不断升级，既激成了刺杀和灭口的血污，又促成了各种毫无必要的闹剧。

　　《梁孝王世家》的"太史公曰"，对梁王刘武的一生作了一个字总结，"僭"。不过于汉代的游士来说，梁王的存在倒意味着多了一个人生选择，在大汉朝廷里郁郁不得志，就到梁王这里来碰碰机会，枚乘、邹阳、庄忌、司马相如这些著名的文学之士，荟萃于梁王身边，留下了文学史上不少有名的掌故。

做梁国的小民，可能也比做大汉子民幸福感要强一些。梁孝王拥有巨大的财富，固然很多是太后和皇帝赏赐的，但关键还是"会汉家隆盛，百姓殷富，故能植其财货"，一个"植"（增长）字，说明还是梁国自己的经济发展得好。对普通汉朝人来说，最沉重的负担是外徭和戍边，做诸侯国民，则免除了这两项义务。这就意味着更多的财富留在了梁国本地，当然容易经济繁荣。反过来说，汉朝皇帝一定要打击诸侯王，除了担忧其谋反作乱外，另一个重要原因也是要争夺这份人力、物力资源。

> 五宗既王，亲属洽和，诸侯大小为藩，爰得其宜。僭拟之事稍衰贬矣。作《五宗世家》第二十九。

五宗封王以后，天子亲属融洽和睦——汉景帝的五位后妃，共生了十三个儿子，从母系论，是谓"五宗"。

诸侯不论大小，皆为藩屏，于是各得其宜——实际上是说这些诸侯王都不可能觊觎皇帝之位了。

"僭拟之事"从此逐渐减少——僭是僭越，拟是相当，僭拟就是僭越采用与天子相当的事物。

作《五宗世家》第二十九。

这一篇介绍武帝之外的汉景帝的儿子，具体如下表：

景帝诸子表				
生母	姓名	受封时间	国名	备注
栗姬	刘荣	前元七年（前150）	临江	前元四年（前153）立为太子
	刘德	前元二年（前155）	河间	
	刘阏于	前元二年（前155）	临江	
程姬	刘余	前元二年（前155）	淮阳	次年徙为鲁王
	刘非	前元二年（前155）	汝南	次年徙为江都王
	刘端	前元三年（前154）	胶西	次年徙为赵王
唐姬	刘发	前元二年（前155）	长沙	
贾夫人	刘彭祖	前元二年（前155）	广川	前元四年（前153）徙为赵王
	刘胜	前元三年（前154）	中山	
王夫人	刘越	中元二年（前148）	广川	
	刘寄	中元二年（前148）	胶东	
	刘乘	中元三年（前147）	清河	
	刘舜	中元五年（前145）	常山	

　　同母算是同宗，这个逻辑后人看来颇觉奇怪，绝大多数人乍一见"五宗世家"的题目，可能根本不知所谓。不过汉代确实有重视外家的风气，汉景帝的姐姐馆陶公主因为是窦太后所生，称为窦太主；汉武帝的太子刘据因为是皇后卫子夫所生，称为卫太子；刘据的儿子汉宣帝的父亲刘进，因为是史良娣所生，称为史皇孙……都是显著的例子。

　　这十三位诸侯王，和汉武帝之间的关系颇为尴尬，汉武帝对这些兄弟们既要压抑打击，又要对外彰显兄弟怡怡的亲亲之道。司马迁当代人写当代史，忌讳也多。不但《自序》里这句评论说得冠冕堂皇，《五宗世家》的叙事，也不免隐晦曲折。如河间献王刘德、中山靖王刘胜，班固《汉书》里都详写了他们在汉武帝威压之下委屈巴拉的可怜样，《史记》里就都阙如了。

当然，《汉书》里的细节，有些大概不如《史记》准确，如中山靖王刘胜，《史记》说他"有子枝属百二十余人"，似乎是连孙子也统计在内，这个数字也不算特别惊人。《汉书》则说他"有子百二十余人"，这就更适合成为谈资了。

这些诸侯王的心性，很多都很扭曲，《史记》《汉书》记录他们的种种丑行，往往既骇人听闻，又莫名其妙，简直就是一份变态行为的汇编。要说他们一个个都在自污以求自保，恐怕也不见得。到了武帝后期，诸侯王已经不可能对朝廷形成什么威胁，大家都像一块块木头，被儒家经典中的教条雕刻成型。不拥有政治权力，活动自由甚至可能比普通人更少，却可以享受巨额财富，这种生活实在太过扭曲，人要不往变态的方向上走，也是很难了。

三子之王，文辞可观。作《三王世家》第三十。

当今皇上三位皇子被封为王，策文的文辞很值得一看。作《三王世家》第三十。

三王，他们指齐王刘闳、燕王刘旦、广陵王刘胥。汉武帝总共有六个儿子，另外三个是太子刘据、昌邑王刘髆，还有后来的汉昭帝刘弗陵。

比较有趣的点在于，没有写入本传的三人，都曾经是皇位的有力竞争者。也就是说，本篇是局外人的收容所。

《三王世家》也是《史记》失传篇目之一。不过从《自序》

里这句话看，这篇本来也没写什么，就是抄抄相关文件。

今本《史记》里仍可以读到这些文件，一般认为，是褚少孙"从长老好故事者取其封策书，编列其事而传之"，重新补足的。此外，这位好打听的褚先生，还补充了一些他搜罗的宫廷秘闻。

这些秘闻和诏奏放在一起，产生了一种有趣的效果。汉武帝宠爱的王夫人要死了，汉武帝许诺她，封她的儿子做齐王，为了一视同仁，别的儿子当然也要封王。

这本是宫闱之内已经定好了的事，然而我们在公开的文件里看到：霍去病"昧死再拜上疏皇帝陛下"，说陛下您这些年实在太委屈自己了，这事本来轮不到我说，但是封皇子们为王的事，不能再拖了。汉武帝接到上疏后，没有表态，而是转交给御史。于是丞相以下到中二千石、二千石的官员集体讨论，讨论的结果是集体检讨，这么重要的问题，我们竟然没有想到，于是建议汉武帝封三个儿子为王。

建议被汉武帝驳回，汉武帝表示自己德行不够，封儿子为王对不起奋斗的功臣们，只同意封侯。

群臣再次上疏，表示您的儿子要是只封侯爵，意味着"尊卑相逾，列位失序，不可以垂统于万世"，天下简直要乱套了，总之，必须封王。

如此反复几轮，汉武帝才终于勉强答应了群臣的请求。

最后三篇策文，是模拟《尚书》写的，措辞古奥典雅，说理庄严正大，确实非大手笔不能作。

这么通读下来，才能理解司马迁为什么说"三子之王，文辞可观"。不知道什么是不能写的，写不好官样文章；只知道什么是不能写的，也写不好官样文章。

世家部分的最后三篇，《梁孝王世家》讲汉文帝的儿子，下面的《五宗世家》讲汉景帝的儿子，《三王世家》讲汉武帝的儿子，性质有相似之处，但题目完全不类。到《汉书》里，相应内容的题目就变成了"文三王传""景十三王传""武五子传"（因为卫太子没有封王），这是《汉书》的体例整饬，远超《史记》，不过还是那句话，混乱不规范一些，可能更接近真实的时代风貌。

七十列传

末世争利，维彼奔义；让国饿死，天下称之。作《伯夷列传》第一。

末世争的是利益，而伯夷、叔齐兄弟却奔赴仁义——《论语》里评价伯夷、叔齐"求仁而得仁，又何怨？"

"让国饿死"，天下称赞他们的美德——让国和饿死是两件事，让国指伯夷、叔齐互相推让，都不愿意继承君位；饿死指兄弟俩认为武王伐纣是以暴易暴，从此不食周粟，饿死于首阳山。

作《伯夷列传》，这是列传第一篇。

很多学者认为，本篇是列传部分的绪论，所谓"此七十列传之凡例也"（何焯《义门读书记》）。

在这篇里，司马迁强调了给人物立传的意义。司马迁问道：许由、务光也很高尚，却很少有关于他们的记载，这是为什么呢？回应是：他们没有被孔子称道过，所以很多事迹也就湮灭了。本篇最后一句：

> 悲夫！闾巷之人，欲砥行立名者，非附青云之士，恶能施于后世哉？

这里"青云之士"，指的是高尚超绝之人。孔子之前的人，靠孔子扬名于后世；孔子之后的人呢？司马迁觉得自己就当仁不让了，就凭自己这支笔，让他们名垂千古。

司马迁还说到自己给人物立传的原则，"夫学者载籍极博，犹考信于六艺"，书要多看，但六经才是最值得信任的。可是实际上，这篇里传递出来的情绪，主要却不是信任，而是疑虑。孔子说伯夷、叔齐没有怨，可是从他们留下的言辞看，又不能说不是怨言，他们到底怨不怨呢？还有，世上有那么多黑白颠倒，"余甚惑焉，傥所谓天道，是邪非邪？"

就是说，这么一篇给列传部分发凡起例的文字，司马迁写成了自己的人生感慨。另外本篇还有个极不规范处：《史记》大多数篇章，都是先叙事，最后"太史公曰"，这篇却上来就是议论，中间寥寥几笔对伯夷、叔齐事迹的简单交代，然后还是议论，议论又不给结论，而是表达困惑。

所以古代就有不少人觉得司马迁这篇是在乱写，但推崇的人自然推崇得不得了，赞叹这才是散文的最高境界。

> 晏子俭矣，夷吾则奢；齐桓以霸，景公以治。作《管晏

列传》第二。

晏子节俭，管仲则奢侈——这句是说，要做贤臣，私德上其实没有统一标准。若以年代先后论，自然是应该管仲在前，晏婴在后。

齐桓公因得管仲辅佐而称霸，齐景公因得晏子辅佐而国治。作《管晏列传》第二。

这篇写得很简略，不是完整的人物传记。司马迁自己说了，关于这两个人的书，世上已经很多了，这篇只是"论其轶事"，编列一些逸闻罢了。

管仲的事迹，《左传》里也很少，但战国时传闻很多。晏婴则在《左传》中就已经高度传奇化，后世的传闻，自然就更多了。面对巨大的素材库，司马迁说段子的热情也不高。

这种写法，自然有批评有赞美。举代表性的两例：

梁启超说："替两位大政治家作传，用这种走偏锋的观察法，无论如何我总说是不该。"

钱穆说："司马迁此一篇《管晏列传》，近似文学小品，实涵哲学大义，为中国第一历史家，又岂止于记载往事而已。"

看似对立的评价倒也无所谓对错，只是关注的角度不同。重史学，则本篇信息量太小；重史才与史识，则值得品味的地方尽多。

李耳无为自化，清净自正；韩非揣事情，循势理。作《老子韩非列传》第三。

李耳主张"无为自化，清净自正"——这八个字不可译，解释内涵，则有说不完的话。

韩非揣度事物的实际情况，遵循趋势中的一般规律。作《老子韩非列传》第三。

这篇也叫"老庄申韩列传"，因为还讲到了庄子和申不害。

这几个人合为一传，因为在司马迁看来：

> （庄子）其学无所不窥，然其要本归于老子之言。
> 申子之学本于黄老而主刑名。
> （韩非子）喜刑名法术之学，而其归本于黄老。

庄子的思想风格，看起来和申不害、韩非不相干，但溯本追源，"皆原于道德之意，而老子深远矣"，都追到老子这里。

或者反过来说，老子思想里，有虚静玄远的一面，为庄子所继承和超越；也有很多所谓"君人南面之术"，为申不害、韩非继承和发挥。

> 自古王者而有司马法，穰苴能申明之。作《司马穰苴列传》第四。

上古时代的王者就有了《司马法》——"自古王者"，是指五帝三王之类，这句强调《司马法》源头极早。

穰苴能够对其阐述发挥——注意，司马穰苴并不是《司马法》的作者，只是"申明"罢了。

作《司马穰苴列传》第四。

司马是管军事的官，《司马法》是古代传下来的军法，而军法自然是世代累积又不断调整的，所以到司马迁的时代，《司马法》里有几分是上古传下来的，几分是近代新创制的，已经说不清了。

司马迁根据他所掌握的信息判断，战国齐威王时代的人，对古代《司马法》进行了整理，把春秋齐景公时候的司马穰苴的著作，也编列了进去。在司马迁看来，"若夫穰苴，区区为小国行师，何暇及司马兵法之揖让乎？"《司马法》讲的是古代有道德的战争，把穰苴摆进去，很有苍蝇附骥的意思。

但有个问题，本篇中记述司马穰苴的事迹，和《左传》里齐景公时代的政局，完全对不上，倒像是战国齐湣王时候的事。齐湣王是齐威王的孙子，所以整理《司马法》也不可能是齐威王时候的人干的，但司马迁读到的《司马法》，其中有关于穰苴的内容，却是肯定的，也就是这个版本的《司马法》，应该是战国末期的齐国人编的。

齐湣王死后，齐国人享受了大约半个世纪的和平，直到被秦始皇灭掉。既不打仗，也忘了怎么打仗，但热衷谈论军事，倒也是人类历史上很常见的事。

非信廉仁勇不能传兵论剑，与道同符，内可以治身，外可以应变，君子比德焉。作《孙子吴起列传》第五。

没有信、廉、仁、勇的人，不能传授兵法、论说剑术。兵法剑术与"道"相符，内可以修身，外可以应变，君子用兵之中，可以看出为将者的"德"。作《孙子吴起列传》第五。

孙子既指孙武，也指孙膑，所以本篇是孙武、孙膑、吴起三个人的传记。

《自序》里这段评论很有意思，只宏观谈论武德，不涉及传主生平。

孙武训练宫女为劲旅的故事，寓言意味很浓。至于孙武的其他事迹，参照《左传》的记载，则很有可疑之处。所以曾经有学者怀疑，孙武其人并不存在，所谓《孙子兵法》也是孙膑的作品。考古发现证明了《孙子兵法》和《孙膑兵法》是两部书，但是并不能证明《史记》中的孙武事迹可信。承认我们对这部伟大的军事著作的作者并不知道什么，也许更稳妥。

孙膑为同门陷害，最终以残废之身报此大仇；吴起游走于各国，虽死而绝不接受碌碌无为的自己，则都是惊心动魄的传奇。战国前期史料奇缺，这些故事的真实性已经不重要了，这一篇是留给后世活得不甘心的人们的礼物。

　　维建遇谗，爰及子奢，尚既匡父，伍员奔吴。作《伍子胥列传》第六。

楚平王的太子建遇谗毁，祸及太子太傅伍奢，伍奢的大儿子伍尚救父而死，小儿子伍员逃奔吴国。作《伍子胥列传》第六。

伍子胥的事迹，最早见于《左传》。但《左传》的记述，头绪纷繁，伍子胥本人的表现，却相对平淡。尤其值得注意的是两点：第一，伍子胥离开楚国后，直接到了吴国，没有复杂的流亡历程；第二，吴国军队攻陷楚国的郢都，那场大战中伍子胥表现如何，《左传》中没有任何记载。

战国中后期到西汉初年，产生了关于伍子胥的各种传说。《伍子胥列传》则是以《左传》提供的时间线为主轴，对这些散乱的传说融会贯通，加上司马迁的个人创造（如"掘墓鞭尸"的情节不见于《史记》之前的文献），成了一篇极为雄奇惨烈的复仇传奇。

> 孔氏述文，弟子兴业，咸为师傅，崇仁厉义。作《仲尼弟子列传》第七。

孔子"述文"——"述"是述而不作，也就是不搞创新，重在传承；"文"可以理解为古代文献，也可以理解为文王之道。

弟子发展老师的事业，都可以为人师表——孔门弟子固然有很成功的老师，但各行各业的都有，所谓"咸为师傅"，不能理解为都从事了教师行业。

他们尊崇"仁"，且用"义"来磨砺自己。作《仲尼弟子列传》第七。

司马迁曾拜访过孔子故居，也曾向孔子的后人孔安国问学，他见过孔门的"弟子籍"，也就是学籍册。这是他作本篇的基本依据。

本篇总共写到孔门弟子七十七人，因为古人喜欢七十二这个数字，所以喜欢说"七十二贤人"，或者干脆省称为"七十子之徒"。

总体而言，本篇的信息可信度是比较高的。不过写到子贡部分，司马迁还是没忍住发挥了一把，写了一个纵横家气味扑鼻的"子贡一出，存鲁，乱齐，破吴，强晋而霸越"的故事。

> 鞅去卫适秦，能明其术，强霸孝公，后世遵其法。作
> 《商君列传》第八。

商鞅离开卫国到秦国去——具体说，商鞅是卫国诸侯的后代，他离开弱小的卫国，先到了战国前期的第一强国魏国，后来看没有发展机会，才又去了秦国。

商鞅能阐明实施他的治国之术，使秦孝公强盛称霸——严格说来，"强霸"是两件事，强是指国力增强，霸是指天子承认秦孝公是诸侯领袖。

后世遵循其法度——指商鞅被杀，但是其法未废。

作《商君列传》第八。

《商君列传》里的一些故事，因为太贴合经典故事模板了，是否可信也是存疑的。

如公叔痤建议梁惠王用商鞅，见对方不听，又建议杀掉商鞅，这个情节就和春秋时叔詹为如何对待公子重耳的问题，劝郑文公的话如出一辙。

商鞅三次见秦孝公，第一次谈帝道，第二次谈王道，第三次谈霸道，才终于引起了对方兴趣。让读者不免怀疑，一个求职的新人，这么不珍惜面试机会的吗？但是众所周知，第三次才是关键，这是全世界民间故事的基本套路。

商鞅最后以"强国之术"打动秦孝公，但叹息预言说，我们大王这么急功近利，"亦难以比德于殷周矣"，预言了秦朝的短命。前面说过，让坏人预言自己的悲惨结局，是司马迁很爱的表现手法。

为了决定要不要变法，商鞅和秦国权贵的辩论，是拿《战国

《策》里赵武灵王和赵国贵族关于要不要胡服骑射的辩论修改的。

商鞅作法自毙的结局，命运感如此之强，也难以断定是故事还是事实。

但这篇实在写得好，好在塑造出了商鞅这样一个"其天资刻薄人"的形象，既把商鞅变法后的血淋淋阴惨惨的景象写出来了，也把强国崛起所向无敌的霸气写出来了。所以立场完全相反的人，都可以从这篇里看见自己想看见的东西。

近代学者李景星说："《商君传》是法家样子，是衰世圣经。"世道跳不出成住坏空的轮回，衰世不可避免，也就总会有人捧起这本圣经。

> 天下患衡秦毋厌，而苏子能存诸侯，约从以抑贪强。作《苏秦列传》第九。

如果和秦国连横，天下各国都担忧秦国终究贪得无厌，苏秦能保存诸侯利益，订立合纵盟约来抑制贪婪强横的秦国。作《苏秦列传》第九。

关于本篇可以说三点：

第一，从历史角度看，《苏秦列传》里的故事基本不可信。

司马迁面对的史料当中，苏秦活跃于历史舞台的时间长达一百多年，显然这是绝不可能的。司马迁已经意识到了问题，但是在择取史料的时候，他显然被苏秦、张仪师出同门，苏秦曾经提携张仪的故事吸引住了。双男主剧情，两个人既政治敌对又恩怨纠缠，这个戏剧冲突，实在太让人难以割舍了。

所以司马迁选择把苏秦设定为比张仪年长，也就是秦惠文王时候的人。但这样一来，就导致了所谓的苏秦事迹，和秦惠文王时的战国局势大半对应不上的问题。需要提醒一句，并不是出土文献《战国纵横家书》让学者们突然意识到《苏秦列传》不可信，而是学者们早就发现这篇问题太大，出土文献又增添了证明其伪的新证据而已。

第二，作为文学作品，本篇是杰作。

文字漂亮犹在其次，关键是本篇确实写出了战国游士们的生存处境和精神状态，虽然作为苏秦的个人传记不真实，却反映了一种普遍的真实。

游士们选择了不走寻常路，赌博式地追求成功，而他们的生存环境是完全势利的，一旦失败，就会遭遇无穷的冷遇和白眼，没有超强的意志力和自信心，根本无法坚持下来。同时也正是因为这种残酷的处境，人的创造力会被最大限度地激发出来。

游士们实际上是没有政治立场的，我们现在说苏秦是合纵的代表，但苏秦早期是去游说秦王的，秦王但凡对他重视一点，他也就主张连横了。这就类似今天的辩论赛，辩手是正方还是反方，其实根本不反映他的观点，他坚持某个观点，只是因为他抽到了或正或反的论点而已。

但游士们也不是没有道德底线。苏秦心里没有家国大义，却非常重视一种朴素的人和人之间的恩怨联结。从这个角度看，苏秦的道德底线甚至相当高：有恩一定要报恩，有怨甚至都不必报仇，只是要羞辱一下对方，出一出胸中的恶气。

实际上，这也是司马迁特别有共鸣的价值观。

第三，本篇的传记里，包含着很重要的战国后期的各国国情概论。

苏秦主张合纵，也就是要各国鼓起勇气，联合起来和秦国对抗。如何给国君鼓气呢？就是对他大谈一番贵国的优势：如此优越的一个国家，怎么能委曲求全侍奉秦国呢？

苏秦只谈优势不谈缺陷，但说到的优点，却并不捏造。所以今天的历史研究者早就不相信《史记》里的苏秦故事了，但是仍然会引用他的言论。

本篇还附有苏秦的弟弟苏代、苏厉的传记，其实《史记》安排在这两个人身上的事迹，有些倒是历史上的苏秦做的。

六国既从亲，而张仪能明其说，复散解诸侯。作《张仪列传》第十。

六国已经合纵，相互亲近，而张仪能阐明连横的好处，又使诸侯同盟再次离散瓦解。作《张仪列传》第十。

关于本篇也可以说三点：

第一，从历史角度看，《张仪列传》大半不可信。

关于张仪活动的年代，本篇记载大体可以算是对的，这是胜过《苏秦列传》的地方。但是苏秦提携张仪的故事自然是不存在的，张仪在列国间活动，把许多国君戏耍得团团转的故事，相比史实也大为夸张。

第二，作为文学作品，本篇很不错。

从展示战国游士风貌的角度说，《张仪列传》和《苏秦列传》有类似的优点。不过《张仪列传》生动的细节不如《苏秦列传》多。

第三，本篇包含着很重要的战国后期的各国国情概论。

张仪主张连横，也就是要各国追随秦国，如何说服某位国君追随秦国呢？就是打击他的信心，把他的国家的种种弊病，详细罗列一番。国家衰败如此，秦国大军一到，岂不是摧枯拉朽吗？

张仪说列国的短板，也基本有据。所以《苏秦列传》《张仪列传》必须合在一起看，苏秦说的优势，张仪说的劣势，把两个人的言论放在一起，战国后期天下列国的利弊，也就大概有数了。

本篇还附有陈轸、公孙衍的传记。其实这两个人倒是与张仪同时而主张合纵的人物，是张仪的强劲对手。

秦所以东攘雄诸侯，樗里、甘茂之策。作《樗里甘茂列传》第十一。

秦国之所以能够向东侵伐，称雄诸侯，是樗里疾、甘茂的策谋。作《樗里甘茂列传》第十一。

张仪之后，秦任樗里疾和甘茂为左右丞相。

樗里疾是秦惠文王的异母弟，是大贵族。甘茂则是楚国下蔡（今安徽凤台）人，不远千里而来秦国，是典型的游士。商鞅变法之后，秦国贵族的权力其实一直不小。秦的人才使用，是双轨制，权贵有地位，游士给机会。

本篇实际上重点写了四个人：樗里子、甘茂、向寿、甘罗，故事则多从《战国策》取材。《战国策》并非严谨的史书，最大的兴趣是宣扬投机取巧的神奇功效，所以这些内容，自然也就真假难辨了。

苞河山，围大梁，使诸侯敛手而事秦者，魏冉之功。作
《穰侯列传》第十二。

席卷河山，围困大梁——这里"苞河山"有具体所指，是今
陕西、山西、河南三省交界处，这里是黄河拐角处，山峦众多。
占有这一带后，再向东推进，则一马平川。

使诸侯拱手而服事秦国，是魏冉的功劳——魏冉主政期间，
连续猛攻楚、魏等国，屡屡大胜。连原来和秦国地位相等的齐
国，也几乎亡国。

作《穰侯列传》第十二。

魏冉获封为穰侯，所以本篇叫《穰侯列传》。

《穰侯列传》不算《史记》名篇，不过和前面几篇比，它大
概算可靠性较高的一篇。没什么太浮夸的故事，时间信息也比较
明晰准确。

魏冉是秦昭襄王的舅舅。秦武王猝死而无子，于是兄弟争
位，昭襄王在若干兄弟中本来并不占优势，大半靠魏冉之力，才
爆冷夺得了君位。此后魏冉在秦国当政三十六年，是权臣也是能
臣，他发掘出白起这样的盖世名将，主导秦国的对外扩张极为成
功。当然，魏冉私欲也大得很，想方设法把天下最繁华的都市定
陶变成自己的封地，就是显著的例子。

当然，权臣和国君的矛盾，照例会爆发。后来范雎向秦昭襄
王说魏冉的不是（参看列传第十九），成为导火索，最终导致魏
冉被放逐。

太史公曰：穰侯，昭王亲舅也。而秦所以东益地，弱

诸侯，尝称帝于天下，天下皆西乡稽首者，穰侯之功也。及
其贵极富溢，一夫开说，身折势夺而以忧死，况于羁旅之
臣乎？

穰侯是秦昭王的亲舅舅。秦国之所以能够向东扩张领土，
削弱诸侯，曾经称帝于天下，各国诸侯都向西俯首称臣，这当是
穰侯的功劳。等到显贵至极豪富无比之时，一人对君主说他的坏
话，他便蒙受屈辱，失去权势，忧愁而死，何况那些寄居异国的
臣子呢？

从这些话看，司马迁很为魏冉鸣不平。司马迁的七世祖司马
错、六世祖司马靳，都曾在魏冉主政时期担任秦国将军，被委以重
任。司马家对魏冉是否有感戴之心，不得而知。不过司马迁写到陷
害魏冉的范雎，也很有代入感。写谁就特别与谁共情，是司马迁的
长项，也是后世史书很难有《史记》这样的魔力的重要原因。

南拔鄢郢，北摧长平，遂围邯郸，武安为率；破荆灭
赵，王翦之计。作《白起王翦列传》第十三。

秦军南面攻占楚国的鄢郢，北面摧毁长平的赵军，能够进
而围困赵都邯郸，靠的是此前武安君担任主将——白起因为拒绝
指挥邯郸之战，最后被迫自杀，所以"遂围邯郸，武安为率"一
句，不能翻译成围困邯郸，白起是主帅。

破楚灭赵，是王翦的计谋。作《白起王翦列传》第十三。

本篇是秦国两大名将白起、王翦的合传。

同是名将，两个人放在一起，对比却极为鲜明。

写白起，笔法干枯苍劲，长平之战外的内容，仿佛就是在抄档案，长平之战也仿佛只是在抄战报。无须任何渲染，总计超过百万的斩首数，自然触目惊心。但这样一位战神兼屠伯，政治上却因骄傲和执拗而显得幼稚：知道是必败之战，说不打就是不打，竟不顾及这会让雄猜的君王下不来台。

王翦则是打仗立于不败之地，同时政治上也百炼钢成绕指柔。灭楚之战，王翦拿到秦的倾国之兵的指挥权后，就不断向秦王索要田宅园池，用贪小的方式向秦王自证没有野心，这个桥段也历来为人所津津乐道。

司马迁大约是服膺孟子"善战者服上刑"的思想的。他对白起不无同情，写到白起之死时，让白起先感叹"我何罪于天而至此哉"，然后自己反省，长平之战，自己坑杀赵军降卒数十万人，自己确实是该死的。

王翦是善终的，司马迁却相信悲剧应在他的孙子王离身上。著名的巨鹿之战，王离迎战项羽之前，司马迁写道，有人发表了这样的观点：

> 夫为将三世者必败。必败者何也？必其所杀伐多矣，其后受其不祥。今王离已三世将矣。

话虽如此，王翦传里没有记录斩首数，王翦给人的印象，自然不那么恐怖。但有趣的是，王翦的魅力，也远不及白起大。大约作为艺术形象，业务强悍而不懂政治的角色，很容易比业务也强而更懂政治的角色吸引人，尤其是在前者结局更悲剧的时候。慕强这事，真是写进裸猿天性的，道德伦理很容易在某个瞬间失效。比如苏辙这么端正的人，读白起事迹也能为之流涕，简直是被夺舍了的感觉。

> 猎儒墨之遗文，明礼义之统纪，绝惠王利端，列往世兴衰。作《孟子荀卿列传》第十四。

广泛涉猎儒者、墨者的留下的文献，阐明礼义的核心原则——这句省略了主语，有学者认为是在说荀子，因为荀子读书多，而且特别强调礼。孟子却不太爱谈礼，孟子引《诗经》《尚书》，来来去去就那么几段，也使人疑心他涉猎并不太广。

根绝梁惠王逐利的念头，陈述往世的兴衰——这句也没主语，不过可以肯定是在说孟子。《孟子》第一章是孟子见梁惠王，大谈"王何必曰利，亦有仁义而已矣"；《孟子》全书最后一章则大谈尧舜到商汤如何如何，商汤到周文王如何如何，周文王到孔子又如何如何，云云。一头一尾，和这两句刚好对应。

作《孟子荀卿列传》第十四。

本篇说是写孟子、荀卿，实际上写了很多"子"，可以说是一篇战国学术志。只不过以孟子和荀子为主，而孟子尤其重要。

本篇以"太史公曰"开篇，特别强调孟子对自己的触动，从前文司马迁生平部分的内容，也可以看出孟子对司马迁影响之大。所以有人说：

> 《孟荀传》错叙十数子，叙孟、荀偏少，诸子偏多。叙诸子邪邪正正，离离合合，每回顾孟子传。首"读《孟子》书"数笔，闲闲散散，空领一篇。谓诸子之阴以利于当世而

遇，孟子独不遇，故盛称诸子，却是反形孟子。……盖宾主
参互变化出没之妙，至此篇极矣。(徐与乔《经史辨体》)

不过细究起来，这篇里细节不准确或使人心生疑窦的地方
实在很多。如说孟子"游事齐宣王，宣王不能用。适梁，梁惠王
不果所言……"就弄错了先后次序，实际上是梁惠王死了，孟子
才离开魏国去见的齐宣王。再如根据本篇中关于荀子的几个时
间信息，可以推算出荀子起码活了九十多岁。又如本篇写到了墨
子，可是写这样一位曾经影响力堪与孔子相比的大师，却只写了
二十四个字。

总之，今人要了解先秦诸子，离不开这篇，可是常常又有点
信不过这篇。

　　好客喜士，士归于薛，为齐扞楚魏。作《孟尝君列传》
第十五。

孟尝君喜好罗致士人做门客，士人投奔薛地而来——薛（今
山东滕县南）是孟尝君的封地，所以孟尝君也被称为薛公。

为齐抵御楚、魏——这句概括，和《孟尝君列传》正文的叙
事刚好相反。

作《孟尝君列传》第十五。

孟尝君田文是齐国贵族，战国四公子之一。据本传，可以知
道他的生平大致如下：

孟尝君以贱妾之子的身份，靠出众的才能超越自己的兄弟，
在父亲去世后继位为薛公，后来又受礼聘成为秦的相国。但正是

这次秦国之行，却使他和秦国结仇，最后惊险逃归。

回到齐国后，孟尝君担任齐相，于是联合韩国与魏国，先伐楚，复伐秦。

后来孟尝君又遭齐湣王猜忌，被排挤回自己的封地薛邑，不久后他又受聘为魏国的相国。恰在此时，列国间渐渐形成了一个反齐同盟，孟尝君积极参与其间，最后与秦、赵、燕等国共同伐齐。齐湣王身死，齐国几乎亡国。

从此薛地独立建国，但孟尝君死后，诸子争位，薛为齐、魏所灭。

这份孟尝君生平大致可信，但是，本篇中出现的时间信息，几乎全错。而且，一般读者读本篇，也不大会关注孟尝君履历，反而会被各种小故事吸引住。

如孟尝君从秦国脱困，靠的是鸡鸣狗盗之徒——虽然这个故事引发后世文人很多"孟尝君能否得士"的争论，但这事真实与否，自然是无从考究的。

如孟尝君离开秦国后到了赵国，受到赵国的平原君款待，但引发围观后被嘲笑个子太矮，孟尝君一怒之下屠杀了几百人离开——据《秦本纪》可知，孟尝君离开秦国是公元前298年，当时平原君只有几岁，即使屠杀属实，这件事里也不该出现平原君。

如入选中学语文教材的"冯谖客孟尝君"故事——语文教材用的是《战国策》版本，《孟尝君列传》也写到这个故事，却是附在孟尝君生平最后的，看来对这个故事的真实性，司马迁也心存疑虑，觉得无法和其他记载融合在一起。

总之，本篇提供了许多脍炙人口的成语故事，至于其中包含的真实历史信息，反而长期是不大被关注的。

从出身论，孟尝君比战国四公子里的另外三位都要低微——如果不是战国礼崩乐坏，按照春秋时代的旧规矩，他甚至没有资格叫公子。不过从活跃的时间看，孟尝君比另外三位公子要早一代人，而且以贵族身份大规模养士，这个模式是他开创的，所以把他列为四公子之首。

争冯亭以权，如楚以救邯郸之围，使其君复称于诸侯。作《平原君虞卿列传》第十六。

平原君出于权宜之计，争得冯亭所献的上党之地——秦国攻打韩国的上党，上党守将不愿意投降秦国，选择降赵。当时赵国颇有反对的意见，而平原君力主接收上党，于是引发长平之战。

又到楚国去求救兵，以解邯郸之围——长平坑杀赵军四十万后，秦军稍事休整，于次年围攻赵国都城邯郸。平原君亲自赴楚国求救，最后靠毛遂的作用，搬来了救兵。

使其国君得以再次被诸侯称道。作《平原君虞卿列传》第十六。

本篇是赵国的平原君赵胜和曾经任赵国相国的虞卿的合传。

平原君是赵武灵王之子，赵惠文王的同母弟，赵孝成王的叔父，所以很自然就在赵国居于特权地位，而且他的利益必然和赵国深度绑定。不像孟尝君那样，时常在列国间投机，勾结外国军队杀进父母之邦，也没什么心理障碍。

《平原君列传》的写法，也是轶事居多，尤其突出门下宾客的作用，平原君本人反倒不见如何出色，这是司马迁能够找到的素材决定的。本篇里有些故事（如毛遂自荐），不见于今本《战国策》，但必然也是出自战国策书类文献，主旨就是宣扬游士骋词辩说的本事，拿大贵族当背景板。

《平原君列传》最后的"太史公曰"论平原君，和《自序》里的观点几乎是反的：

> 平原君，翩翩浊世之佳公子也，然未睹大体。鄙语曰"利令智昏"，平原君贪冯亭邪说，使赵陷长平兵四十余万众，邯郸几亡。

这分明说平原君是个漂亮的草包。今天大多数关注这段历史的人，似乎还是赞同《自序》的观点，上党地利太重要，明知道接收了后果严重，也是别无选择的"权"。

《自序》没有提及的虞卿，以游说之士而为赵上卿，他在长平之战过程中，是赵国决策层表现最为清醒的人。在他看来，赵国最大的问题不是接收上党，而是没有在一开始就表现出誓死和秦国一战的决心。正因如此，别的国家选择观望，而没有尽早意识到唇亡齿寒，给赵国提供支持。

不过司马迁处理虞卿的资料时，犯了一些年代上的错误。按照惯例，司马迁挖坑司马光跳，《资治通鉴》也跟着错。这是读本篇和读《通鉴》时，都需要注意的地方。

> 能以富贵下贫贱，贤能诎于不肖，唯信陵君为能行之。作《魏公子列传》第十七。

　　以富贵公子的身份而能尊重贫贱的人，自身贤能而能屈就不肖的人，只有信陵君能够如此。作《魏公子列传》第十七。

　　信陵君是魏安釐王的弟弟。历来评论，都认为信陵君是四公子中的第一人。别人养士，是为了自己，信陵君养士，是为了国家。司马迁对信陵君也最偏爱，从这篇叫"魏公子列传"而不叫"信陵君列传"，就可以看出来。

　　本篇的核心事件，即信陵君窃符救赵的故事，《战国策》里没有，而且也不是《战国策》类文献的风格，因为关键处不在卖弄唇舌，而是通过无言的行动，凸显人物的格局与风神。司马迁几次提到，自己曾在"大梁之墟"与当地故老交流。有研究者推论，这个故事或许就是采访所得，司马迁第一次将之书于简册，很合情理。

　　值得一提的是，于四公子中特别推崇信陵君，在汉代是一件非常符合主流价值观的事。刘邦年轻的时候做游侠，曾经追随过一个叫张耳的大侠，而张耳当年又是信陵君的门客，所以信陵君是刘邦少年时代的偶像。汉高祖十二年（前195），即刘邦生命的最后一年，他下了一道诏书，给灭亡的先代诸侯国安排守冢户，其中特别提到，"魏公子无忌五家"。不是帝王的信陵君也享受此种待遇（尽管打了对折），这是另外三位公子没有的。

　　司马迁对汉朝的感情非常复杂，有激烈的批判，也有深挚的爱。把《史记》的一切叙事，都理解为司马迁在明嘲暗讽，显然是过头了的。实际上，正因为司马迁是一个批判者，才让人可以相信，他的爱是由衷而发。

　　以身徇君，遂脱强秦，使驰说之士南乡走楚者，黄歇之义。作《春申君列传》第十八。

舍身以救其主，终于逃离强秦——春申君黄歇随楚国太子在秦国做人质时，不顾自身危难，设法帮助太子潜逃回国。

使游说之士向南趋赴楚国，这是黄歇的义带来的——指黄歇让楚国国力增强，因而楚国变得更有吸引力。春申君主政时代，楚国确实吸引来不少名流，代表人物如荀子。

作《春申君列传》第十八。

《春申君列传》是四公子的传记里写得最差的，或者竟该算《史记》里最糟糕的篇章之一。

本篇开头介绍春申君黄歇，说他"游学博闻，事楚顷襄王"，似乎是个成功的游士。但《史记·游侠列传》里却提供了另外一种说法，四公子都是"王者亲属"，孟尝君、平原君、信陵君确实是，那么春申君大概也不会例外。

《韩非子》说春申君是楚顷襄王⑥的弟弟，韩非子是春申君同时代的人，韩非又曾到楚国游学，他说的大概是对的。春申君"相楚二十余年矣，虽名为相国，实楚王也"，战国末期，楚国贵族势力仍然很大，游士居于这样的高位，实在匪夷所思，如果是王弟，就合理多了。

本篇最后，又讲了一个极为狗血的故事。楚考烈王没有儿子，春申君便把怀着自己孩子的女人献给楚考烈王，希望这样瞒天过海让自己的儿子成为楚王。后来，春申君虽然在政变中身

⑥《韩非子·奸劫弑臣》："楚庄王之弟春申君……"据钱穆考证，这里的楚庄王，实指楚顷襄王。

死，但他的目的达到了，他的儿子即位，也就是楚幽王。

这个故事一来不合情理，二来和吕不韦、秦始皇的故事未免太像。有学者推测，有想争夺楚国王位的人，想污蔑楚幽王不是楚考烈王的儿子，所以编了这样的故事。

司马迁少年壮游的时候，曾经观览了春申君修筑的故城，发出"宫室盛矣哉"的感叹。即将亡国的时候，仍然如此骄奢淫逸的权臣，大约让司马迁观感很不好，所以取材的时候，就容易听信黑材料。

> 能忍诟于魏齐，而信威于强秦，推贤让位，二子有之。
> 作《范雎蔡泽列传》第十九。

能忍辱于魏齐——魏国人范雎，被冤枉出卖情报给齐国，遭到魏国相国魏齐的毒打，又被丢进厕所里，任人便溺。范雎装死，才逃得一命。

而借强秦之力施展威势——范雎逃到秦国，得到秦昭襄王的宠信，做到秦国的相国，于是到底借秦国的力量，把魏齐逼死了。

推举贤能让出相位，范雎、蔡泽都有这样的美德——范雎任秦相十二年，邯郸战败后，他处境危险。燕国人蔡泽劝他知难而退，范雎就把相位让给蔡泽，蔡泽只做了几个月秦相，也辞职不干了。

作《范雎蔡泽列传》第十九。

这篇是范雎和蔡泽的合传，但重要的人物只有范雎。

范雎传应该当与《穰侯列传》《白起列传》连读，秦昭襄王与魏冉之间有矛盾，才给了范雎投机上位的机会；而范雎既然靠陷害魏冉上位，则他和魏冉提拔起来的白起，也就难免早有矛盾，长平之战后的分歧，只是一个爆发。

范雎对秦昭襄王提的对外战略，最核心的是"远交近攻"。实际上远交近攻作为一个大的战略固然正确，却也并非时时适用。比如对外策略如此明确，邻国自然会打起十二分精神时刻提防你的侵略，远方的国家也会知道你的卑辞厚币里一定包藏祸心。魏冉主政时，远交近攻与远攻近交两手交错运用，既就近为秦国夺得了大片领土，又击垮了齐国这个远方的劲敌，实际上效果极佳。只不过魏冉的私心，让他把遥远的定陶作为自己的封邑，也就导致了观感上，他像是远攻近交的代表人物。范雎的论述，最成功的地方并不是他说的多有道理，而是他迎合了秦昭襄王的心意，实现了对魏冉的污名化。

本篇爽文感极强，范雎在魏国时的遭遇极屈辱，逃离魏国到秦国的过程极惊险，见秦昭襄王时，一句"秦安得王？秦独有太后、穰侯耳"是绝境中的豪赌，成为秦相后戏耍旧仇人的情节则极痛快……可以说每个环节的处理，都是给后世"发迹变泰"类型的小说打样子。司马迁的议论里，对范雎评价并不高，叙事对他却还是偏袒的。据睡虎地秦简《编年纪》，范雎的结局可能是被秦王处死了，本篇中范雎却还是及时抽身，得了善终。

率行其谋，连五国兵，为弱燕报强齐之仇，雪其先君之耻。作《乐毅列传》第二十。

顺利施展谋略，联合五国军队——指乐毅促成燕、赵、韩、魏、秦五国同盟，一起伐齐。

为弱小的燕国向强大的齐国报仇——当年燕王哙让位给相国之子，齐国先在背后支持失去君位的燕国太子夺权，导致燕国大乱，后又出兵趁机吞并了燕国。所以燕国伐齐，是复仇之战。

洗雪了燕国先君的耻辱——这一战的结果，是齐湣王身死，齐国几乎灭亡，于燕国而言可谓雪耻。

作《乐毅列传》第二十。

燕昭王用乐毅伐齐，取得绝大的成功，后来燕昭王去世，即位的燕惠王不信任乐毅，撤了他的职。但乐毅到赵国后，燕惠王又感到不安，就写信给乐毅，怪他对不起先王。于是乐毅回了一封信，也就是所谓《乐毅报燕王书》。

司马迁提到，如蒯通（参看列传第三十二）、主父偃（参看列传第五十二）这样的人物，读这封信都"未尝不废书而泣"。后世读者对这封信评价更高的，也不乏其人。有人觉得，这封信里呈现出来的乐毅和燕昭王的关系，与诸葛亮和刘备的关系很像；有人则发现，诸葛亮的《出师表》，有很多模拟这封信的地方。金圣叹甚而说："其起首、结尾，比《出师》更自胜无数倍。"还有人总结说：

> 六国将相有儒生气象者，惟望诸君（即乐毅）一人。其《答燕王书》，义理明正，当世第一文字。（泷川资言《史记会注考证》）

司马迁本人的感受，未必有这么夸张，但他显然也被这封信深深打动了。可是这也带来一个问题，喜欢这封信，推重这个人，在叙事中，就情不自禁夸张这个人的作用。综合各种史料，可以看到这次五国伐齐的另外一个版本，乐毅功劳诚然不小，但并不是决定性的。

不过乐毅指挥下的燕军，在齐国不乏暴行，这点《史记》里还是交代清楚了的。《资治通鉴》里乐毅的表现，道德高尚的程度更加浮夸。

本篇最后介绍乐毅的后人，牵涉到老子思想的传承问题，具有重要的学术价值。

　　能信意强秦，而屈体廉子，用徇其君，俱重于诸侯。作《廉颇蔺相如列传》第二十一。

面对强秦，能够伸张己方意志——完璧归赵、渑池会等事件，都体现了这一点。

面对廉颇，却能够自降身份——指蔺相如对廉颇的种种退让。

为君主的利益不计个人恩怨，将相二人名重于诸侯。作《廉颇蔺相如列传》第二十一。

本篇实际上着重塑造了蔺相如、廉颇、赵奢、赵括、李牧五个人。

蔺相如的故事最出彩，但只宜当传奇小说看。不过司马迁是给早已流行的故事留下了一个精彩的文字版，而不是原创了这些剧情。一个明显的证据是：司马相如比司马迁年长，他因为仰慕蔺相如为人而起名"相如"，可见蔺相如的故事早已流行。另外，《赵世家》中，也有蔺相如统兵的记录，可见他也并非仅是舌辩之士，但本篇中对此未加关注。

蔺相如之外，本篇可以看作是赵国名将的合传。

廉颇与赵奢、赵括父子的关系，尤其紧密。有了公元前269年阏与之战，父亲赵奢打赢了廉颇不敢打的仗，才有公元前260年长平之战，廉颇打不赢的仗，赵王想到用儿子赵括来取代廉颇。而无论阏与之战还是长平之战，都是赵国力保太行山防线，以求得东部大平原上的国都安全的战争。

李牧活跃于历史舞台的年代稍晚，他的事业，是在赵国地利尽失的处境下，坚持作最后一搏。

本篇需与《白起王翦列传》对读。坊间有所谓白起、王翦、廉颇、李牧是战国四大名将之说。这个说法谈不上合理，不过四人诚然都无愧为战国末期最杰出的将军。而长平决战，是秦国换上了白起，赵国却换下了廉颇；秦灭赵之战，则是王翦大军出井陉，赵国却屈杀了李牧。巅峰对决的大戏，总是交臂失之，令后人难免感到遗憾。

　　湣王既失临淄而奔莒，唯田单用即墨破走骑劫，遂存齐社稷。作《田单列传》第二十二。

齐湣王丢失了国都临淄后，逃到莒邑——史称乐毅下齐七十余城，唯余莒与即墨二邑。有学者认为齐国实行五都制，莒与即墨都位列五都，齐国是尚保有两个地区，而非两座孤城。

只有田单凭借即墨的力量，打败敌军，驱逐骑劫，保存了齐国社稷——据本篇叙事，田单反击，杀死了骑劫，则"破走骑劫"应作"破骑劫、走燕师"。

作《田单列传》第二十二。

本篇应与《乐毅列传》连读。本篇末"太史公曰":

> 兵以正合，以奇胜。善之者，出奇无穷。奇正还相生，如环之无端。夫始如处女，适人开户；后如脱兔，适不及距。其田单之谓邪！

用兵之道，既要正面交锋，又要出奇制胜。善于用兵的人，总是能够奇谋迭出而变化无穷。奇正相生，就如同圆环没有端点。用兵之初要静如处女，诱使敌人门户大开，放松戒备；等到真正出击时，要动如脱兔，使敌人来不及防御。田单用兵，正是如此吧！

这段议论多引《孙子兵法》，强调出奇制胜的重要性。本篇的叙事，也是以奇为骨，串起全篇。

田单用火牛阵破敌的桥段，不但读史者乐道，后世说部小说，更不知道"致敬"了多少次。然而这个故事真实性存疑，有人提出了这样的问题，即墨是困守三年的孤城，城中能够不易子而食析骸以爨已属不易，哪里还能一举集中一千多头牛呢？（袁俊德《增评历史纲鉴补》）当代学者认为即墨代表一大片区域的说法，倒是让这个段子变合理了。

不过田单采用的另外一些手法，不论真假，都很有传播学上的意义。如装神弄鬼提升己方信心，如诱使燕军做出暴行，从而增加己方对燕国的恨意。迷之自信与制造仇恨，从来都是提升凝聚力的有效法门。

本篇讲到田单破燕为止，此后田单的人生经历如何？单是《战国策》里的记载就有不少，不过田单表现得都不但不"奇"，反而尴尬。司马迁可能是故意不写了，从人物传记的角度说，《田单列传》并不完整；从写作一篇奇文的角度说，就这样收束倒是挺好。

本篇还有个特殊之处是，"太史公曰"后又附了两小节：

一是齐湣王死后，他的儿子田法章也就是后来的齐襄王的经历，算是落难王子的爱情故事。

二是燕军入侵时，齐国一个贤士自杀殉国，从而激发齐国人斗志的事。

这个编排方式显得很奇怪。有人觉得，这是特别高级的文学手法，所谓"峰断云连"；有人则觉得这篇其实就是没写完，所以还有些未加整理的素材附在后面。

　　　能设诡说解患于围城，轻爵禄，乐肆志。作《鲁仲连邹阳列传》第二十三。

能用谲诈解除邯郸的围城之患——长平之战下一年，秦军挟大胜余威，围困赵都邯郸。当时有人提出尊秦为帝的倡议，鲁仲连对此痛加批判，此所谓"鲁仲连义不帝秦"。至于解患，当然主要还是靠信陵君、春申君带来的魏、楚大军，不过鲁仲连的宣言，也有提振士气的作用。

轻视爵位利禄，却以率性为乐——赵国危机解除后，平原君向鲁仲连献上厚礼，鲁仲连绝不接受，以为"所贵于天下之士者，为人排患释难解纷乱而无取也。"后来鲁仲连又帮了田单大忙，也是拒绝田单赏赐，并称"吾与富贵而诎于人，宁贫贱而轻世肆志焉。"

作《鲁仲连邹阳列传》第二十三——邹阳是西汉初年的人物，一个有纵横家色彩的文士。

战国的游士分两大类：一类的特点是能言善辩，但见利忘义，君主爱听什么，就说什么，总之以自己的利益最大化为目标，以张仪、苏秦为代表；另一类则是也能言善辩，但有崇高的价值追求，这样的人很少见，代表就是鲁仲连了。

所以后世很多人都推崇鲁仲连是战国第一人。如李白就把成为鲁仲连那样的人，当作自己的人生理想。《古风》其十：

> 齐有倜傥生，鲁连特高妙。
> 明月出海底，一朝开光耀。
> 却秦振英声，后世仰末照。
> 意轻千金赠，顾向平原笑。
> 吾亦澹荡人，拂衣可同调。

不过史料中关于鲁仲连的记载，本身有虚夸的成分，学鲁仲连学得连连碰壁，也是题中之义。

不谈事件本身的真伪，鲁仲连对秦国的批判，也可以说是反映了战国时东方的齐文化对西方的秦文化的反感。齐国是列国中保存贵族制成分最多的国家，而秦国是变法最彻底的国家，难免互相看不惯。

本篇余下的内容，主要是两篇文章，夹杂一些叙事，只是为理解文章提供一些背景。

一篇是鲁仲连的《与燕将书》。一个燕国将军占领了齐国的聊城，田单攻城不下，鲁仲连给燕将写了一封信，读得燕将直接自杀了。此事牵涉的历史信息争论很多。

一篇是西汉邹阳的《狱中上梁王书》。司马迁把一百多年后的邹阳和鲁仲连写到一篇列传里，历来受到很多质疑。文章倒确实是好文章，《古文观止》也选了，算是古代学童的必读篇目了。

作辞以讽谏，连类以争义，《离骚》有之。作《屈原贾生列传》第二十四。

创作辞赋以进行讽喻，通过比喻来表达宗旨，《离骚》有这样的特色。作《屈原贾生列传》第二十四。

本篇是屈原和贾谊的合传。

屈原其人，不见于现存的战国文献，所以有人怀疑屈原并不存在。不过战国文献残缺极其严重，一个政治上并不特别重要的人物，战国时关于他的记载后世全部失传，也算不得奇怪。

至于司马迁为屈原立传，其中有些历史信息未必准确，倒也不必意外。事实上《史记》里战国人物的传记，通篇可靠的，本来就不多。

屈原的作品中，有"存君兴国"的志向，这在战国时比较罕见，因为游士的心态，是邦无定交，士无定主，君不君国不国的，不必太放在心上。实际上连司马迁对屈原的选择也觉得不太好理解，所以他说："又怪屈原以彼其材，游诸侯，何国不容，而自令若是。"屈原凭着他那样的才能，如果去游说诸侯，哪个国家会不容纳他呢？而竟然使自己落到这样的境地！

当然，这或许倒证明屈原确实是楚国大贵族，战国士人不爱国，但如平原君、信陵君这样的王室亲贵，自身利益根源于父母之邦，对国家还是有爱的。

屈原最打动司马迁的，是他"信而见疑，忠而被谤"的遭遇，和"举世混浊而我独清，众人皆醉而我独醒"，宁死不和肮脏的世界同流合污的精神。今天我们读《楚辞》，自然会觉得这不是屈原精神的全部，或者说，司马迁写的是司马迁的屈原。

司马迁把贾谊和屈原合为一传，比把邹阳与鲁仲连合为一传理由充分得多。一者贾谊的精神，与屈原有相通的地方，二者贾谊是重要的屈原发现者，贾谊"过湘水，投书以吊屈原"，大大提升了时人对屈原的关注度。

司马迁写贾谊，也特别注重贾谊与屈原精神相关联的一面，所以贾谊那么多作品，本篇却只引用了《吊屈原赋》和《鵩鸟赋》。要系统了解贾谊，看本篇是远远不够的，起码要先读《汉书·贾谊传》。

> 结子楚亲，使诸侯之士斐然争入事秦。作《吕不韦列传》第二十五。

吕不韦与秦昭襄王的孙子子楚结交，使各诸侯国的士人争相入秦效力。作《吕不韦列传》第二十五。

本篇也是《史记》中关注度极高，而可靠性很低的一篇，有研究者甚至谓"《史记》所载全属伪造"（马非百《秦集史》）。

不过至少《自序》里所论的两件事，都还是可信的。

"结子楚亲"，是说吕不韦以商人之身，结交子楚这样流落在赵国的落魄王孙，之后半由巧妙策划，半由因缘际会，吕不韦得以深度介入秦国政坛。吕不韦与秦始皇母亲的绯闻也许均属谣言，但单是这点基本事实，本身也足以惊人了。

"使诸侯之士斐然争入事秦"，是说吕不韦广招门客，编撰《吕氏春秋》的事。本篇写道：

> 当是时，魏有信陵君，楚有春申君，赵有平原君，齐有孟尝君，皆下士喜宾客以相倾。吕不韦以秦之强，羞不如，亦招致士，厚遇之，至食客三千人。是时诸侯多辩士，如荀卿之徒，著书布天下。吕不韦乃使其客人人著所闻，集论以为八览、六论、十二纪，二十余万言。以为备天地万物古今之事，号曰《吕氏春秋》。布咸阳市门，悬千金其上，延诸侯游士宾客有能增损一字者予千金。

这段的意思，是秦国虽然武力强大，但也有不如山东六国的地方。第一，是没有战国四公子那样的广招门客的大贵族；第二，没有《荀子》那样有广泛影响的学术著作。

打击大贵族，可以说是商鞅变法以来秦国的立国精神，所谓"强公室，杜私门"是也。至于没有像样的学术著作，也是秦国的主动选择，大秦只需要农民和战士，学者纯属多余，是蠹虫、虱子一样的存在。

换言之，这两件事上秦国虽然不如东方，但这正是秦国一百多年来克敌制胜、所向无敌的法宝。但现在吕不韦却"羞不如"，这就明明是和秦国的传统对着干了。

郭沫若先生的《十批判书》，曾以为吕不韦和秦始皇是根本对立的，他列了这么一张表：

世界观	吕不韦	秦始皇	政治主张	吕不韦	秦始皇	一般倾向	吕不韦	秦始皇
	无神	有神		官天下	家天下		反对秘密	极端秘密
	变化	不变		民本的	君本的		重儒道	轻儒道
	有命	无命		哲人政治	狱吏政治		轻法墨	重法墨
	适欲	纵欲		讴歌禅让	万世一系		急学尊师	焚书坑儒
	重理智	重迷信		君主任贤	君主极权		隆礼正乐	恣威淫乐
	平等	阶级		裂土分封	分设郡县		重农	重商

当然，郭老可能夸大了这种对立，但秦始皇统一天下前夕，出现了《吕氏春秋》这样一部书，确实有特殊的象征意味。或许，吕不韦意识到传统的秦政，足以强一国，不足以治天下，因此想赋予秦国全新的意识形态。而吕不韦的死，则意味着这种努力的失败。

　　曹子匕首，鲁获其田，齐明其信；豫让义不为二心。作《刺客列传》第二十六。

曹沫凭借匕首使鲁国拿回失去的土地，也使齐桓公向诸侯展示了自己的信用——指齐鲁柯之盟，曹沫挟持齐桓公，逼他归还齐国侵占的鲁国土地的事。

豫让守义，忠于其君而无二心——豫让是智伯的家臣，智伯被赵襄子杀死，豫让矢志复仇，但有人劝豫让先投靠到赵襄子门下，然后再伺机刺杀，豫让却拒绝了，他觉得这是有"二心"。

作《刺客列传》第二十六。

这里只提了曹沫和豫让，本篇着重写了曹沫、专诸、豫让、聂政、荆轲五人，实际上写得最详细的是荆轲。

五个人分两组。

专诸、豫让、聂政是刺杀组，把目标杀死即是成功。

曹沫和荆轲是劫持组，重点是迫使对方接受自己的条件，杀死目标是不得已的选择，难度更高。

发动战争，伏尸百万，流血千里，是大暴力；挺剑而起，伏尸二人，流血五步，是小暴力。大暴力操纵于专制帝王之手，但帝王权势再大，作为人类个体，却仍是眇眇之身，非常脆弱，所以小暴力有四两拨千斤的可能。因此，刺杀是弱者的翻盘机会，也是强者的心理阴影。但另一方面，一次成功的刺杀可能意味着省去一次战争，相比战争开支，给刺客的佣金低得可以忽略不计，所以强国君主也一样难以抵御用刺客解决问题的诱惑。

从较高端的伦理层面看，刺客的行为是否有足够的正当性，是可以进一步讨论的。不过太史公似乎并不太关心这个问题。五位刺客的雇主，没有一个算得上高尚人士；被刺杀或被劫持者是否邪恶，也不是值得关心的问题。以荆轲为例，他刺杀失败，固然不是像后世的某些影视作品表现得那样感动于统一功业之宏伟而放弃行动，但他也并没有痛斥秦政的暴虐，只是感叹了一句没有能够报答太子丹的恩惠而已。

把私人恩怨看得高于生命，本身就是一种"义"，可能这正是战国至西汉初年的普遍价值观。刺客的勇武、才智和临危不乱的心理素质，极具暴力美学价值，这也是《刺客列传》重点展示的内容。

本篇最后的"太史公曰"称，荆轲刺秦王的故事，之所以写得如此让人有身临其境之感，是因为他的信息来源是夏无且，而夏无且当时确实就在现场，他就是让荆轲刺秦失败的那个秦朝太医。推算年代，夏无且不大可能活到司马迁的时代，所以本篇的作者，应该是司马谈。

　　能明其画，因时推秦，遂得意于海内，斯为谋首。作《李斯列传》第二十七。

　　能够阐明自己的计划，顺应时势推尊秦国，终于使秦一统天下，李斯的谋划，居于首功。作《李斯列传》第二十七。

　　《李斯列传》被认为是"秦外纪"，理由是秦朝灭亡的原因，在本篇中得到了比《秦始皇本纪》更充分的展示。这么说，多少有点停留在奸佞祸国的视角，不过本篇确实写得好，因为塑造出了李斯这样一个知识分子型的奸佞。

　　奸佞做事，最大的特征是钻营其中，而知识分子视角，却需要置身事外。李斯对权力热衷已极，却又时时跳出来冷眼审视自己，但审视完了，仍然是深陷政治的泥潭，于是就成了《李斯列传》中的一声声叹息。

　　李斯第一次叹息，是在家乡做郡小吏时，他看见厕所中的老鼠与粮仓中的老鼠处境如此不同，于是决定要做一只粮仓中的老鼠。小人喻于利，本是天性，李斯作为荀子的学生，选择做一个鼠辈，却需要先完成一下心理建设。

　　李斯的第二次叹息，是长子任三川守，诸男皆尚秦公主，女儿悉嫁秦诸公子，富贵已极时，面对企图讨好自己的百官，以及因百官而来的浩荡车流，李斯"喟然而叹"，说物极则衰，将来我自己的车，将会停在哪里呢？庸人不会预见到这个结局，智者自会功成身退，而看得透又舍不得，自然是常见的知识分子气了。

李斯的第三次叹息，是被赵高说服，决定参与篡改秦始皇遗诏时。当然，他很清楚这么做有利于自己的权力最大化，但是不"仰天而叹，垂泪太息"一下，知识分子的良心过不去。

李斯的第四次叹息，是和赵高权力斗争失败，身陷囹圄时。李斯又"仰天而叹"，发表了很长的一段议论，把自己代入忠臣的人设，指责秦二世和赵高是昏君奸臣组合，又预言叛军将杀到咸阳，大秦宫室将成为麋鹿游荡的废墟。这个就加戏加得太过分了，而喜欢加戏，正是知识分子的特征。

李斯的第五次叹息，是在腰斩咸阳市之前。他看着自己的儿子说："吾欲与若复牵黄犬俱出上蔡东门逐狡兔，岂可得乎！"——呼应前面的预言，给自己的人生，作一个文艺范儿的总结，说平凡的人生其实很不错。当然，只有自命不凡的人，才有资格说平凡的人生很不错。

可以把李斯这个知识分子型奸佞，和韩非、赵高作一比照。三个人都是当时知识水平最高的人，不过韩非是懂奸佞的知识分子，赵高是懂知识分子的奸佞，所以权力斗争中，李斯整得死韩非，而斗不过赵高。韩非满脑子阴谋诡计，其实却没什么行动力；赵高洞悉知识分子的弱点，于是越发深知，既然决定做小人，知识分子气只会影响拔刀的速度。

自然，《李斯列传》里的记载是否属实，有待考证的地方很多。篡改秦始皇遗诏的问题，尤其不必执着于真假。出土文献《赵正书》也说到这事，一样是不必执着于真假。不过《李斯列传》的叙事，比《赵正书》更生动鲜活，也更能反映宫廷政治的本质，倒是毫无疑问的。

> 为秦开地益众，北靡匈奴，据河为塞，因山为固，建榆
> 中。作《蒙恬列传》第二十八。

为秦开拓疆土，增加人口，向北击败匈奴——"开地益众"主要指始皇二十六年（前221），蒙恬伐齐的功绩，至于北伐匈奴，固然也"开地"，但虏获的人口不如损失的多，恐怕很难"益众"。

据黄河为要塞，依山岭为固垒，建榆中——具体说，"据河为塞"是沿着今内蒙古河套一带的黄河修筑长城。榆中约当今之陕西与内蒙古邻近的神木、东胜一带。

作《蒙恬列传》第二十八。

《蒙恬列传》可分三段读：

第一段，蒙氏家族在秦统一过程中的功绩。

第二段，扫平六国后，蒙恬驱逐匈奴，主持了长城、直道等大型工程。

第三段，秦二世即位后，赵高等以蒙恬、蒙毅兄弟为政敌，将之杀害。

前两段司马迁写得很简单。值得注意的是，写到蒙恬筑长城，则强调"暴师于外十余年"，写到通直道，则感叹"固轻百姓力矣"。司马迁对长城、直道造成的民生灾难，显然十分反感。

蒙恬临死前反省："恬罪固当死矣。起临洮属之辽东，城堑万余里，此其中不能无绝地脉哉？此乃恬之罪也。"司马迁记录下这个遗言，却反驳说：

　　夫秦之初灭诸侯，天下之心未定，痍伤者未瘳，而恬为名将，不以此时强谏，振百姓之急，养老存孤，务修众庶之和，而阿意兴功，此其兄弟遇诛，不亦宜乎！何乃罪地脉哉？

　　秦灭诸侯之后，天下都受到严重的创伤，蒙恬应该对秦始皇强力谏诤，让百姓休息，而不是顺着皇帝的心意，搞什么大工程。最后兄弟被杀，不也是应该的吗？怪罪什么挖断地脉呢？

　　司马迁反驳了蒙恬，但把修长城当作祸根，司马迁和蒙恬的意见，倒是一致的。

　　另外，读这段议论，难免觉得司马迁把劝谏皇帝这事，看得太轻佻。东汉王充就评论说："非蒙恬以不强谏，故致此祸，则己下蚕室，有非者矣。己无非，则其非蒙恬，非也。"这句大概可以理解成，劝皇帝有多难，你又不是不知道，你这么说话，那里不会痛吗？或许，这段"太史公曰"，还是李陵之祸之前写的吧。事非经过不知难，可惜经历过了，就再也回不去了。

　　第三段写得详细，不过今天的研究者大多认为，这段对政治斗争的理解，未免流于表面，反而不太重要。

　　比较有价值的是关于赵高的内容。《史记》没有给赵高立传，这篇里却交代了赵高的来历，说他是"诸赵疏远属也"，又说他"生隐宫"。

　　"隐宫"是不是"隐官"之误？引起的争论是赵高到底是不是宦官，学者迄无定论。

　　"诸赵疏远属也"，就是说赵高是赵国王室的边缘人。这个说法，引出后世的无穷发挥与感慨，比如赵高那么祸害秦国，是不是为了给赵国报仇？所谓"以勾践事吴之心，为张良报韩之举"。屈大均《翁山诗外》卷三《博浪行》：

> 可怜百万死秦孤，只有赵高能雪耻。
> 赵高生长赵王家，泪洒长平作血花。
> 报赵尽倾秦郡县，报韩只得博浪沙。

只能说，开脑洞总是一件快乐的事。

　　填赵塞常山以广河内，弱楚权，明汉王之信于天下。作《张耳陈余列传》第二十九。

平定赵地，驻守常山，进而扩张河内，削弱项羽的势力——填通镇，当时项羽与刘邦在荥阳相持，张耳和韩信控制赵地后，从北面威胁项羽，减轻了刘邦的压力。

彰明汉王的信义于天下——刘邦年轻时追随过张耳，后来张耳反过来做刘邦的臣下。张耳和刘邦君臣相得，非常有利于提升刘邦的形象。

作《张耳陈余列传》第二十九。

张耳、陈余是秦楚之际群雄中的重要人物，汉高祖三年（前204），韩信斩杀陈余，汉高祖五年（前202），即刘邦击败项羽之年，张耳去世。

张耳是著名的大侠，刘邦年轻时曾追随过张耳，汉初功臣里，张耳排名第三，仅次于萧何、曹参，张耳传排在秦楚之际人物列传第一篇，大约是因为这个原因。

本篇的名气似乎只能说不大不小，但不论从文学性还是信息量说，本篇都很出色，所以需要大致介绍一下基本情节。可以作四段读：

第一段，写张耳、陈余本是魏国大侠，张耳年长，两个人亲如父子，"为刎颈交"，秦朝建立后，两人只得流亡。

第二段，陈涉首事后，群雄蜂起，张耳、陈余起兵经营河北赵地，颇为成功。

第三段，巨鹿之战时，秦军围困张耳，陈余不敢救，项羽击溃秦军后，张耳、陈余遂生嫌隙，误会、冲突越来越深。后来张耳归汉，刘邦让他做韩信名义上的领导。韩信背水一战，斩杀陈余。不久后张耳被封为赵王——张耳能列为功臣第三，大概就是由于对韩信领导有方。

第四段，张耳去世，张耳之子张敖即位为赵王。刘邦途经赵国，对张敖不敬，赵相贯高等人觉得主辱臣死，想刺杀刘邦，结果失败被擒。但不论汉朝官吏如何严刑拷掠，贯高等都声称是自作主张，绝不牵连张敖，终于感动了刘邦。贯高确认张敖无罪后自杀。

总之，前三段是张耳、陈余的恩怨纠葛。本篇的"太史公曰"这样写，两个人本来就是"势利交"，相比太伯、季札的谦让，显得层次太低。后来读者往往认为司马迁持论过苛。实际上司马迁也承认，两个人还是平民游侠的时候，可以为对方死而毫不踟蹰，但卷入政治漩涡后，多好的感情也禁不起考验。这恐怕比两个小人最终翻脸的故事，更加令人唏嘘。

还有一层原因是，张耳是六国时声名远著的大侠，但秦末大乱的局势下，在指挥大兵团作战方面，他的才具相当平庸。但他也很快接受了自己平庸，选择了追随当年自己的小跟班刘邦，而刘邦也乐于通过善待张耳，展示自己是一个看重旧情的人，所以张耳结局很好。陈余的能力比张耳强得多，但也正因如此，他不愿意追随任何人，结果碰到更加惊才绝艳的韩信，反而陷入必死之局。

贯高的故事，也是一派战国游侠的风貌，人要忠于自己的主公，倒不必忠于什么皇帝。还有，贯高特别不能容忍刘邦对张耳的儿子不礼貌，可能部分因为，他本来也是张耳的门客，而且地位大概还高于刘邦。

> 收西河、上党之兵，从至彭城；越之侵掠梁地以苦项羽。作《魏豹彭越列传》第三十。

集结西河、上党的军队，跟随高祖直到彭城——这句说魏豹，魏豹是战国时魏国的后代，亡秦后，项羽宰割天下，封他为魏王。楚汉相争时，他曾集合魏国军队（即西河、上党之兵）随刘邦一起攻打项羽。

彭越侵掠梁地，以陷项羽于困境——彭越未随项羽入关，所以也没有被项羽封王，所以他是率先反对项羽的分封体系的人物之一。刘邦与项羽在荥阳相持时，彭越经常在梁地（今河南、山东交界地区）破坏项羽的后方。

作《魏豹彭越列传》第三十。

魏豹、彭越合为一传，是因为他们都曾经活跃于梁地。他俩的交集，不像张耳、陈余那么紧密。不过魏豹是魏国宗室，占着魏王的名分；彭越出身卑微，只敢要一个魏相的头衔，相是辅佐王的，所以彭越很需要有个魏王，哪怕这个魏王只是摆设。

魏豹的传记很短，也看不出他有什么本事，只看见魏豹一会儿追随项羽，一会儿又背叛项羽与刘邦合作，一会儿又背叛刘邦……总之，就是一个反复无常的人。不过有研究者注意到，灭亡秦朝之前，魏豹和刘邦有一段特殊的合作时期，名分上刘邦应该是魏豹的臣子。[7] 所以关于魏豹，可能有不少事情司马迁不太方便写。汉文帝的母亲薄姬，是刘邦从魏豹那里抢来的，记载于《外戚世家》，司马迁也没有写在魏豹的传记里。

彭越的传记内容稍丰富一些，但也很简略，只知道他是出身于巨野泽的盗匪。黄河下游，湖泊情况常有变化，总之湖泊在哪里，盗匪就在哪里。秦汉之巨野泽，后世之梁山泊，盗亦有道，其道也一以贯之。

彭越军事才能了得，是游击战、运动战的高手，楚汉相争的时候，彭越破坏项羽的后勤，极有成效，项羽却始终拿他没什么办法。这一点读《项羽本纪》《高祖本纪》会体会更深。汉代人提到彭越，往往与韩信并称韩彭，并非虚语。

可惜，彭越的结局也和韩信一样悲惨，甚至更加骇人听闻，他被剁成肉酱，分发给异姓诸侯王们。

本篇的"太史公曰"很有意思：

> 魏豹、彭越虽故贱，然已席卷千里，南面称孤，喋血乘胜日有闻矣。怀叛逆之意，及败，不死而虏囚，身被刑戮，

---

[7] 刘三解《汉瓦》的第四章第二节："刘邦西进时的目标可能只是'魏国权相'"。

何哉？中材已上且羞其行，况王者乎！彼无异故，智略绝人，独患无身耳。得摄尺寸之柄，其云蒸龙变，欲有所会其度，以故幽囚而不辞云。

魏豹、彭越这样的英雄人物，在面对失败的时候，为什么不自杀呢？相反，他们宁可忍受当囚徒以至于最后被处刑的羞辱。

这是因为自杀容易，选择受辱难。但只要活着，就还有一线机会，一点抓手，不就又可以仿佛云气蒸腾，如飞龙变幻吗？所以，他们才会接受囚禁的命运，而不立刻自杀啊。

这话自是说中豪杰心事，但俨然也是太史公夫子自道，自己手中拿着这支笔，不也是"摄尺寸之柄"，史书写成，不也正是"云蒸龙变"吗？

> 以淮南叛楚归汉，汉用得大司马殷，卒破子羽于垓下。作《黥布列传》第三十一。

英布以淮南之地叛楚归汉——英布本是项羽手下的第一名将，他"叛楚归汉"，是刘项相争强弱转折的一大关键。所谓淮南，大致是今天安徽江淮之间的地区。

汉王通过他而得到楚大司马周殷，最后他在垓下打败项羽。

作《黥布列传》第三十一——英布受过黥面之刑，所以又称黥布。

英布有些像三国时的吕布，是可用之才而不是用人之才，不足以制胜全局，但颇可以搅乱大局。

秦楚之际的群雄，英布大约是出身最低贱的，虽然司马迁怀疑他是英国国君的后代，但一个灭亡几百年的小国血脉，显然早已毫无价值，英布登上历史舞台的时候，已经沦为一个刑徒。

刑徒生活极其悲惨，逃亡和反抗事件时有发生，所以秦朝官方对刑徒采取了严格的军事化管理，也正因如此，刑徒很容易转化为一支战斗力可观的军队。秦朝的章邯曾经用刑徒军镇压过陈胜的叛乱，反过来，刑徒如果造反，那就是非常可怕的叛军。

英布就选择了造反，后来成为项羽身边最勇猛的大将。项羽名震天下的破釜沉舟之战，就是以英布的先锋部队连续击败秦军拉开序幕的。项羽也会安排英布去做一些最脏的活儿，如坑杀秦军降卒和杀死义帝。

在项羽主持的分封中，英布被封为九江王，但天下大乱之后，他没有再紧跟项羽作战，这倒也未必是他有背叛项羽之心，只是他经历了从刑徒到国王的蜕变，变得乐于安享富贵而对战争不再积极了而已。但英布因此和项羽有了嫌隙，正在他深感不安的时候，刘邦排人来延揽他，英布也就"叛楚归汉"了。

英布改变立场，对于刘邦来说幸甚至哉，对英布而言却难说是否正确。以之前他和项羽的关系，他和项羽未必没有和解的可能，但他绝没有机会成为刘邦的"自己人"。

果然，刘邦当了皇帝之后，英布慢慢陷入了不得不反的境地。按照司马迁的记述，汉朝认定英布要谋反，起因是很微小的误会，但以刘邦对诸侯王的猜忌，小误会总会有的，误会是总会被放大的，异姓王终究是要被剪灭的。

《黥布列传》不算很被关注的篇目，不过从秦末到汉初的事件环环相扣，不读这篇，读《项羽本纪》《高祖本纪》《淮阴侯列传》这些名篇，很多细微处的窍要，只怕体会不到。

　　楚人迫我京索，而信拔魏赵，定燕齐，使汉三分天下有其二，以灭项籍。作《淮阴侯列传》第三十二。

　　楚军困迫汉军于京、索——京、索都是古地名，在今河南荥阳一带。刘邦彭城溃败后，与项羽在这里相持了三年。

　　韩信攻克魏、赵，平定燕、齐，使三分天下汉得其二——刘邦与项相持的同时，韩信带着汉军一支偏师，打出了奇迹。本来亲近项羽或者持观望态度的有魏、赵、燕、齐四国，韩信灭了魏、赵、齐，又令最偏远的燕国降汉。

　　最后消灭了项羽——最后的楚汉决战，或曰在垓下，或曰在陈下，但无疑问的是，韩信是汉军统帅。

　　作《淮阴侯列传》第三十二。

　　韩信与英布、彭越被认为是"同功一体之人"，但韩信的名声比彭越、英布大得多。这固然是因为韩信功劳更大，结局更悲情，也是因为写彭越、英布的传记，司马迁只是正常发挥，《淮阴侯列传》，司马迁却是拿出全副精神来写的。

　　这篇影响太大，前人的精彩评论也太多，所以我想换个引介方法。曾写过一个关于韩信的小说，揣摩过司马迁是怎样搜集关于韩信的资料的：

　　　　司马迁不太相信韩信谋反这个说法，韩信做齐王手握兵权时没有反叛刘邦，困顿憔悴于长安城中后反而要反，实在太诡异了。

　　　　为了查清真相，司马迁开始寻访当年与韩信有交往的开国功臣之后。在很多人的想象中，他们会美化皇帝，抨击韩信这个反贼。但事实上刚好相反，汉朝刚刚建立的时候，他们的祖上被封为侯爵，成为朝中重臣，但几十年来世事移易，这些功臣后代失去爵位沦为平民的，占到很大一部分，即使仍属于特权阶层，在官场上也被大大边缘化。

看着朝廷中的新贵，他们满腹牢骚，愤愤不平，有人甚至不惜把本朝的太祖高皇帝，描述为一个小丑。

司马迁最熟悉的一个功臣之后，是舞阳侯樊哙的孙子樊他广。樊他广和司马迁的父亲司马谈是朋友，司马迁刚记事的时候，他已经是个老头。这是个特别开朗风趣的老爷子，当初有人举报说，樊他广的父亲没有生育能力，所以他来路不明，樊他广因此被剥夺了爵位。后来一直有人拿这件事，在大庭广众下和他开玩笑："樊他广，亲令尊到底是你爸爸还是你叔叔？"樊他广总是嘿嘿一笑，说："喝酒，喝酒！不管我爸爸是谁，我爷爷是舞阳侯樊哙，总是没错的！"

几爵酒下肚，樊他广就会谈兴大发。司马迁小时候就特别爱听樊他广讲鸿门宴樊哙闯帐的故事。樊他广也会讲到韩信："齐王韩信！能耐，天下第一；傲气，也是天下第一。做了淮阴侯，被拘在长安城中，按说已经是沦落了，可是一看身边，右边，是绛侯周勃，左边，当年自己的老部下灌婴，于是长叹一声：'什么东西！'"

说到这里，总能满堂大笑，到处充满快活的空气。

"我爷爷是什么人？项王都敢当面顶撞的人，可是淮阴侯到我家来，那都是跪拜送迎，自称'臣'的，说：'大王竟愿意光临臣家！'淮阴侯又是长叹一声：'想我韩信，这辈子竟与樊哙为伍了吗？'"

又是满堂大笑，樊他广摇摇头说："谋反是没有的。但太傲气，伤人，这结局，也就难怪了。"

韩信被定性为反贼的时候，有过一个群臣集体批判韩信的运动。当时，灌婴是表态最激烈的一个。司马迁查阅这些档案的时候，看到灌婴罗列韩信的罪名里有一条是："自立为齐王。"韩信的齐王是刘邦封的，是官方口径都认可的，只有灌婴采用了这样的说法。⑧

司马迁想，也难怪，灌婴和韩信关系最深，他必须要态度格外激烈才能撇清自己。

司马迁采访了灌婴的孙子灌贤，灌贤早就不知道爷爷怎样批判过韩信，反而认为爷爷和韩信一直是亲密无间的战友。灌贤提供给司马迁一个细节，韩信被捕的时候说："'狡兔死，良狗烹；高鸟尽，良弓藏；敌国破，谋臣亡。'天下已定，我活该被烹了吧。"

司马迁当然知道，他在说韩信，也是在感叹他灌家的命运。灌家战功赫赫，可是不久之前，灌贤就因为行贿而被剥夺了爵位。

丞相萧何的后代在汉朝待遇特殊。别的功臣之后可能为了各种原因被剥夺侯爵，然后这个家族就和侯爵无缘了；萧家却是不断有人犯罪失侯，但皇帝还是会想方设法找一个萧何的后代，继承酂侯之位。

---

⑧《史记·高祖本纪》记载："（高祖）乃遣张良操印绶立韩信为齐王。"《灌婴列传》则作："齐地已定，韩信自立为齐王。"灌婴的传记写得极为平实，司马迁应该只是照抄档案，未作加工。

所以萧家人的嘴巴特别严实，司马迁从来问不到什么。

直到元封四年（前107），萧何的玄孙萧寿成担任太常，因为祭祀的供品不合要求，被汉武帝彻底剥夺了爵位。意识到皇帝这次真的不念旧情之后，萧寿成主动来找司马迁，痛斥汉朝皇帝刻薄寡恩。说到韩信谋反的问题，萧寿成更破口大骂："韩信反没反我不知道，但他手下早就没有兵了，要抓他还不是轻而易举？干吗要我家高祖骗他去长乐宫？这个你一定要写下来，这哪是为了抓韩信，就是为了羞辱我高祖！就是要让他做对不起朋友的事！"

司马迁在石渠阁翻阅皇家藏书的时候，读到了一部叫"蒯子"的书。

这是一部半纪实半小说性质的作品。作者叫蒯彻，是秦汉之交，在齐、赵等地活跃的人物，全书炫耀他怎样游走于许多王侯将相之间，用巧妙的言辞，令他们接受自己的主张。

司马迁意外发现，书里有大量蒯彻劝说韩信反汉的内容。蒯彻的游说，文采斐然又词锋锐利，一层又一层的分析质疑，犹如惊涛拍岸，读得司马迁都几乎感到窒息。当然，《蒯子》里也提到，韩信在长乐宫被吕后杀死时留下遗言：悔不听蒯彻之言。

不管韩信有没有这句遗言，司马迁想，天下人都应该感谢韩信没有听蒯彻之言吧。

秦末大乱楚汉相争，是个英雄辈出如群星璀璨的年代，也是一个如同地狱的年代。

战国号称乱世，史料中动辄有斩首多少万的记录，但战国时代的战争大多局限在一定范围之内，没有不惜代价涸泽而渔的社会动员，所以两百多年的战国时代，天下人口还在稳步增长。到了秦始皇一统天下的时候，人口已经有将近4000万。

而三年亡秦五年灭楚的战争之后，大汉的人口已经只剩1800万，短短八年，超过一半人死于战乱和由此引发的饥荒、瘟疫等各种灾难。

韩信不反，终究是让这个恐怖的时代，早一点结束了。

楚汉相距巩洛，而韩信为填颍川，卢绾绝籍粮饷。作《韩信卢绾列传》第三十三。

楚汉相持于巩、洛——这句的意涵，与上一则"迫我京索"大致相同。

韩信为汉镇守颍川——此韩信是六国时韩国的后代，曾被刘邦封为韩王，也称韩王信，与淮阴侯韩信不是一个人。这个韩信虽不能和淮阴侯韩信比，但也是出色的人物，楚汉相争时为刘邦镇守韩国的旧地颍川，对项羽起到了一定牵制作用。

卢绾断绝了项羽军队的粮饷——卢绾是刘邦最亲密的朋友，楚汉相争中，卢绾曾与刘贾一起率军进入楚地，会同彭越绝项羽粮道。

作《韩信卢绾列传》第三十三。

本篇实际上还写了陈豨，韩王信、卢绾、陈豨三人合为一传，可能是因为三人都被定性为叛臣，而结局还都和匈奴有关。

这三人和刘邦的关系，都比彭越、英布、淮阴侯韩信那三

个"同功一体之人"要亲近。卢绾不用说了,和刘邦自幼是好
友,亲密程度连萧何、曹参都比不了;陈豨是宛朐人(今山东曹
县),距离刘邦的老家丰沛很近,追随刘邦是在秦二世元年(前
209),也就是刘邦起兵反秦当年,基本也可算刘邦"元从"了;
韩王信加入稍晚,但也是反秦战争阶段追随刘邦入武关的人,
而且他是张良推荐给刘邦的,刘邦对张良十分亲爱重视,张良推
荐,是一个很大的加分项。

而这三个人却都背叛了汉朝。

其实从主观上讲,三个人大概都是不想反的。消灭项羽后,
首先是韩王信被封到太原以北,去防备匈奴。匈奴来如飙风,去
若逝电,镇守边境的人自然需要招募强大的军队,拥有更独立的
军事指挥权,这就引起了汉朝的猜忌,而一旦被猜忌,就根本不
可能说清,于是假谋反也就变成了真谋反,最终他只好借助匈奴
的力量和汉朝对抗了。

韩王信如此,陈豨和卢绾也是如此。

韩王信曾经给汉朝的将军写信,说"仆之思归,如痿人不
忘起,盲者不忘视也",但饶是如此,他还是只能和汉军对抗
到底。

卢绾的处境,更是凄凉。他听说韩信、彭越先后被处死,又
听说刘邦生了病,掌权的是吕后。他相信刘邦对自己还是念旧情
的,但吕后他就不敢说了,于是他一边带着家属和数千骑兵守候
在长城下,一边派人去打听刘邦的病情。如果刘邦康复,自己还
能回长安当面解释情况。可是他等来的是刘邦的死讯,于是也就
只好"将其众亡入匈奴"了。

这篇叙事看似琐碎,实际上反映的是边将和朝廷之间如何相

处的难题，可以和《张释之冯唐列传》里冯唐的议论合读。

　　诸侯畔项王，唯齐连子羽城阳，汉得以间遂入彭城。作
《田儋列传》第三十四。

　　诸侯背叛项王，唯有齐王在城阳牵制项羽——项羽的分封体系崩盘后，别的诸侯都和刘邦一样，地盘在项羽西边，只有齐地的田氏在项羽东边，城阳（今山东鄄城）防御战，吸引了项羽的进攻。

　　汉军抓住这个空隙，攻入项羽的都城彭城。作《田儋列传》第三十四。

　　这篇叫"田儋列传"，实际上重点写了田儋、田荣、田横兄弟三人。此外本篇中还有很多姓田的人，这是田氏代齐时留下的后遗症，据说弑君的田常，有真真假假的儿子一百多个，分散到齐国各处，都是权贵，后来子又有孙孙又有子，齐国就到处都是姓田的了。

　　田儋三兄弟和战国时齐国国君的关系，已经很疏远，但宗族势力很大，所以起兵反秦时，他们这一宗挑头最成功。齐国有坑盟友的传统，有内斗的传统，也有不服从的传统，所以齐国是一个很容易被打败，但是很难被征服的国家。

　　这些特质，在这篇列传中都有很充分的体现。项羽的叔叔项梁很大程度上就是被田荣坑死的；只要外患稍稍减轻，就会看见很多姓田的杀来杀去。一方面，齐国对外作战，竟然找不到一次像样的胜利；另一方面，所向无敌的项羽，在齐国也被拖入了围城战、消耗战的泥潭。

当然最令司马迁触动的是不服从传统：田横在满盘皆输的情况下，选择自刎，绝不愿做刘邦的臣子，追随田横的五百壮士也全部自杀。司马迁感叹说：

> 田横之高节，宾客慕义而从横死，岂非至贤！余因而列焉。不无善画者，莫能图，何哉？

"不无善画者，莫能图"一句，有两种几乎不挨着的理解。

一种是把"画"理解为图画：这些人物如此出色，天下也不是没有善于绘画的人，为什么不画出这壮烈的景象呢？

另一种是把"画"理解为谋画，意思变成了这些人义烈是够了，可惜脑子都不大好用。

> 攻城野战，获功归报，哙、商有力焉，非独鞭策，又与之脱难。作《樊郦列传》第三十五。

不论攻城还是野战，统计战功时，樊哙、郦商是出力最多的战将。他们不仅能够"鞭策"，又与汉王一起"脱难"——这句有不同理解。可能是说樊哙，刘邦在咸阳宫，贪图宫室帷帐狗马重宝妇女，樊哙劝阻了他，是所谓"鞭策"；鸿门宴上，樊哙保护刘邦，是所谓"脱难"。也可能是指夏侯婴。夏侯婴一生为刘邦驾车，需要挥鞭。刘邦战败，夏侯婴带刘邦逃离险境，也是多次发生的事。

作《樊郦列传》第三十五。

本篇实际上写了樊哙、郦商、夏侯婴、灌婴四人，在汉初功臣表里，他们排名分别是第五、第六、第八、第九。第七名奚涓战死，据说奚涓功劳与樊哙相当，可惜《史记》未给他立传，他的事迹，除了《汉初功臣侯者表》里寥寥几句话，都湮灭了。

这四人都是刘邦集团的核心成员。前面的彭越、英布、韩信等人，功绩虽然大，却有强弱不等的独立属性，和刘邦一起对付项羽，心里却始终和刘邦保持着一定距离。这篇里的几位，和前面入世家的五位，才真正属于刘邦自己的小圈子。

这篇也较少被选出来单独讲，其实有价值的细节很多。

樊哙的几个高光时刻都工笔记录下来了，樊哙几度慷慨陈词，仿佛有现场录音，当然，这与司马谈和樊哙的孙子是朋友有关。

刘邦被项羽追击，惶急之下把亲生儿女推下车，这个名场面《高祖本纪》不提，是记载在夏侯婴的传记里的。

灌婴的传记，看似枯燥的军功罗列中，包含着一次重要的军事改革：刘邦军中的骑兵，按照秦国的方式重新组织，从此战斗力突飞猛进。这件事算得上是楚汉胜负的枢机之一。霸王别姬之后项羽突围，追击项羽的正是灌婴所部，争抢项羽尸体的五个人，都是灌婴手下的将领。

郦商的传记后面，附着他的儿子郦寄的事迹。郦寄和吕后家族的吕禄是好朋友，诛吕之变时，郦寄用欺诈手段让吕禄交出了兵权，从而让斩杀诸吕变得更加容易。于汉朝官方来说，郦寄自然是立了大功一件，但当时舆论重点是批评郦寄出卖朋友，这里很可以看出汉代初年的价值观。

郦寄最终失去侯爵的原因也有些奇怪，汉景帝中元二年（前148），郦寄提出想娶汉景帝的丈母娘，结果下狱，被除爵。汉人的婚姻与情爱观，比起后世来实在算得上豪放。

这些细节单拿出来看，只能当作谈资，但牵出来的线索，很可能关涉到一些大问题。

> 汉既初定，文理未明，苍为主计，整齐度量，序律历。
> 作《张丞相列传》第三十六。

汉朝天下初定，国家的章程制度尚未明确——这句里的"文"，是指政策、法律的条文。汉代这个用法比较常见，又如所谓"文法吏"或"文吏"，是指熟悉法条的官吏，而非有文化的官吏。

张苍担任"主计"，统一度量衡，编订律历——主计管理财政收支方面的事务。

作《张丞相列传》第三十六。

本传主要写了张苍、周昌、任敖、申屠嘉等人，可以看作是一篇西汉初年丞相、御史大夫的合传。御史大夫同样是三公之一，"掌副丞相"，丞相空缺，往往就由御史大夫升任，或者丞相是德高望重的老臣，并不管事，那么则由御史大夫实际主持丞相工作。所以把御史大夫和丞相放到一起写，也是合理的。

杨燕起先生说：

> 《史记》将汉代立国至武帝时的丞相分别为三类，以见其优劣。第一类是萧何、曹参、陈平、周勃等，这些人堪称国家栋梁，乃社稷之臣，政治上辅佐刘邦各有建树，肱股辅弼，功业千秋，故列于世家；第二类是本传所载人物，各有

好的品德和政治行为，论赞特别提到他们不如萧、曹、陈，但都还是多少有所建树，是有用的和必不可少的；第三类是自景帝至武帝时的"皆以列侯继嗣，娖娖廉谨，为丞相备员而已，无所能发明功名有著于当世者"，这就是本传附见的诸多人物。三类丞相的评述，是说明由于天子权力的逐步加强，丞相的作用、影响在不断削弱，反映汉代前期政治体制上的变化，从一个侧面反映出专制主义中央集权的实施及其有关特征。(《史记精华导读》)

概括得很是，不过本篇并没有围绕主题写，层次也没有这么清晰。张苍还是个技术官僚的样子，他制订的很多施政规范，确实关乎国计民生。但周昌、任敖两位御史大夫的业绩，本篇只提了他们在汉家继承人之争中的表现，如何主政、施政，一句没有写。当然，宫斗戏倒是写得很好看。

换个角度想，不写大汉君臣如何辛苦治国，可能恰恰是对当时高层政坛的如实反映。热热闹闹搞宫斗而政不出房户，可不就是无为而治的奥义所在么？

本篇还有些后人增补的武帝后期和武帝之后的汉朝宰相情况，增补者还模拟太史公的语气"曰"了一段，大概说的是怎么有人就升上去了，有人就升不上去，是很典型的官场中人对命运无常的感慨。

　　结言通使，约怀诸侯；诸侯咸亲，归汉为藩辅。作《郦生陆贾列传》第三十七。

郦食其靠辞令让人愿意结盟，互通使节，和诸侯订立加强与汉朝关系的盟约——在楚汉相争中，郦食其曾说服齐王田广与汉结盟；天下已定后，陆贾出使南越，说服南越王赵佗去掉帝号。

诸侯都亲附汉朝，归汉成为藩属辅臣——所谓诸侯，不同历史时段含义不尽相同。楚汉相争时，所谓诸侯指独立、半独立的势力，是汉朝拉拢的对象。天下已定后，汉朝所封同姓诸侯王，称为内诸侯；汉朝无力控制的边远地区，名义上臣服于汉朝的，是所谓外诸侯。

作《郦生陆贾列传》第三十七。

《自序》的介绍，重在郦食其和陆贾外交上的贡献，本篇的内容，则还是介绍他们游说刘邦的内容多一些。"给领导提意见的艺术"，这个话题更加让作者爱写，读者爱看。郦食其自称"高阳酒徒"，陆贾说天下"居马上得之，宁可以马上治之乎"，都是脍炙人口的典故。

郦食其说服了齐王和刘邦结盟，韩信趁着齐国放松戒备，一举灭了齐国，当然也导致郦食其被鼎烹。这事被当作韩信的一大污点，诚然不算冤枉韩信。不过郦食其说服齐王和刘邦合作，以齐人之反复无常，随时还可能再叛变。韩信灭齐，则杜绝了这种可能，所以最大获益者其实是刘邦。

陆贾去南越国游说赵佗的一段，要和《南越列传》合读。本篇写南越王赵佗开始很嚣张，但陆贾一番高论，说得赵佗改容致歉，接受汉朝的要求。这段记载不确定真实性有几分，不过显然成了后世华夏人物与外夷对答的范本，模仿者不计其数。一直到鸦片战争后，写中国名流如何与西方人打交道，仍时时有人使用这种写作技巧。

当然，陆贾与赵佗对话的内容，应该不是太史公原创，大概就出自陆贾回来后自己作的工作报告。陆贾为《史记》的创作提供了很大的帮助，他还写过一部叫"楚汉春秋"的书，《史记》写本朝开国史，往往从中取材。

本篇还附有一个叫朱建而被封为平原君的人物的传记。这个平原君是战国纵横家之流，经常出入权贵圈子。汉惠帝要杀吕后的情人审食其，朱建去找汉惠帝的同性恋人闳孺说，皇帝要杀审食其，太后心疼又不好意思求情，但将来一定会报复，那就是杀你了，所以你应该去找皇帝求情，以后皇帝和太后都会喜欢你。闳孺照做，因此保了审食其一命。

古代论者，往往认为朱建这人哪里配和郦食其、陆贾相提并论，这段实在不该写。不那么在乎历史"书法"的读者，大概还是觉得这段写出来挺好的，尤其是吕后和审食其的关系，别的地方都写得引人疑窦又影影绰绰，只有这段写得最直白，很能满足八卦心理。

实际上，司马迁把陆贾和朱建合于一传，还有个更关键的原因，就是这两个人都在诛杀诸吕的政变中，发挥了沟通串联的作用。但这事牵涉到汉文帝的帝位合法性问题，不宜多说，《史记》只点了一句，审食其能够在政变中安然无恙，"皆陆生、平原君之力也"，隐藏剧情可能是这两个人把吕后这位老情人拉进了铲除诸吕的队伍。

　　欲详知秦楚之事，唯周缧常从高祖，平定诸侯。作《傅靳蒯成列传》第三十八。

想要详细了解秦楚之际的事情，只有周緤最清楚，因为刘邦平定诸侯的时候，他时常跟刘邦身边——这句似乎不通，如果不是有脱误，那大概是这么理解的。

作《傅靳蒯成列传》第三十八——傅指阳陵侯傅宽，靳指信武侯靳歙，蒯成指蒯成侯周緤。

本篇也是很早就"有录无书"的十篇之一，但这三个人的档案应该至少保存到了西汉后期，今本《史记》里这篇传是据档案补足的。所以基本是干货，而没什么文学性。

档案自然也可以读出很多东西，汉初功臣侯中，傅宽排名第十，靳歙排名第十一，确实都是战功赫赫。

周緤的情形则很不同，他没什么值得单独拿出来说的战功，唯一的特点是时刻紧跟在刘邦身边，不论情况多么危急都绝不远离。刘邦晚年，又要出去打仗，周緤就开始哭，感动得刘邦说周緤"爱我"，赐他"入殿门不趋，杀人不死"。

总之，周緤很像是刘邦的男宠，所以有人就奇怪为啥不把他写到《佞幸列传》里去。从《自序》里这句半通不通的话看，周緤的后人或许是太史公重要的信息来源。

　　徙强族，都关中，和约匈奴；明朝廷礼，次宗庙仪法。
　　作《刘敬叔孙通列传》第三十九。

迁徙豪强大族，建都关中，与匈奴和亲——这句说刘敬的三个重要建议。

明辨朝廷之礼，制订宗庙仪法——这句说叔孙通的的功绩。

作《刘敬叔孙通列传》第三十九。

本篇是刘敬和叔孙通的合传。古人的评论：汉初两件大事，一是定都，二是兴礼，分别和这两个人有关。

刘敬本名娄敬，因为建议提得好，被刘邦赐姓了刘。

定都在哪里？最大的纠结是德和险的排序问题。德不是什么空洞的说教，重德其实是重经济，定都于经济发达地区，养活庞大的行政机器和特权阶层相对容易，徭役和赋税就可以比较轻，对民众来说确实是德政。险是看重战争状态下的防御优势，但易守难攻的地方通常经济都不大好，要把远方的资源抽调过来供应首都，对民众来说自然是沉重的负担。

能够作首都的地方，德和险都应该比较优越，但更注重哪一个，自然会影响最终的选择。

从本篇记载的争论看，汉初的人把洛阳当作"德"的代表，把关中当作"险"的代表。又因为普遍误以为武王伐纣之后，周就迁都洛阳了，所以又认为定都洛阳，是学习周朝；定都关中，是学习秦朝。刘邦最终选择了关中，这也是汉承秦制的表现之一。

迁徙豪强大族到关中去，是强干弱枝的政策，和定都关中是一而二二而一的问题。中央集中更多的人口和资源，地方政府贯彻中央的意志也可以更坚决，因为豪族常常是政策推行的最大阻力。刘敬这个建议，在司马迁生活的汉武帝时代，得到了更加强有力的执行。一直到西汉末汉元帝的时候，由于关中实在容纳不下这么多人口，移民政策才废止。国家不强制移民，带来的好处是社会经济的繁荣，坏处则是离心力增加，埋下战乱的祸根。

至于与匈奴和亲的事，在汉初实际上也没有其他选择。本篇记载的刘敬的言论，有的也未必可靠。

叔孙通制礼，则涉及到如何理解儒家"礼制"的问题。

按照正统派儒生的观点，汉初是没资格兴礼乐的，因为"礼乐所由起，积德百年而后可兴也"，先推行一百年德政，然后再谈礼乐的事。汉初战乱初定，救死扶伤不暇，哪里轮得到兴礼乐？

可是叔孙通嘲笑正统派是腐儒。刘邦迫切需要凸显皇帝权威的仪式，有需求就有供给，于是叔孙通就"颇采古礼与秦仪杂就之"，制订了一套特别符合刘邦需求的礼，结果是把大臣变得格外卑微，让刘邦发出了著名的感叹："吾乃今日知为皇帝之贵也。"

司马迁极力表现叔孙通的投机性格，但又评价他"与时变化，卒为汉家儒宗"，看似赞美，实际上汉家的儒是什么底色，也就不言而喻了。

> 能摧刚作柔，卒为列臣；栾公不劫于势而倍死。作《季布栾布列传》第四十。

季布能改其刚烈，化为柔顺，终于成为汉朝名臣——季布本是项羽手下，项羽死后，季布隐姓埋名，给人当奴隶，后来得到大侠朱家的帮助，被赦免，又成了汉朝的将军。

栾公不为威势所迫，不愿背叛死者——栾布本是彭越的部下，奉彭越之命出使，回来时得知彭越已经被刘邦杀害枭首，头悬于城墙。栾布便到人头下复命哭祭。栾布被捕后被带到刘邦面前，他为彭越辩冤，最终得到了刘邦的赦免。

作《季布栾布列传》第四十。

这篇应该与《游侠列传》联读。所谓：

> 今游侠，其行虽不轨于正义，然其言必信，其行必果，已诺必诚，不爱其躯，赴士之厄困，既已存亡死生矣，而不矜其能，羞伐其德，盖亦有足多者焉。

本篇中出现的人物，心底都是认同这种价值观的。季布是侠，栾布是侠，救助季布的朱家是侠，栾布要报答的彭越是侠，刘邦虽然已经是皇帝，但是他终于赦免了季布、栾布，也是因为心中始终存着少年时的一点游侠之气。

> 敢犯颜色，以达主义，不顾其身，为国家树长画。作《袁盎晁错列传》第四十一。

敢于犯颜强谏，使君主言行合于道义——这句说袁盎，汉文帝曾经格外尊重绛侯周勃，与宦者赵谈同车，又曾让自己宠爱的慎夫人和皇后同座……袁盎都曾出来劝止。

不顾惜自身，为国家作长远谋划——这句说晁错，晁错力主削藩，激起吴楚七国之乱。叛军以"清君侧"为名，西向长安。晁错身死东市，而皇权从此大大增强。

作《袁盎晁错列传》第四十一。

本篇是袁盎和晁错的合传，不过其实重在写袁盎。

《自序》里一句"敢犯颜色，以达主义"，显得袁盎是个耿直的大臣，不过细读本篇，会发现袁盎非常精明，他劝汉文帝时说的那些话，不少皇帝其实是很乐闻的。

比如汉文帝是得到功臣们拥立才上台的，所以不得不对功臣领袖周勃显得格外尊重。这时袁盎站出来，给了周勃一个"所谓功臣，非社稷臣"的历史定位，劝汉文帝对周勃不要太客气。看起来是犯颜直谏，实际上皇帝恐怕求之不得。

还有些话，袁盎是在给自己抬身价。我冒犯你，你宽容我，这样我立了亢直敢言的人设，你有了大度能容的名声，不是双赢吗？

若碰到不想要这个名声，不肯包容的人，袁盎就绝不多话。袁盎曾经到吴王刘濞那里去做国相，就每天喝喝酒，说说你可不要造反的场面话而已。

当然最后袁盎还是因为迎合汉景帝，得罪了梁孝王刘武，被刘武派出的刺客刺死了，这是卷入了宫斗，再人精也没有用。

所以读袁盎传，历来有两派意见：

一派认为，除了害死晁错的事，是袁盎刻薄了，别的事上他还是磊落的。而袁盎之所以要置晁错于死地，也是因为晁错想置袁盎于死地，两个人已经是势不两立的关系。

有的则看袁盎觉得非常不对劲：宋朝的洪迈在《容斋随笔》里直斥"袁盎小人"，明朝的钟惺说得委婉一点：

> 袁盎有智数人，每于强谏犯颜中微寓献媚之意，自结于人主，作用甚妙，弥缝甚工。人知其直而不知其谲，太史公以"善傅会"三字尽之，得其情矣。

这用今天的话说，就是所谓"精致的利己主义者"了。

不过司马迁对袁盎似乎也谈不上反感，他固然说了袁盎"善傅会", 却也认为袁盎"仁心为质, 引义慷慨", 话说得慷慨激昂了一点, 但存心还是仁厚的。一个利己主义者如果称得上精致, 自然不会做损人不利己的事。而一个粗糙却想"为国家树长画"的人, 带来的风险可能大得多。

在司马迁看来, 晁错就是后者。

本篇晁错部分写得很简单, 说他"陗（同峭）直刻深", 总之就是做人很不厚道的意思。又说:

> 晁错为家令时, 数言事不用; 后擅权, 多所变更。诸侯发难, 不急匡救, 欲报私仇, 反以亡躯。语曰"变古乱常, 不死则亡", 岂错等谓邪!

晁错做太子家令的时候, 多次进言而不被汉文帝采用。到了汉景帝时代, 晁错擅权, 修改了国家的许多法令。诸侯发动叛乱, 晁错不急于匡救朝廷, 却想趁机报自己和袁盎之间的私仇, 反而招来杀身之祸。俗话说"改变古制, 淆乱常规, 不是身死, 就是逃亡", 难道说的就是晁错这类人吗?

其实, 汉文帝何尝不想削藩, 他不听晁错的, 无非是知道晁错的激进方案无助于解决问题, 不愿意激化矛盾罢了。当然, 说汉文帝高明, 等于说汉景帝处置颠倒, 所以也毋怪《孝景本纪》要被删掉了。

相比本篇,《汉书》里关于晁错的信息比较丰富, 尤其是保存了晁错重要的政论文章。

> 守法不失大理, 言古贤人, 增主之明。作《张释之冯唐

列传》第四十二。

维护法律，很符合"大理"的标准——这句说张释之，他居廷尉之职，廷尉也称大理，是最高司法长官。

称说古代贤人，使君主更英明——这句说冯唐，冯唐向汉文帝讲述战国名将廉颇、李牧的业绩，借机为汉将魏尚伸冤。

作《张释之冯唐列传》第四十二。

这篇很能展现汉人的质朴，张释之和冯唐与汉文帝说话，都没什么高端的修饰性的语言。古人就评论说，这篇里的君臣对答，仿佛普通人家的父子聊天，因此读来亲切有味。有不少学者都强调，这篇应该和《酷吏列传》对读，文帝朝和武帝朝的分别，一目了然。

这篇里的一些点，关联着古代史的大问题。

张释之是法官，从他的态度里，可以窥见古人对法治的一些基本立场。

第一是张释之对上林苑的虎圈啬夫（管皇家动物园的老虎的小官吏）的评价。这个虎圈啬夫业务水平极高，皇帝问什么，他都可以应对。张释之认为，坚决不能给这个小吏升官，因为越是这样的人，越会"争以亟疾苛察相高，然其敝徒文具耳，无恻隐之实"，就竞争谁的办事效率更高，管理更加吹毛求疵，结果拿出来的工作汇报很漂亮，但是对真实的民间疾苦，毫无恻隐之心。秦朝就是给这样的官吏闹亡的，汉朝不能重蹈覆辙。

第二是张释之对"皇帝和法律的关系"问题的看法。张释之显然认为，皇帝应该受到法律约束。一般说法，古代中国并没有"王在法下"的观念，但是，要让下面的官员依法办事，法律就要有稳定性，法律要有稳定性，皇帝就不能随意甩开法律按照自己的意志办事。所以，法对皇权的约束，虽然很微弱，多少还是存在的。

冯唐与汉文帝的对答，谈的则是执法官吏和边关将士的关系问题，或者进而言之，是考核者与一线工作人员的关系问题。

汉文帝为匈奴问题而头痛，叹息说我要是有古代廉颇、李牧这样的名将就好了。冯唐对汉文帝说，你有名将也用不好，给出的理由是：

> 夫士卒尽家人子，起田中从军，安知尺籍伍符。终日力战，斩首捕虏，上功莫府，一言不相应，文吏以法绳之。其赏不行而吏奉法必用。

大意是士兵们没什么文化，哪里弄得清复杂的管理规范。一天到晚力战，好不容易有了点功，汇报工作的时候，一句话没说好，就被考评者全部抹平。结果奖励是拿不到的，惩罚是逃不掉的。所以冯唐的结论是，当年李牧之所以仗打得好，就是因为对他没考核。

冯唐指出的问题很实在，但要说对边关大将彻底放权，对朝廷来说也近乎自杀行为。所以这个矛盾，也就只好贯穿古代帝制史始终了。

> 敦厚慈孝，讷于言，敏于行，务在鞠躬，君子长者。作《万石张叔列传》第四十三。

石奋、张欧等敦厚慈孝，不善言辞，敏于行事，致力于谦恭，堪称君子长者——汉代人说"长者"，犹言"厚道人"。

作《万石张叔列传》第四十三。

石奋父子五人，都官至二千石，所以人称石奋为"万石君"。张叔，名欧，武帝时曾为御史大夫。本篇还写到卫绾、直不疑、周仁等人。

这篇讲的，是皇帝—官僚体制下，最符合皇帝理想的官员是什么样的。能力不重要，德行很重要。但所谓"德"，和一般人所理解的道德高尚也很不同，最要紧的是"谨"，也就是毫无个性色彩，一言一行都符合制度规范，仿佛皇权之下的提线木偶。

司马迁评价他们，说的都是赞美的话，但读《史记》的人，都认为司马迁说的是反话。因为这些人作为一个人，是无趣的人；从家国大义的角度看，他们更是毫无建树；唯一的价值，就是让皇帝放心而已。司马迁不可能喜欢这些人。

周仁在这些人里稍显特殊，他是入了《佞幸列传》的，但关于他的描写在这篇里较为详细：

> 仁为人阴重不泄，常衣敝补衣溺袴，期为不洁清，以是得幸。景帝入卧内，于后宫祕戏，仁常在旁……

周仁这人沉沉的，很稳重，能够不泄露秘密[9]，常穿破旧打补丁的衣服、好像沾着尿的裤子，故意显出不洁净的样子。周仁

---

[9] "阴重不泄"也有解释为泌尿系统疾病的，似不甚通。

是医生出身，又是郎中令，可以出入后宫，弄成这个样子，是表示自己绝不会讨女人喜欢，让皇帝放心。

汉景帝果然就很宠幸他，到卧室里，和嫔妃们做最隐秘的游戏，也不要周仁回避。

这篇里其余人等并无这等古怪的表现，司马迁把他们和周仁放在一起，不知道有没有这个用意：你们看起来道貌岸然，但其实你们和周仁没有区别。

　　守节切直，义足以言廉，行足以厉贤，任重权不可以非理挠。作《田叔列传》第四十四。

田叔恪守节操，恳切刚直，他的德义，足以称得上清廉，他的行为，足以使贤者受到激励，他担任要职，别人不能以不合理的方式使之屈服。作《田叔列传》第四十四。

《田叔列传》讲的是一个"懂政治"的官员。

梁孝王派人刺杀了袁盎（参看世家第二十八、列传第四十一），汉景帝让田叔去审理此案。田叔查清楚详细情况，建议汉景帝不要往下追究这事了：因为一旦宣布罪证，不处死梁王显得汉朝法律就是摆设；处死梁王则太后食不甘味，卧不安席，不如假装什么也查不出。

汉景帝因为非常赏识田叔，就任命他做鲁国的国相。当时的鲁王是汉景帝的儿子，是熊孩子之流，连孔子故居都拆，欺负一般老百姓自然不在话下。所以田叔一到鲁国，就收到大量百姓举报，结果田叔把举报者打了一顿板子，质问说："你们怎么毁谤君主呢！"鲁王听说了觉得惭愧，拿出财物让田叔退还给百姓，田叔说，不能你做恶人我做好人，归还财物的事，你自己做。

类似的例子还有一些，总之，美誉一定要归主上，牺牲几个小官，委屈一下百姓，也是难免的。

田叔的儿子田仁，是司马迁的朋友，田仁还有一个朋友，叫任安。田仁、任安都卷入了卫太子之乱，是屈死的。司马迁至少算半个历史当事人，很多话他也没法多说。万幸的是，褚少孙在《田叔列传》后面，提供了他补《史记》的最有分量的文字，他给田仁和任安作了传。[10]

褚少孙作的田仁、任安传，文学上算得上很出色，但传末的议论，还是那么酸腐。所以钱锺书先生读《史记》至此，感叹说一个人的文才和见识，竟可以不匹配到这种地步。

　　扁鹊言医，为方者宗，守数精明；后世序，弗能易也，而仓公可谓近之矣。作《扁鹊仓公列传》第四十五。

扁鹊的医学论述，为医家所尊奉，他医术精妙高明——扁鹊是传说中的人物，关于他的信息，自然分歧众多。本传中的扁鹊，定位为战国初的人物，名叫秦越人。在汉代，医学被看作数术方技之类，所以这段里用到"方者""守数"这样的词。

后世遵循其法，不能改易，而仓公可谓接近扁鹊之术了——仓公是汉文帝时的名医，名叫淳于意。

作《扁鹊仓公列传》第四十五。

这篇有特殊地位，因为是我国第一篇医学家的传记，后人怎

---

⑩ 参见附录一。

样给名医立传，也是"弗能易也"。

扁鹊的故事，神话色彩很重，如说他习得了禁方，有了透视的能力，能隔着墙看见人，也能看见病人五脏六腑的症结。和扁鹊的打交道的人，年代悬隔，所以可以推论扁鹊必然很长寿。名医长寿得不合情理的传说，后世也常见，如药王孙思邈，算下来也是一百大几十岁的寿命。

仓公淳于意则是司马迁祖父辈的人，他的传记就平实很多。其中还顺带写到了中国法律史上的一件大事：淳于意犯罪，被处以肉刑，他的小女儿缇萦上书，为父亲鸣冤。汉文帝很感动，从此把肉刑废除了。

仓公传大半的内容，是抄录仓公的医案，这被认为是汉代临床医学的重要史料。

二十世纪以来，简帛类医学文献井喷式出土，可与本篇相印证的内容很多。

　　　　维仲之省，厥濞王吴，遭汉初定，以填抚江淮之间。作《吴王濞列传》第四十六。

刘仲被削夺王爵，其子刘濞受封做了吴王——刘邦的二哥刘仲，被封为代王，代国靠近匈奴，刘仲敌不过匈奴，逃回朝廷，被贬为侯爵。后来刘仲的儿子有功，被封为吴王。

适逢汉朝初定天下，让他镇抚江淮之间——解释刘濞能够封吴王的缘由。

作《吴王濞列传》第四十六。

《自序》照例只说正面的话，这篇其实是系统讲述吴楚七国之乱的。

开篇先写，封刘濞做吴王时，刘邦就看出他有反相，说："汉后五十年东南有乱者，岂若邪？"汉朝建立后五十年，东南地区有叛乱的人，莫不会是你吧？开国皇帝有强大的预言能力，也是传统史书的基本套路。

接下来说吴国何以能有造反的资本。首先当然是吴国的自然禀赋好，资源丰富。但应该承认，吴王刘濞的政策也不错：因为有铜和盐的收益，所以吴国不收赋税（或税负很轻），对要服役的人，吴王按市场价给与工资。而为朝廷服役，则都是无偿的，这就带来一个结果，吴国可以"招致天下亡命者"。亡命者是没有户籍而逃亡在外的人，实际上也就是很多小民宁可做吴国人，觉得比直接做大汉编户齐民生存压力小些。

然后再说汉朝与吴国的矛盾如何逐步升级，叙事在不动声色中藏着刀光剑影，总体上给人的感受，还是汉景帝刻薄寡恩。

终于写到叛乱爆发，把老吴王写得颇有英雄气。"寡人年六十二，身自将。少子年十四，亦为士卒先。诸年上与寡人比，下与少子等者，皆发。"这道征兵令，也堪称掷地作金石声。

更奇的是，虽然吴王本人智力不足以和气概相称，指挥错误频出，吴国将士中，却不乏奇能异士，如田禄伯、桓将军，都颇具战略眼光。更惊人的是，一个酤酒亡命，谁都以为活该庸碌一生的周丘，孤身一人返回家乡，号召反汉，竟一夜得三万人，进而攻城略地，战果不凡。这是周丘的个人才能，而汉朝官府在当地有多不得人心，也就可想而知了。

相反，西汉朝廷在平叛过程中却倾轧不断：袁盎和晁错固然在互相挖坑，汉景帝对弟弟刘武也充满了算计。景帝指示的平叛手段，极其残忍，"击反虏者，深入多杀为功"，并强调有敢对诏书议论或执行不坚决的，"皆要（腰）斩"。

只看这篇，几乎要使人以为司马迁是暗暗站在吴王刘濞一边。不过若回顾前面《绛侯世家》写周亚夫，或看下一篇《魏其武安列传》写窦婴，就知道司马迁并没有这个意思。他只是写到英雄气概就自然笔势纵横，所以常常显得没什么立场。

> 吴楚为乱，宗属唯婴贤而喜士，士乡之，率师抗山东荥阳。作《魏其武安列传》第四十七。

吴、楚叛乱，宗室亲属中只有窦婴贤能而喜好士人——窦婴是外戚，西汉说"宗属"，往往包含外戚在内。

士人归心于他，率军在荥阳抵抗崤山以东的叛军——黄河流域的东部与西部之争，荥阳是枢纽所在。平定吴楚七国之乱时，汉景帝派窦婴驻守于此。

作《魏其武安列传》第四十七——窦婴封魏其侯，田蚡封武安侯。

本篇是魏其侯窦婴、武安侯田蚡的合传，实际上本传里着力塑造的人物，还有灌夫。不过《自序》里几句话，全是赞美窦婴的。这是因为在太史公心目中，田蚡完全不足以和窦婴相比。

窦婴是汉景帝的母亲窦太后的侄子，田蚡是汉武帝的母亲王太后同母异父的弟弟，两人都是外戚，彼此又是政敌。最终窦婴不敌田蚡，被处死。

在司马迁看来，窦婴和田蚡是完全不同的人，所谓"魏其之举以吴楚，武安之贵在日月之际"，一个是平定叛乱的功臣，一个只是贵戚而已。

后世学者仔细研读这篇传记，还归纳出更多的差异。如清代姚苎田说：田蚡靠王太后的关系得以封侯，窦婴因拦住窦太后的私心而丢官，这是第一大不同；田蚡靠门客谋求自己的利益，窦婴重新任职却是赴国家之难，这是第二大不同；田蚡当了丞相，在自己的哥哥面前也要摆谱，窦婴当了大将，首先想到的却是举荐朋友里的人才，这是第三大不同；田蚡喜欢的是狗马玩好，满天下搜罗还不满足，窦婴得到皇帝赏赐的千金，都陈列在廊下不用于私欲，这是第四大不同；窦婴为了保护栗太子而称病辞职，宾客游说仍不出山，田蚡因为专权而被疏远，皇帝都赶人了仍不肯走，这是第五大不同……凡此种种，都可见太史公推崇窦婴，字里行间充满了痛惜之情，而田蚡的"不值一钱"，也就反衬得极其明显了。

但换个角度说，也可以认为窦婴、田蚡是同一类人，或者说司马迁也知道，在汉武帝眼里，他们的区别毫不重要。《卫将军骠骑列传》里记载，卫青得势的时候，有人劝他养点门客，卫青回答说：

> 自魏其、武安之厚宾客，天子常切齿。彼亲附士大夫，招贤绌不肖者，人主之柄也。人臣奉法遵职而已，何与招士！

窦婴、田蚡两个养宾客，天子提起来就咬牙切齿的。选拔人才，是皇帝的特权，我们做臣子的，照规矩办事就好了，招贤纳士这事，还是别掺和。

高尚还是卑鄙无足轻重，重要的是你侵犯了"人主之柄"，所以你就该死。

本篇是公认的《史记》名篇，自古以来的评点者，交口赞誉其文章笔法之妙。本篇包含的历史信息也很重要，因为写汉武帝的《今上本纪》已经不存，而本篇的后半段，集中在汉武帝即位的头十来年，可以起到一点补阙作用。

建元新政，皇帝十七岁，做事太多太急，结果栽在窦太后手上；东朝廷辩，皇帝二十七岁，没有自己培养的核心班底，指望一帮老臣站队，结果栽在王太后手上。这是少年天子摸索怎样办事、怎样用人的成长史。

武帝一朝，后来的权贵不敢养士，丞相战战兢兢，内朝迅速发展，察举广泛推行……都和这一段埋下的心结有关。

　　智足以应近世之变，宽足用得人。作《韩长孺列传》第四十八。

智谋足以应付近世之变——主要指韩安国精通官场中的人情世故，而不是说他能根据时代变化提出什么改革方案。

宽厚足以为国家发掘人才——本篇中写道，韩安国推荐的人才，"皆天下名士，士亦以此称慕之"，其中包括和司马迁一起定律历的壶遂。

作《韩长孺列传》第四十八——韩安国，字长孺。

韩安国是活跃于景帝时代到武帝前期的官员，他的官场沉浮，也很能看出汉代政坛风气的变化。

本篇可以分两部分读。

　　前一部分是景帝时期，韩安国是梁国的官员，平定吴楚七国之乱时，立过不小的军功。梁孝王与汉景帝关系尴尬，韩安国作为梁王的使者，往来于西汉朝廷和梁国之间，很善于大事化小，消弭矛盾，所以很得窦太后欢心。所谓"智足以应近世之变"，这个阶段表现得最突出。

　　当然，宦海风波险恶，再会做人，也难免不会犯法下狱，韩安国因此贡献了一个"死灰复燃"的成语。有个狱吏羞辱韩安国，韩安国说："死灰独不复然乎？"狱吏竟然说，复燃了就撒泡尿浇灭它。不久后韩安国就从刑徒高升为二千石的大官，他对那个狱吏说："可溺矣！公等足与治乎？"你可以尿了，你这种人，倒也不值得治罪。这件事，是写韩安国"宽"处。

　　梁孝王、汉景帝相继去世，韩安国凭自己留给太后的好印象，又给田蚡行贿，得以直接做了汉朝的官，一路升任御史大夫。

　　于是遇到了一件大事，也就是标志着汉与匈奴进入战争模式的"马邑之谋"。

　　具体说，是计划把匈奴主力引诱马邑（今山西朔州朔城区），事先埋伏好的汉军伺机突然袭击，将之一举歼灭。可惜匈奴警觉，及时撤退，汉军徒劳无功。武帝最后只好杀了提出这个方案的官员王恢出气。

　　这件事，按说应该详写在《匈奴列传》里，可是本篇写得比《匈奴列传》还详细。

　　这就成了一个著名的疑点。韩安国和这次行动有什么关系？据说他是汉军伏兵的总指挥，可是韩安国一直是反对和匈奴开战的，汉武帝为什么要用他作总指挥？

台湾学者邢义田先生写过一篇考证《汉武帝在马邑之役中的角色》，结论是，其实这次行动的指挥是汉武帝本人。[11]

这事于少年天子来说太丢人（当时汉武帝二十二岁），司马迁没法写。韩安国是在为汉武帝背锅，把锅摆在韩安国的传记里，也算留了个记认。

这件事也标志着韩安国已经做不到"智足以应近世之变"了。武帝朝的行政机器全速启动，韩安国这种无为而治时代很有效的柔软身段，已经跟不上社会的变化。韩安国人生的最后岁月，是作为一个软弱不胜任的边境守将活着的，终于，他"病欧（呕）血死"。

同样跟不上时代的，就是下一篇的传主，著名的飞将军李广。

　　勇于当敌，仁爱士卒，号令不烦，师徒乡之。作《李将军列传》第四十九。

勇于抗敌，仁爱士卒，号令简明不烦，将士归心于他。作《李将军列传》第四十九。

本篇饱含深情，是太史公文学上的极致之作。

由本篇的"太史公曰"可知，司马迁是见过李广的，根据司马迁成为郎官的时间推算，当时的郎中令极可能正是李广，也就是说，李广是司马迁刚刚步入职场时，接触到的第一个部门领导。另外司马家和李家祖上都是秦国名将，不排除也存在某种

---

⑪ 收入《天下一家——皇帝、官僚与社会》，中华书局，2011。

世交。

偏偏，李广又是个最令下属敬爱的好领导。李广的军事才能如何，大可争论，但是李广有三项长处却是公认的：第一，骑射无双，极具偶像气质；第二，爱惜士卒，身无余财，与基层将校同甘共苦；第三，为人简易，号令不烦，不作严苛的管理考核。代入下属的视角，会发现这些长处远比那些更高端的优点有吸引力。

所以基本上就不能指望司马迁客观评价李广了，感情羁绊如此之深还要强行客观，反而多少有点违背人性。

好在，司马迁仍然比较准确地记载了李广的行事风格和具体战绩。所以后人很容易看出，李广是一员勇将，但不具备大将之才，无论是指挥大兵团作战的能力，还是率领小股部队千里奇袭的能力，没有证据显示他可以和卫青、霍去病相比。

当然，现在有一种对李广贬损太过的论调，同样也难以成立。其根据是《李将军列传》中的这段记载：

> 广行无部伍行陈，就善水草屯，舍止，人人自便，不击刁斗以自卫，莫府省约文书籍事，然亦远斥候，未尝遇害。

因为这条记载，有人认为李广统兵无组织无纪律，连排长之才都没有，这是疏忽了李广这么做的具体背景。当时还是汉朝的战略防御阶段，所谓匈奴入侵，经常是几人、几十人的小股骚扰。如果要求边境的汉朝守军经年累月保持高强度警戒，很容易进入看似严守规章实则精神涣散的状态。李广让将士们总体上较为放松，同时派出斥候大范围侦查，实际上是一种精准流调。

李广在汉朝和匈奴人那里的口碑，也证明了这个策略曾经相当成功。当然，可能正是由于对这种策略的依赖，汉军转为全面进攻的模式后，李广对新打法就有点难以适应。

还有"李广路痴"的谣言，说他经常迷路。其实纵观汉军历次出击，汉将"失道"是常有的事，李广只有一次，却是通往他生命尽头的那次，所以令人印象格外深刻罢了。

虽说李广非大将，但他的能力还是远胜一般将领的，更不消说碾压军宅嘴炮了。

> 自三代以来，匈奴常为中国患害；欲知强弱之时，设备征讨，作《匈奴列传》第五十。

自夏、商、周三代以来，匈奴常为中原祸害——司马迁认为匈奴是"夏后氏之苗裔"，又认为匈奴就是山戎、猃狁、荤粥，那么"三代以来"一直是威胁，也就不奇怪了。

要想掌握强弱时势，从而决定如何防御，如何征讨，作《匈奴列传》第五十。

本篇讲述匈奴的历史。《匈奴列传》夹在李广传与卫青传、霍去病传之间，从体例编排来讲，显得有些奇怪，从阅读体验来说，倒还顺畅。

关于匈奴的起源，古人读本篇，常常已经觉得"疏略甚矣"。现代学者当然会有更多全新的看法。

本篇更有价值的，是秦汉以来中原王朝与匈奴的战争与和平。

说到匈奴的冒顿单于，司马迁讲了他好些富有传奇色彩的故事，很难说这些故事里有几分真假，只能说，在汉朝人眼里，让太祖高皇帝忍受白登求和之辱的单于，配得上这样的传奇。

汉代初年，刚刚从恐怖的战乱中走出来的汉朝，确实难以在军事上和匈奴对抗。所以除了与之和亲，汉朝确实也没有什么办法。而和亲效果有限，匈奴并不因为娶了汉朝公主收了汉朝财物就停止侵扰，这当然会给汉朝人留下匈奴毫无信义的印象。现代研究游牧经济的学者则会给出另外的解释：第一，游牧经济不能自给自足，不靠南下劫掠匈奴无法维持生存；第二，匈奴组织上仍然有部落同盟的性质而非中央集权制，所以单于承诺的和平，对普通匈奴人未必有那么强的约束力。

当然长期交流之后，也一定会产生中行说这样的人物。中行说是一个投奔匈奴的汉朝宦官，非常善于赞美匈奴的优越。文明社会的知识精英很容易产生一种自我厌弃的情绪，何况复杂的社会结构里，还一定会不断产出被亏欠的人，对他们来说，赞美另一种社会形态就是一种很好的心理补偿。对匈奴而言，则是"入关后自有大儒为我辩经"，现在只能不定期逾越长城而不能真正入关，所以只得到一个阉宦。

既然和亲带不来和平，汉朝国力恢复到汉武帝时代，全面反击也就开始了。从司马迁的记载里可以看出，汉朝和匈奴的攻防，都呈现出明显的季节性：秋高马肥，是匈奴南下的时间；而每年开春，是好不容易熬过了严冬的匈奴人与马都最衰弱的时候，而且为了追逐非常有限的水草，匈奴大概率会出现在某些特定地点，汉军就选择这个时间出击。不确定司马迁是否清楚他所记录的季节信息中包蕴的意涵，但是大将军卫青无疑是非常清楚的，因为他的时间点总是掐得非常准确。

大致说，汉匈战争的态势，可以元狩四年（前119）作为分界。此前汉军固然付出了惨重的代价，但是确实堪称战果辉煌；但是当匈奴撤退到漠北之后，情况就发生了根本的改变。

这时汉朝在战略上已经占绝对优势了，失去了农耕区的补给，漠北的匈奴无法自给，早晚会自行崩溃；战术上汉朝却是处于绝对的劣势，出击漠北补给线拉得太长，后勤成本更高。匈奴不再与汉军主力会战，而是在隐秘处等待，等到汉军长期曝露于荒野，疲惫不堪，不得不撤退时，才突然出现发动致命一击。

司马迁缺乏长期随军作战的经验，对前线局势的了解，主要依赖战报；对大后方为了支撑前线作战而付出的惨重代价，司马迁却感受至深。《匈奴列传》不免越写越痛苦低沉。

导致司马迁遭受宫刑的李陵之败，发生在天汉二年（前99），超出了《史记》原定的年代下限，但司马迁仍然提及此事，只是写得非常简单。甚至于，《匈奴列传》的最后，还写到了征和三年（前90）李广利投降匈奴。如果这条记载确实是司马迁本人的手笔，大约说明此事是太史公的心结，所以无论如何要记一笔。

> 直曲塞，广河南，破祁连，通西国，靡北胡，作《卫将军骠骑列传》第五十一。

直通曲塞，收复河南之地——这句说卫青。曲塞指今内蒙古河套一带的边塞，河南则是指河套地区，和今之河南省无关。这一带于秦末大乱时为匈奴所占，元朔二年（前127），卫青发动奇袭，收复河南之地。

攻破祁连山，打开通往西域各国的道路——这句说霍去病。元狩二年（前121）霍去病出陇西二千余里，于祁连山一带大破匈奴。

击败北方匈奴，作《卫将军骠骑列传》第五十一——"靡北胡"总说二人。卫青，官至大将军；霍去病，官至骠骑将军。

本篇是卫青、霍去病的合传，也是争议极多的一篇。

有人觉得，别看《自序》里这几句话是赞美卫、霍的，司马迁写这篇，其实用意就是说他们不好。宋代学者黄震说：

> 看卫霍传须合李广看，卫霍深入二千里，声震夷夏，今看其传，不值一钱。李广每战辄北，困踬终身，今看其传英风如在。史氏抑扬予夺之妙，岂常手可望哉。（《黄氏日钞》）

不过黄震说的，很难说是司马迁的表达效果，恐怕还是他自己的期待视野使然。作为宋朝人，黄震既反感重用外戚，更憎恶"生事夷狄"（去和少数民族搞事情），不管司马迁怎么写，他大概总要觉得卫、霍"不值一钱"的。

也有说得比较具体的，主要是以下几点：第一，司马迁详细记录了卫青、霍去病卑微的出身；第二，司马迁强调了卫青、霍去病的外戚身份；第三，司马迁借苏武的父亲苏建之口，指出"大将军至尊重，而天下贤大夫无称"；第四，司马迁每次记录卫青、霍去病出塞的斩获，就会记载接下来匈奴的反击给汉朝造成的损失；第五，司马迁在《佞幸列传》里，也提到了卫青、霍去病。

当然，也有不少人觉得司马迁笔下的卫青，相当可敬。对卫青的战功，司马迁的写法大体和写汉初功臣相似，实录战果为主，由于功绩确实过硬，不加文饰，反而更显说服力。但写卫青又毕竟比写汉初功臣用心，所以偶有几笔点染，便神气绝伦：

> 大将军深入穷追，战功最烈，又且因粮于敌，使幕南积聚一空，又且单于跳身苟免，使其众不知所在，汉威已极，此平城以后第一吐气之功也，史公胪次极其详尽，使千古以下犹若身在行间，闻鼓声而搏髀者。（姚苎田《史记菁华录》）

显而易见的是，司马迁写卫青指挥的元狩四年（前119）大决战，给了后世中国文学无穷的滋养。许多唐人佳句，就从这一段描写中化出。

更重要的是，有人觉得司马迁笔下的卫青，不仅是名将，更难得的是有古大臣风，"有识，有体，有机权，有情实，似从学问世务中出，非独奴虏所难，恐功臣中亦鲜有及此者。"（钟惺《史怀》）也就是说，在这些读者看来，司马迁写了卫青卑微的出身，不但不是抹黑，相反更显出卫青的难能可贵。

能让不同的读者读到截然相反的卫青，大概正说明了司马迁笔下的卫青客观而立体。所谓司马迁笔下的卫青的缺点，并无虚构，实际上司马迁道破一些事实，也难说是出于恶意。

司马迁不仅写卫青出身卑微，连太史公最敬爱的孔子，也写他是父母野合所生。

写卫青的外戚身份，司马迁也写到，早在元朔六年（前

123），卫青就已经靠赫赫军功维护姐姐的地位，而不是靠裙带关系上位了。另外，《建元以来侯者表》里，司马迁写到了卫青，却只记录功勋，没有提外戚身份。

写卫青不讨某些士大夫喜欢，司马迁也给了卫青解释的机会：要讨他们喜欢很容易，花点钱养着他们就是了，但是这么做，会让汉武帝不高兴。这段其实是写武帝一朝，做勋贵之难。

写匈奴反击，当然是因为反击确实存在。

至于《佞幸列传》里提到卫青、霍去病，原话是这么说的：

> 自是之后，内宠嬖臣大底外戚之家，然不足数也。卫青、霍去病亦以外戚贵幸，然颇用材能自进。

司马迁强调的是，卫青、霍去病和别人不一样。另外，在《淮南衡山列传》里，司马迁还引用了大量赞美卫青的话，表明卫青对那些企图造反的人的震慑力。

这要叫丑化，恐怕不知道要有多少人期待被丑化了。

至于霍去病，看得出司马迁确实不大喜欢他。霍去病和卫青不同，他出身也微贱，小时候却没吃过苦，而且他确实是天才，天才从来都和普通人缺少共情，所以霍去病对士卒不好，大概是事实，这个被司马迁记下来了。但骠骑将军出彩的细节也不少，钱穆说："史公于霍去病虽了了落笔，然亦精神毕显矣。"

有人指出，写卫青，司马迁更多用自己的语言写，写霍去病的功勋，司马迁往往抄汉武帝的嘉奖诏书。这确实说明他写得不够投入，不过倒是无意中契合了现代学术尽量引用原始文献的宗旨。为什么汉军骑兵从来打不过匈奴，到了卫青、霍去病手里，突然就有了巨大优势了？有现代研究者从诏书当中梳理出了关键信息。如果司马迁用自己的语言改写一遍，虽然肯定会更好看一些，但这些信息也许会被遗漏掉。

本篇最后，交代了卫青、霍去病的后人的结局，霍去病的儿子死得不明不白，卫青的儿子因罪失去爵位。家族迅速的没落和此前皇帝的破格恩宠，形成了鲜明的对照。

此外还有卫青、霍去病手下的裨将们的简历，是非常有用的史料。

> 大臣宗室以侈靡相高，唯弘用节衣食为百吏先。作《平津侯列传》第五十二。

大臣和宗室互相攀比谁更骄奢淫逸，只有公孙弘节衣缩食，成为百官表率。作《平津侯列传》第五十二——公孙弘封平津侯。

本篇是公孙弘和主父偃的合传，所以篇名应是"平津侯主父列传"，另外，本篇还附写了徐乐、严安二人。

公孙弘这人很有意思，他是被汉武帝破格提拔的。当然，破格提拔人才是汉武帝生平最大的喜好，不能反映汉武帝对公孙弘有多么欣赏，只说明汉武帝对原有的选官和晋升制度早已经极度不满。不过公孙弘也表现得对得起汉武帝的破格：第一，他能领会汉武帝的意图，根据皇帝的意见调整自己的立场；第二，他能把皇帝的意图用儒家经典包装；第三，他有处理具体事务的行政能力；第四，他能挨骂并且其实往往是替皇帝挨骂，起到了缓和皇权和官僚系统冲突的作用。单看某项具体指标，公孙弘可能谈不上优秀，但综合多项能力，他就实实在在是宰相之才了。

司马迁无疑不喜欢公孙弘，认为他是"曲学阿世"的代表，更主要的原因可能是这样身段柔软的人物显得没劲。相比而言，他对主父偃似乎倒是不无同情。

有人认为，主父偃和公孙弘合传，原因有五点：第一，两人都是齐地的人；第二，两人都是早年落魄而后半生得意；第三，两人都心术不正；第四，两人都行事诡谲。第五，主父偃最终是被公孙弘害死的。(李景星《四史评议》)

说得大体不错，不过，细讲第四点的话，主父偃和公孙弘有很大不同，公孙弘可以说是精致利己，主父偃却是心中怨念极深，要抓住各种机会发泄仇恨之火。公孙弘绵里藏针，主父偃却像是雪亮的匕首，主父偃向汉武帝建言献策，不论是对付诸侯王、地方豪强还是匈奴，一招招都能像匕首直捅对方软肋。他说"丈夫生不五鼎食，死即五鼎烹耳"，不在乎最终给自己来一个惨烈的死亡。不爱惜自己生命的人，当然对别人的命，也不会有任何怜悯。

说到主父偃的死，司马迁评论道：

> 主父偃当路，诸公皆誉之，及名败身诛，士争言其恶。悲夫！

这话其实挺没有道理，主父偃这样的人，恐怕早就令官场侧目，说他几句好话，只是恐惧之下的自保之举。不过主父偃死的时候，司马迁只有十九岁（取生于公元前145年说，不然更小），对官场还没什么切身体验。青春期的少年，大约比较容易欣赏带有毁灭倾向的力量之美，而格外厌弃人情冷暖中包含的虚伪吧。

当然，司马迁有点至死是少年。

> 汉既平中国，而佗能集杨越以保南藩，纳贡职。作《南
> 越列传》第五十三。

汉朝已经平定"中国"——此"中国"的含义，当然不能按照今天的国家概念来理解；但这里的"中国"也已经不限于中原地区，大致可以理解为华夏文明的核心区域。

而赵佗能安定杨越——赵佗统治的是岭南一带，何以称为"杨越"？旧注认为是"杨（扬）州之南越也。"扬州是个弹性巨大的概念，所谓"淮海惟扬州"，《禹贡》中扬州的南界，可以任意向南延伸，划到广东乃至越南，甚至把企鹅都划归扬州特产，都无不可。

以保卫南方藩属之地，纳贡尽职——这多少是站在汉朝官方立场上说的场面话，南越形式上尊奉汉朝，实质上是长期独立的。

作《南越列传》第五十三。

本篇写南越国的历史，《汉书》作"南粤国"，越和粤通用。

人类对不熟悉的外部世界，往往会用一个含混的概念去指称，对不同外部世界之间的差别，往往也不加重视。譬如二三十年前，很多国人心中只有"中国"和"外国"，而不太管具体是哪个外国。

所谓"越"，就是中原人对南方少数民族一个大而化之的称呼，随着了解渐渐加深，意识到需要加以区分，于是有了吴越、

扬越、东瓯、闽越、南越、西瓯、骆越……种种提法，但概念的使用，常常并不严谨。

大体说，本篇关注的南越，是指广东一带的越，下篇关注的东越，是指浙江南部和福建一带的越。

南越国并非越人自己建立的国家。秦始皇时代南征的秦军，在这里长期驻扎，秦末天下大乱时，没有选择北返争雄，而是在岭南独立建国。比如南越王赵佗的老家是河北真定（今河北石家庄），他是地道的北方人。

所以赵佗的心态就颇堪玩味，他对北方故土的思念应该是真诚的，但"负山险，阻南海，东西数千里，颇有中国人相辅，此亦一州之主也"的感觉，显然更令人快意。他在和汉文帝的通信中，自陈：

> 老臣妄窃帝号，聊以自娱。

这话意态豪雄，又玩世不恭，真有天地古今，唯堪一笑之概。心态是真好，他能活一百多岁，这想必也是因素之一。

汉朝对南越国的心态也很复杂。高祖刘邦时代，国家衰敝已极，也就"释佗弗诛"，把自己的无能为力，包装成宽宏大量。吕后时代，曾想对南越实施经济制裁（禁止关市，不允许铁器出口），反而激怒南越，赵佗称帝。到汉文帝时代，转而打亲情牌，修缮赵佗的祖坟，善待赵佗的家人，换取赵佗和汉朝交往时撤去帝号。但南越国内赵佗称帝如故，汉朝也就假装不知道了。

到汉武帝时代，国力强盛的大汉对外策略发生了根本改变。但不可否认皇帝仍然很有耐心，布局既有精密的穿针引线：第三代南越王赵婴齐曾经入质长安，汉武帝嫁了一个美丽的邯郸女子给他，而这个邯郸女子，另外还有个汉朝的情人；又有宏大的天马行空：汉朝大建舟船发展水军，并开发西南探索攻打南越的新路径，这些措施产生的最终影响，实际上已经远非扫平南越所能范围。

终于，这个邯郸女子成了南越的太后，汉武帝派遣她的情人以汉朝使者身份完成对南越独派的斩首，结果失败；西南地区的探索也成了与平定南越无关的另一场冒险；但之后汉朝打造的全新的水军发挥了作用，克服地理障碍后，拿下南越已经不是问题。南越的军队几乎没有形成有效抵抗，元鼎六年（前111），建国九十三年的南方小国，从此纳入大汉版图。

《汉书》对南越国的记载，内容更丰富一些。如汉文帝写给赵佗的诏书，措辞亲切而立意深远，《史记》未载。王勃《滕王阁序》有"无路请缨，等终军之弱冠"一语，和汉灭南越大有干系。《汉书》里终军有传，但太史公似乎不喜欢终军其人，对他没怎么提。

　　吴之叛逆，瓯人斩濞，葆守封禺为臣。作《东越列传》第五十四。

吴国叛逆，东瓯人斩杀刘濞——七国之乱时，吴王刘濞约邻近的东瓯一起参与，叛乱失败后，刘濞又逃至东瓯，为东瓯所杀。汉朝把这当作东瓯效忠的表现，免除其从逆之罪。

保卫封、禺山，使之成为大汉的臣子——封、禺山在今浙江湖州市德清县境内。此句或有所指，不详。

作《东越列传》第五十四。

本篇主要讲浙江南部的瓯越和福建的闽越，东越一词，有时兼指瓯越和闽越，有时特指瓯越。

司马迁关注了两个问题：

一是东越的起源。东越人被追溯为越王勾践的后代，而勾践是大禹的后代，大禹的后代虽然包含各种夷狄，但他们归根结底还是自己人，所以大家也就都是一家人了。

二是武帝的扩张。汉武帝刚即位的时候，大权还在太皇太后窦氏手里，武帝虽然满腔雄心壮志，但很多事做不了主。匈奴太强，南越太远，武帝要想有所作为，是拿距离最近实力最弱的东越练手的。这一番小试，大汉不安分的臣僚们证明了自己不愧为牛刀，于是扩张的宏图大业，也就渐次展开。

付出的代价也是惨重的，偏远地区，征服容易统治难，"东越狭多阻，闽越悍，数反覆，诏军吏皆将其民徙处江淮间，东越地遂虚。"武帝在浙江、福建制造了大片的无人区，从此大汉版图上，出现了一个巨大的会稽郡。从今天的苏南往南，包括浙江、福建，都属于会稽郡。但是，相当于今天福建省的范围，偌大地方只置一个冶县（治所在今福建福州）。其实就是汉朝在这里展示一下存在，暂时是没有能力真的治理的。

另一方面，江淮地区突然要吸纳大批文化不同、语言不通的越人移民，自然也会面临众多问题。《史记·平准书》记载，"江淮之间萧然烦费矣"。

所以让人不得不怀疑本篇最后的"太史公曰"，其实有些反讽在。东越是公然反叛的，被灭国后，其众被迁往内地，朝廷为了安抚东越王的后代，还是封其为万户侯，巨大的经济负担，落到了普通汉朝百姓头上。司马迁说："由此知越世世为公侯矣，盖禹之余烈也。"做大禹的后代真好啊，那么，做什么人不好呢？

燕丹散乱辽间，满收其亡民，厥聚海东，以集真藩，葆塞为外臣。作《朝鲜列传》第五十五。

燕国太子丹导致了辽东地区的散乱——荆轲刺秦失败后，秦国报复，秦军攻陷了燕国国都，燕王逃亡到了辽东，斩杀太子丹献给秦国。

卫满收拢其逃亡百姓——卫满是第一代朝鲜王，他本是燕国人。燕国很早就经略朝鲜半岛一带，太子丹事件导致大量百姓往朝鲜方向流亡，卫满就把他们组织起来。

于是会聚于海东，以安定真藩等部保卫边塞而成为塞外之臣——指卫满在朝鲜建国，真藩（亦作真番）是当时朝鲜地区小国。

作《朝鲜列传》第五十五。

《史记·宋世家》讲到，周武王封箕子于朝鲜。然而本篇未涉及箕子朝鲜的情况。

燕国人卫满建立的政权，被称为卫氏朝鲜。卫氏朝鲜草创建国，也是汉朝天下初定的时候，有个彼此相安无事的阶段，形式上朝鲜是汉朝的外臣，实际上汉朝对朝鲜事务当然不会过问。

局势仍是改变于汉武帝时代。本篇行文虽然简略，但是把汉朝与朝鲜双方怎样缺乏互信，互相寻衅生事，不断玩火，终于导致冲突不断升级，最终只能以一场灭国之战来了结的过程，梳理得极为清晰。

本篇最后，太史公感叹："两军俱辱，将率莫侯矣。"参与这一战的汉军诸将，以互相算计始，以各取其辱终。此前的开拓战争，往往能使许多将帅封侯，这样的好日子到此为止，司马迁显然认为，这是一个历史的拐点。

汉武帝元封三年（前108）灭朝鲜及其属国，汉朝统治了今朝鲜半岛的北部，设乐浪、玄菟、真番、临屯，即所谓朝鲜四郡。不过边疆地区统治成本很高，不到三十年，汉昭帝始元五年（前82），就罢真番、临屯，把两郡一部分土地并入乐浪，而玄菟郡也有一定收缩。

> 唐蒙使略通夜郎，而邛、筰之君请为内臣受吏。作《西南夷列传》第五十六。

唐蒙出使，打通了往夜郎的道路——唐蒙是最早建议汉武帝经营西南的人。夜郎国，约当今之贵州西部与北部，此所谓南夷。

而邛、筰之君请求成为汉朝内臣并接受朝廷所派官吏——邛国，今四川之西昌、攀枝花一带；筰国，今四川之雅昌汉源一带。此所谓西夷。

作《西南夷列传》第五十六。

汉朝建立时，在秦岭以南仅有巴、蜀、汉中三郡。生活在三郡之西南的少数民族，浑言之，则称为西南夷；析言之，则今贵州一带的少数民族称为南夷，今四川西部与云南的少数民族，称为西夷。

本篇讲述西南地区少数民族的历史，实际重点是武帝一朝在西南地区的开拓。

作为民族志，本篇提供的信息并不丰富，却将汉朝的冒险家们心中燃烧的开拓狂热，展示得淋漓尽致。

唐蒙在南越国吃到一种蜀中的枸酱，立刻想到蜀中到南越应该还有一条路，于是便向汉武帝夸大其词，要求启动征服南夷的工程。

司马相如闻风跟进，又称西夷生活的土地，也值得成为汉家的郡县。

西南夷的开拓造成的民生灾难触目惊心，朝廷为了专心对付匈奴，终于叫停了这些可怕的工程。但几年后张骞从西域回来了，他从今天的阿富汗地区发现了蜀中的竹杖，认为西南夷地区必然还有一条路可以联通四川和阿富汗，于是工程重启……

以今天的地理知识，很容易发现其中许多构想的荒唐，但不经历这些疯狂的尝试，也许人类知识的边界，永远都不能有所开拓。

然而，开拓边界的道路，却是由无数民夫的尸骨铺就的。

悲剧在此。希望在此。

> 《子虚》之事，《大人》赋说，靡丽多夸，然其指风谏，归于无为。作《司马相如列传》第五十七。

司马相如有《子虚赋》《大人赋》等诸多作品——本篇中实际上收录了司马相如的《子虚赋》《上林赋》《大人赋》《哀二世赋》《上疏谏猎赋》《谏巴蜀檄》《难蜀父老》《封禅文》。

虽然文辞过于华丽夸张，但其旨意在于讽谏，归结于无为而治。作《司马相如列传》第五十七。

《司马相如列传》紧跟在《西南夷列传》之后，是因为司马相如也是西南开拓进程中的重要人物。本篇中引录的《谏巴蜀檄》《难蜀父老》，就是开拓事业的副产品。

当然，本篇里最引人瞩目的，是司马相如和卓文君的故事。不过《史记》这个版本，很难说是郎才女貌的爱情，因为整个过程写得像是司马相如敲诈老丈人钱财的诈骗。而卓文君相貌如何，甚至没有一字提及，按照今天的标准说，倒是一点也不"男性凝视"。当然，相如琴挑、文君当垆之类的细节一旦产生，在后世自然会滚雪球一般刺激出无数再创作。

本篇中引用司马相如的文字特别多，说明司马迁对这位本家的作品，确实异常喜欢。司马迁有一篇《悲士不遇赋》，写得相当一般。因为太一般了，所以很多人都怀疑这不是司马迁的作品。看见自己的短板被人家玩到极致，因此产生了格外倾慕的心理，倒也是文学史上很常见的现象。

　　黥布叛逆，子长国之，以填江、淮之南，安剽楚庶民。作《淮南衡山列传》第五十八。

原淮南王黥布叛逆后，高祖的小儿子刘长被封为那里的国王，镇守江淮之南，安抚剽悍的楚地百姓——刘长封淮南王时不过两岁，所谓"填"土"安"民，自然只是场面话。

作《淮南衡山列传》第五十八——刘长死后，汉文帝封刘长的儿子刘安为淮南王，刘长另外两个儿子刘勃、刘赐先后做过衡山王。

看《自序》里这段介绍，会不理解，同样是刘邦的儿子，刘长的传记为什么不是紧随《齐悼惠王世家》之后，而是放在列传如此靠后的位置。

原因自然是刘长的儿子刘安、刘赐，都被定性为叛臣，那是汉武帝时代的惊天大案。

本篇可以分两部分读：

前一部分讲刘长。作为刘邦的幼子，刘长出生时不幸，成长时被宠溺，成人后骄恣。汉文帝做皇帝后，刘长是皇帝唯一在世的弟弟，这样敏感的身份加上这样的性格，按古话说，就难免有"取死之道"了。

刘长犯了谋反大罪，作为天生的政治家，汉文帝这时自然演技感人。群臣请求处死刘长，汉文帝一再拒绝，最后群臣建议改为流放，汉文帝勉强同意了，但强调了要保障一路给刘长提供很好的待遇。

但刘长还是饿死了，当然，据说是他自己绝食而死的。为此，汉文帝严惩了刘长流放路上沿途的官员，杀了一批人。

对汉文帝而言比较不幸的是，大汉的草民们还是理解不了皇帝的良苦用心，开始传唱"一尺布，尚可缝；一斗粟，尚可舂；兄弟二人不能相容"的民谣。

汉文帝听说了，很感慨，为了证明自己大公无私，就没有把淮南国土收归朝廷。

后来汉文帝把淮南国一分为三，封给刘长的三个活到成年的儿子，于是有了淮南王刘安、衡山王刘勃、庐江王刘赐。

后一部分讲刘长的儿子们，这才是本篇的主体。

汉景帝时代，刘勃改封济北王，刘赐改封衡山王，庐江则归了朝廷。

这种改封看起来无聊而繁琐，其实当然有讲究。庐江是边郡，和越人是邻居，封在这里的王，和越人关系不好就得允许他有兵保护自己，和越人关系太好则要防备他勾结外敌。所以这种地方不能留在诸侯王手里。

刘勃是老实人，后来他就不重要了，何况他死得也很及时。刘安和刘赐则都有故事。

刘安是一个很优秀的学者，门客很多，在天下声望很高，并且据说一直都想谋反。本篇对刘安谋反案的叙述，比刘长一案详尽得多，不过反而更加使人心生疑窦。早在七国之乱时（前154）刘安就在策划谋反，到元狩元年（前122）刘安畏罪自杀，三十多年时间，刘安的谋反一直停留在策划阶段，和手下的谋士就谋反是否可行，展开了渊综广博文采斐然的辩论。拖延症之深入骨髓，行动力之宛若游丝，真配得上卡夫卡的名言：一切障碍都能克服我。或者说，民间传说刘安发明豆腐虽不属实，但刘安委实值得发明一块豆腐把自己撞死。

刘赐谋反案一样疑点重重，只是文化气息不足，而宅斗的情节更丰富罢了。

司马迁大约是不信淮南王真的谋反的，当然也不敢辩护，结果在"太史公曰"里展开地域攻击：

《诗》之所谓"戎狄是膺，荆舒是惩"，信哉是言也……此非独王过也，亦其俗薄，臣下渐靡使然也。夫荆楚僄勇轻悍，好作乱，乃自古记之矣。

都是南方楚地的恶劣风气，把淮南王一家吹坏了。

淮南王刘安的谋反案株连极广，案件的审理，照例是皇帝假作宽容，群臣坚持严惩，不过值得注意的是，要理解死亡名单之所以拖得如此之长，不但应该看《酷吏列传》，而且要看《儒林列传》。董仲舒的弟子吕步舒审理此案时，甩开大汉法条，直接用《春秋》经义往重里判。酷吏们想用重典，还要费尽心机曲解律令，儒生连这一步也省了。这一案，也是理解汉武帝时代儒法政治的一大关键。

> 奉法循理之吏，不伐功矜能，百姓无称，亦无过行。作
> 《循吏列传》第五十九。

依法办事、遵循情理的官吏，不夸耀自己的功劳贤能，百姓对其无所称赞，他们也没有什么过失行为——强调"百姓无称"，是说讨好百姓的政策，多半于长远未必有利。这是黄老道家的一般看法，《老子》第十七章："太上，下知有之；其次，亲而誉之。"百姓赞美只是次一等的好，最好的只是还不至于丧失存在感罢了。

作《循吏列传》第五十九——循吏即"奉法循理之吏"的简称。

本篇写了孙叔敖、子产、公仪休、石奢、李离五人。

只有公仪休是战国前期的人，另外四人都是春秋时人，于司马迁而言，都是几百年前的古人。列传大体是按照年代先后排序的，之前十几篇，写的都是司马迁同时代的人，这篇突然返古。

五人中前四人都是相国，李离也是一国的最高法官。这和唐

宋以后不同，汉代不存在官吏分途，吏也可以为卿相，所谓"循吏"，也不妨是高官。

本篇内容，多取材于《韩诗外传》和诸子杂说，可信度大成问题，叙事主题倒是十分清晰，就是主张官员不要生事，无为而治。

无为而治倒也不是不讲法律，实际上司马迁讲述的故事里，五人中有两个都是因为受困于法律的两难而自杀的。而是说，国家不应过度立法干涉社会生活，尤其不能与民争利。

实际上本篇开宗明义，上来就是一段"太史公曰"，把立场摆得非常清楚：

> 法令所以导民也，刑罚所以禁奸也。文武不备，良民惧然身修者，官未曾乱也。奉职循理，亦可以为治，何必威严哉？

法令是用来引导民众的，刑罚是用来禁止奸邪的。法令是"文"，刑罚是"武"，文武尚不完备，良民却心存戒惧自我约束，是因为居官者未曾乱作为。只要官吏们都按照本职遵循原则做事，就可以治理好天下，为什么非用严刑峻法不可呢？

这一段说"循吏"对于治国的意义。"何必威严哉"这一问，是明确反对汉武帝一朝的酷吏政治。

对本篇常见的误解是，司马迁以循吏反对酷吏，是以人治反对法治。

实际上循吏政治强调官员的个人品格，而尊重基本的法律正是品格的重要体现；酷吏政治热衷深文周纳，玩法弄权，形式上尊重法条，实际上却仍是个人意志起到决定性作用。

循吏与酷吏真正的差别，并不在于人治还是法治，而是无为还是有为。

> 正衣冠立于朝廷，而群臣莫敢言浮说，长孺矜焉；好荐人，称长者，壮有溉。作《汲郑列传》第六十。

端正衣冠立于朝廷，群臣就没人敢说虚浮不实的话，这是因为汲长孺为人刚直庄重——汲黯，字长孺。

喜欢推荐才人，人称长者，郑庄（壮）为人慷慨——郑当时，字庄。

作《汲郑列传》第六十。

本篇是汲黯、郑当时的合传，而以汲黯为主。

汲黯是大汉的海瑞，具有帮群臣乃至天下人树立正确价值观的意义，大多数人做不到他这样，但做不到也要以他为榜样；他也不需要解决太多具体的实际问题，那些事尽可以由别人去做。这是所谓"社稷之臣"。

汲黯是忠言逆耳的代表，后来人编汉武帝一朝的故事，让汉武帝不开心的话，往往就由汲黯来说。如《史记·乐书》讲，汉武帝得到西域的良马，做《天马之歌》，于是：

> 中尉汲黯进曰："凡王者作乐，上以承祖宗，下以化兆民。今陛下得马，诗以为歌，协于宗庙，先帝百姓岂能知其音邪？"上默然不说。丞相公孙弘曰："黯诽谤圣制，当族。"

汲黯没有担任过中尉，何况汉武帝开拓西域的年代，公孙弘和汲黯都早已去世。作为同时代的人，司马迁不大可能犯这种错误，所以这一段大概就是后人根据刻板印象创作的：汲黯能犯颜直谏，正如公孙弘会进谗言害人。

郑当时和汲黯其实完全不是一类人，格局小得多，也不无滑头的地方。如《魏其武安侯列传》里讲窦婴和田蚡东朝廷辩，汲黯坚决支持窦婴，郑当时就改变立场了。从事实际工作，郑当时却有可称许处，《史记·河渠书》讲到郑当时治河开渠的事迹，带来的效益颇为可观。

自孔子卒，京师莫崇庠序，唯建元元狩之间，文辞粲如也。作《儒林列传》第六十一。

自孔子去世以后，在京师没有谁重视学校教育——说"自孔子卒"，是看重孔子万世师表的象征意义。其实这句只是说，汉代初年，教育在京师不被重视。

只有建元至元狩之间，文教才大兴起来——汉武帝尊六经，大力兴办太学，以博士弟子为代表的儒生加入各行政部门，在各种文牍中引经据典，是所谓"文辞粲如"。

作《儒林列传》第六十一。

《史记》中与儒学传承相关的篇目，应先读《孔子世家》，其次《仲尼弟子列传》，再次《孟子荀卿列传》，最后读本篇《儒林列传》。

本篇以长达一千五百字的"太史公曰"开篇，综论孔子之后的儒学传承。武帝之前，汉朝官方虽然并不推崇儒学，但儒学作为一种社会力量，却已经有了充分的积累与发展，尤其是形成了五经八传的经学体系：

> 言《诗》于鲁则申培公，于齐则辕固生，于燕则韩太傅。言《尚书》自济南伏生。言《礼》自鲁高堂生。言《易》自菑川田生。言《春秋》于齐鲁自胡毋生，于赵自董仲舒。

这段里提及的各位大儒，不管他们的思想是不是和孔子已经有了很大的分别，不管他们的思想在后人看来，是不是有许多荒诞可笑之处，他们都是比较纯粹的学者，对儒家理想有真诚的理想。这是儒学的里子。

接下来又写到，"公孙弘以《春秋》白衣为天子三公，封以平津侯。天下之学士靡然乡风矣。"公孙弘在司马迁看来，当然是曲学阿世的投机者，但是他的成功，却取得了巨大的示范效应。这是儒学的面子。

于是司马迁又详细引录的公孙弘的奏请，奏请的主要内容是，吸纳懂儒学的年轻人进入官僚体系，要制度化；国家的政策法令要用儒家思想进行包装，也要制度化。面子里子都有了，接下来是要完成儒学和汉朝国家体系的内嵌。

这个制度的运行，终将彻底改变汉朝的官僚结构，当然，效果呈现出来，有滞后性。有外国学者统计汉武帝一朝高官的儒生占比，认为尊儒术并非发生。这个见识，实在是"意求深而反浅，论欲高而适下"，不过今日的学术KPI下，这种情形倒也滔滔皆是。

从认识司马迁的角度，还不妨注意公孙弘奏请里的一句话，皇帝往日所下的各种诏令，特点是"明天人分际，通古今之义"。读过《报任安书》，自然会觉得这话眼熟。

"太史公曰"之后，是各位大儒的简要传记。大抵是越正直的，越坎坷，越投机的，越成功。古来不少读史者都认为，司马迁是故意想表现汉武帝尊儒是叶公好龙。

民倍本多巧，奸轨弄法，善人不能化，唯一切严削为能齐之。作《酷吏列传》第六十二。

人们背弃本业而追求奇技淫巧——指人脱离农业而从事工商业。

作奸犯科，玩弄法律——相比农民，工商业者自然显得比较会钻法律的空子。

善人也不能感化他们——善人指官员，所谓"君子之德风"，官员有教化之责。

只有断然以严厉打击为能事，从而进行管理。作《酷吏列传》第六十二。

《自序》里要说正面的话，这句强调酷吏政治的出台，是因为从事工商业的奸民太多。

本篇以议论开篇，则表达了完全相反的意思。先引用孔子的"导之以政，齐之以刑，民免而无耻"，再引用老子的"法令滋彰，盗贼多有"，说明法令只是统治的工具，并非理想秩序的源头。一旦错误地依赖这个工具，就会形成一种恶性循环，为了短期效果只能不断利用酷吏来"扬汤止沸"。换言之，这段议论的观点和《自序》里刚好相反：不是由于"善人不能化"才采用酷吏政治，恰恰是酷吏政治导致了"善人不能化"的局面。

在司马迁看来，当年秦朝就因酷吏政治而灭亡，而本朝到了今日，许多事眼看要重蹈覆辙。

本篇记述了十名酷吏的事迹，其中九人活跃于汉武帝时代。

酷吏政治的关键并非法治，它是国家对社会强干预的统治模式。酷吏政治实则是武帝一朝的政事，牵一发而动全身：频繁的开拓战争需要耗费大量国家财富，国家财富匮乏则必须加强汲取，加强汲取则必须动用酷吏。要读通《酷吏列传》，先要细读《平准书》。

酷吏中写得最详细的是张汤，因为张汤是真正进入决策圈子的酷吏，本传中的其他人，则大抵不过鹰犬之才，只能充当爪牙之任罢了。

　　汉既通使大夏，而西极远蛮，引领内乡，欲观中国。作《大宛列传》第六十三。

汉与大夏通使之后——大夏，西域国名，约当今之阿富汗东北部与塔吉克斯坦一带，受亚历山大大帝东征影响，当时这里保存着较多希腊文化。

西方尽头的蛮族，伸长脖子望着内地，想到中原王朝来打开眼界。作《大宛列传》第六十三——大宛，西域国名，约当今之乌兹别克斯坦一带。

本篇前半讲张骞通西域，后半讲李广利伐大宛，中间穿插西域各国的概况。大约是大宛的战事，对中原影响至深，所以起了这个篇名。《汉书》析为《张骞李广利传》和《西域传》，当然，《汉书·西域传》包含大量西汉后期的历史，内容丰富得多。

本篇中保存了张骞向汉武帝所作的汇报，包含着极具价值的西域各国信息。尤其值得注意的是两个频繁使用的概念，土著与行国。土著指定居的从事绿洲农业的人群，行国指居处无定过游牧生活的人群。控制土著，则匈奴就不能从西域获得粮食补给；友好行国，则汉朝可以从西域获得良马资源，这是开拓西域的战略意义。

司马迁写西域而没有单独为张骞立传，正如写西南夷而没有单独为唐蒙立传，不满其为人的态度，还是很鲜明的。主要是由于通西域一事，在武帝时代耗费巨大而回报尚不显著，至于"功在千秋"，则非太史公所能知。《汉书》里又增加了一些张骞的劣迹，有些显然是不实之词，当是西汉后期，不断有人对张骞不满，所以对他加以恶意想象。这些内容，被班固采信了。

李广利征大宛的战争，牵涉到的问题更加复杂，既是长征万里的绝域鏖战，又关联着深不见底的宫闱秘辛。学界研讨，仍不断有新著出版。但于普通汉朝子民的体验而论，大约总无非是"年年战骨埋荒外，空见蒲桃入汉家"的血泪罢了。

　　救人于厄，振人不赡，仁者有乎；不既信，不倍言，义
者有取焉。作《游侠列传》第六十四。

救助困厄中的人，赈济匮乏中的人，算是有仁者美德吧？不失信用，不背诺言，义者也能从中发现可取之处。作《游侠列传》第六十四。

司马迁对侠的理解，是比较理想主义的。本篇开头的议论说：

> 今游侠，其行虽不轨于正义，然其言必信，其行必果，已诺必诚，不爱其躯，赴士之厄困，既已存亡死生矣，而不矜其能，羞伐其德，盖亦有足多者焉。

现在所说的游侠，他们的行为虽然不符合主流道义，但是他们说话一定诚信，做事一定要实现预期，已经答应的一定做到，不吝惜自己的生命，去救助别人的危难。已经使人免于流亡或死去的结果，却不得意于自己的本领，羞于夸耀自己的功德，大概这也是很值得称赞的地方吧！

司马迁又把侠分成卿相之侠与布衣之侠（或称闾巷之侠、匹夫之侠），前者的代表如战国四公子，本篇的关注点，则在布衣之侠如朱家、剧孟、郭解，写得尤其详细生动的，是郭解。

实际上所谓游侠，非常类似后世说的黑道，其不可能完全清白是显而易见的。不过官府越倒行逆施，游侠的存在就越有其合理性。但反过来说，游侠在地方秩序中发挥的作用越大，也就越冒犯王权的尊严，削减官府的权威。无论游侠个人主观上是否有对抗朝廷的想法，冒犯与削弱都客观存在。

所以更懂得如何站在官方立场上思考问题的班固，对游侠的看法就和司马迁截然不同，他断言"以匹夫之细，窃杀生之权，其罪已不容于诛矣"。班固祖上就是塞上大侠，对侠和朝廷之间有不可调和的冲突，反而看得更透彻。

但不管怎么说，游侠"可以济王法之穷，可以去人心之憾"

（李景星语），司马迁对游侠的浪漫书写，拉开了千古文人侠客梦的序幕。

> 夫事人君能说主耳目，和主颜色，而获亲近，非独色爱，能亦各有所长。作《佞幸列传》第六十五。

侍奉君主能使其耳目愉快，脸色和悦，从而得到主上的亲近。这不仅是因为美色招人喜爱，论才能也各有特长。作《佞幸列传》第六十五。

从《自序》这句话看，司马迁对"佞幸"的评价还不低。佞是口才好，本来并不是个贬义词。

本篇写因为长得好看又会说话而得到皇帝宠爱的人，实际上就是皇帝的男宠。写得较详细的有邓通、韩嫣和李延年。只是平实叙事，看不出什么褒贬。尤其是写邓通替汉文帝吮吸脓疮，身为儿子的汉景帝却不愿意吸，邓通因此得罪了汉景帝，最后被景帝迫害活活饿死，倒见得可怜。

最后"太史公曰"：

> 甚哉爱憎之时！弥子瑕之行，足以观后人佞幸矣。虽百世可知也。

拿弥子瑕作佞幸的代表。弥子瑕身上最有名的，自然是"分桃"的掌故。卫灵公宠爱他时，他吃到好吃的桃子分给卫灵公吃，卫灵公说："弥子瑕爱我，有好吃的先给我吃。"后来宠衰，卫灵公就说："他曾经把他吃剩的桃子给我吃！"

352 司马迁的记忆之钥——读《史记·太史公自序》

这就是帝王的"爱憎之时",当时再被宠爱,后来也难有好的收梢。《佞幸列传》该不该捎上一句卫青、霍去病,自可争论,但"爱憎之时"这四个字,却确实是雄姿英发如卫、霍,也逃不掉的。

> 不流世俗,不争势利,上下无所凝滞,人莫之害,以道之用。作《滑稽列传》第六十六。

不流于世俗,不争夺势利,上下无所阻碍,没有人能伤害他们,因为他们自有一种运用的门道。作《滑稽列传》第六十六。

说滑稽的人"人莫之害,以道之用",不知道太史公有没有一点对自身遭遇的感伤。同样的道理,慷慨激昂地说就是冒犯,巧妙地说就可以一笑而过,是很普遍的现象。

本篇的主旨是"谈言微中,亦可以解纷",微妙而切中肯綮的言谈,可以解决大麻烦。讲了齐威王时的淳于髡、楚庄王时的优孟、秦始皇时的优旃三个人的事迹,又说楚庄王在齐威王之后一百年,秦始皇在楚庄王之后两百年。事件固然真假难辨,编排更加显得毫无时间概念。当然,不妨碍段子是动听的,寓意是深刻的。

褚少孙补了六个故事,质量相当不错,其实还包括著名的西门豹治邺和东方朔的事迹。作为和东方朔同时代的人,司马迁没有提他,班固就给东方朔单独立传了。

> 齐、楚、秦、赵为日者,各有俗所用。欲循观其大旨,作《日者列传》第六十七。

齐、楚、秦、赵，不同地方通过占测时日来预测命运的人，各有当地所用的方法。想要遍览其要旨，作《日者列传》第六十七。

这也是有录无书的十篇之一。本篇和下一篇都和算命有关，都失传了。汉人迷信，大概是这个话题太受欢迎，所以这两篇被人抽取去，后来便不知所踪。

现有内容，是宋忠、贾谊和一个叫司马季主的占卜者的对话，主要内容是对官场黑暗的嬉笑怒骂，又指出隐者虽贫贱，做官更危险。后来宋忠和贾谊果然都下场凄惨。

这篇虽不是司马迁的作品，但是汪洋恣肆的骂世文章，历来不乏人爱读，对后世也有些影响。谢安的弟弟谢万做《八贤论》，就把贾谊当作仕宦的代表，把司马季主当作隐者的代表。

　　三王不同龟，四夷各异卜，然各以决吉凶。略窥其要，作《龟策列传》第六十八。

夏、商、周三代也好，四方蛮夷也罢，占卜的方法各不相同——这两句是互文。

但都以占卜的结果来判断吉凶祸福。粗略考察占卜的要点，作《龟策列传》第六十八。

龟是用动物算命，取龟的腹甲，放在火上烧炙。龟甲在高温下裂开，会发出 bu 的一声，也会出现"卜"状裂纹。卜字的读音和字形，都由此而来。巫根据这裂纹，预测未来会发生什么事。

策是用植物算命，占筮时要用到一种特殊的草，叫作蓍草。

取著草若干茎，经过复杂的流程摆弄一番，看最后剩下多少茎。根据数字，也可以预测命运。

这也是有录无书的十篇之一。现在所见的本子，开头一段议论，有人以为仍是司马迁的作品，其余是褚少孙所补。

> 布衣匹夫之人，不害于政，不妨百姓，取与以时而息财
> 富，智者有采焉。作《货殖列传》第六十九。

布衣匹夫之人，不妨害政令，也不妨害百姓，看准买进卖出的时机而增殖财富，智者在他们那里可取得借鉴。作《货殖列传》第六十九——从这个题目看，本篇是写商人的，实际上先要有工，然后才能有商，所以本篇兼叙工商。

不算《自序》的话，这其实是《史记》的最后一篇，也无愧于是压卷之作。

本篇的写法比较特殊，布局与常规的列传不同，而是"书（志）体"和"传体"的混合。

全篇大致可以分五部分。

第一部分是就是"太史公曰"，反对小国寡民，反对与民争利，反对安贫乐道，强调只有商品流通，才能充分满足"中国人民所喜好"——这句听起来很现代，但是是原话，才能带来国家的富强。

第二部分介绍先秦的大商人的经历和商业思想，如范蠡、子贡、白圭、猗顿、郭纵、乌氏倮、巴寡妇清等。

第三部分将天下划分为山西（崤山以西）、山东（崤山以东）、江南（江淮以南）、龙门—碣石一线以北四大区域，又细分

为将近二十个小区，介绍每个区域的地形、物产、中心城市以及风俗人情。这部分字字千钧，被誉为中国古典经济地理学的开山之作。

第四部分又是议论，进一步阐发太史公的贫富观，大致可以总结为三点：

第一，求富乃是人性，是人奋斗的动力，不可以抑制；

第二，贫富分化乃是社会规律，不可能避免；

第三，富者支配贫穷者，是"物之理也"。

第五部分是"略道当世千里之中，贤人所以富者，令后世得以观择焉"，也就是介绍汉代以来的著名商人及其致富之道。

最后总结：

> 由是观之，富无经业，则货无常主，能者辐凑，不肖者瓦解。千金之家比一都之君，巨万者乃与王者同乐。岂所谓"素封"者邪？非也？

由此看来，致富并不靠固定的行业，而财货也没有一定的主人，有能力的人发家致富，没有能力的人则会家业破败。拥有千金家产的人，可以比得上一个大城市的封君，有亿万家财的富翁，便能同王者一样享乐。没有封地的穿素衣的平民却可以和封君相当，这就是所谓"素封"吧，难道不是吗？

单是这么简单介绍，就可以看出司马迁的经济思想，在古代有多么非主流了。《汉书》保留了《货殖传》，但立意几乎和《史记》相反：

> 　　四民食力，罔有兼业，大不淫侈，细不匮乏，盖均无
> 贫，遵王之法。靡法靡度，民肆其诈，逼上并下，荒殖其
> 货。侯服玉食，败俗伤化。述《货殖传》第六十一。(《汉
> 书·叙传下》)

　　当然，班固也不容易，因为再往后的正史，就不再为商人立
专传了。

> 　　……序略，以拾遗补缺，成一家之言，厥协六经异传，
> 整齐百家杂语，藏之名山，副在京师，俟后世圣人君子。第
> 七十。

　　……自序全书大意。以搜求遗落的信息，弥补儒家经典的缺
漏，成为一家之言，调和六经的不同传承，整齐百家的分歧说
法，正本藏之于名山，留副本在京都，留待后世圣人君子观览。
　　《太史公自序》是列传的第七十篇。
　　"序略"二字怎么理解有争议，不必强求一致意见。
　　"一家之言"不是谦辞，而是一种自我期许：在已有的各家
学说之外（或之上），别立一种新的思想体系，是所谓"一家之
言"。这个新的思想体系，既建立在海量文献占有的基础上（"厥
协六经异传，整齐百家杂语"），又具备深入的理性的思考（"究
天人之际，通古今之变"），而最终以一种全新的表现形式（纪传
体）呈现出来。
　　"藏之名山，副在京师"一句，有相反的理解：
　　一种是，名山是指"古帝王藏策之府"，也就是中央藏书的

书府；京师则是司马迁在长安的家。

一种是，名山就是指名山大川，京师反而是指官方的藏书处。

个人更倾向后一种解释。

虽然正本和副本的文字，应该是一样的，但对正本更珍视些，是自然不过的情感。

浩劫来临时，官方藏书毁灭起来效率有多高，司马迁是深有体会的。谈到秦始皇焚书的时候，司马迁就说："《诗》《书》所以复见者，多藏人家，而史记独藏周室，以故灭。"官家的书彻底消灭，私人藏书，却还有重见天日的那一天。

所谓"名山"，有人想坐实是华山，倒也未必。古人有藏书于山的传统，"藏之名山"，这可能只是把书妥善而秘密地保存好的一种修辞。

司马迁很可能觉得，自己生活的这个时代，没多少人能读懂自己的书，自己书里的话，有的还可能引发不测之祸。所以需要把正本秘藏起来，期待未来重新被发现。山川不朽，自己的书也不朽。

太史公曰：余述历黄帝以来至太初而讫，百三十篇。

太史公说：我讲述黄帝以来的史事，到当今皇帝太初年间结束，共一百三十篇。

这是《史记》全书最后一句话。

一部《太史公书》，从什么时候开始，到什么时候结束？《自序》里就提供了两种说法。一处是这里，还有一处是："卒述陶唐以来，至于麟止。"从尧讲起，到当今皇帝获得麒麟结束。

现在的主流理解，"卒述陶唐以来，至于麟止"是司马谈原定的写作计划，"述历黄帝以来至太初而讫"，是司马迁完稿时的实际情况。

任安：黯淡的流星

《报任安书》是中国历史上最著名的书信之一。但司马迁在信中只管吐露自己的心曲，好像并不在乎收信的任安是什么人，结果，也就让任安成了一个非常有名又非常没有存在感的人。

《史记》里，司马迁也并没有为任安作传。不过，西汉后期一个叫褚少孙的博士，在司马迁和任安共同的好友田仁的传记后面，补充了一些关于任安的信息。

不多的文字足以体现出，任安是汉武帝时代无数雄心燃烧、才华横溢的底层奋斗者的一个缩影。

任安出生于河南郡荥阳县的一个贫寒人家。

荥阳也就是今天的河南荥阳，当时是天下人口密度最高、经济最繁盛的县之一。这里有许多豪族大姓，所以寒门子弟若留在本地，没什么出头的机会；这里又是南来北往的交通要道，所以即使是生活困苦的人，只要留心观察打听，也可以获得丰富的资讯，培养广博的视野。

任安知道，要想成功，必须离开家乡。和很多人一样，他想到天下的中心长安去。他穷，凑不齐路费，不过有钱人去长安，也需要人赶车，于是任安就作为一个车夫，来到了长安。

长安城不知道聚集着多少心怀梦想而生活困窘的人，望着未央宫巍峨的北阙，很多人都会讲起这样的故事：有人早上在那里上书，提出自己治国的主张，晚上就被皇帝接见，获得高官厚禄。

但这样的好运，并没有发生在任安身上。

任安终于还是决定离开长安，但也绝不能回家乡去，他作了一个常人想不到的决断，去扶风郡西部边界的武功县（今陕西武功）。

任安这个选择，非常聪明。家乡根本不会给你机会，长安城人才太多竞争过于激烈，武功就不一样了。当时武功是个小县，没有豪族，这意味着人们的起点比较平等；这里又是褒斜谷道的出口，也就是关中和汉中的一个关键联结点（后世的诸葛亮最后一次北伐，就从这里杀入了关中），这意味着治安不会太好，不法分子很多，相应的，证明自己能力的机会，也会比较多。

很快任安谋得了"求盗、亭父"的职务。众所周知，本朝的高祖皇帝刘邦出身卑微，不过是泗水亭长，而亭长这样的体制边缘人，也拥有两个副手：一个叫求盗，工作是逐捕盗贼；一个叫亭父，工作是开闭扫除。

不管这份工作在公卿大臣眼中有多么不值一提，在地方百姓眼中，事实上这是颇有权威的角色。后来任安又因为出色的表现升任亭长，然后又取得了更好的名声。

正因为地处荒僻，狩猎仍然是武功人生活中很重要的一件事，往往是全城男人一起行动。组织捕猎的时候，任安总是能根据人的体能强弱，分配合适的工作；分配猎物的时候，任安又非常公平。武功人因此信心大增，彼此说："无恙也。"恙是惊惧的意思，就是有任安在，不用担心突然遇到猛兽，也不用担心为争夺猎物引发争端。任安还展示出过人的记忆力，行动时少一个人，他立刻就会发现。

总之，如果上战场，看来他会是个优秀的指挥官。

就这样，任安又几次升职，甚至做到了县长——虽然由于本县人口太少，这个县长是县级长官里秩禄最低的，只有三百石。但不管怎么说，这也是一县之长，在官府里会被尊称为"明廷"，在不那么正式的社交场合，更是会被呼为"百里侯"。

如果留在家乡，任安大概永远也不可能取得这样的成就。

只可惜，大人物一个任性的举动，足以让任安的努力瞬间归零。

汉武帝出巡，任安没有能够做好接待工作，被免职。

不过任安也许还是应该感到庆幸，对大汉地方官来说，皇帝出巡向来是生死玄关。听说皇帝来了吓得自杀的，没下定决心自杀因此被汉武帝处死的，绝不可一二数。不管怎么说，任安的命还在。

所以，要想再次出头，还是要去长安。

任安第二次到长安的遭遇，被褚少孙写得非常生动传神。褚少孙说，任安做了卫青的门客，于是结识了田仁，两个人"同心相爱"。但卫青根本没意识到自己门下有这样两个人才，让他们遭到了很多羞辱。

后来，汉武帝让卫青推荐几个门客到宫里来做郎官，卫青推荐的都是家里有钱的。幸亏来替皇帝选人才的，是著名的酷吏赵禹，他眼光如炬，发现卫青推荐的人都仿佛穿上漂亮衣服的木偶，于是自己重新挑选。最后赵禹指着田仁、任安说："独此两人可耳，余无可用者。"卫青虽然很不乐意，但也不能阻止他们二人入宫为郎了。

当时司马迁在汉武帝身边任郎中，任安、田仁做了郎官，也就成了司马迁的同事，三个人就是这时结下的友谊。

但是，褚少孙所写的，很可能不是事实。

《史记》卫青和霍去病的传记里写到，元狩四年（前119）北伐匈奴取得大胜之后，汉武帝明显偏爱霍去病而冷落了卫青，所以很多卫青的故人和门客，都离开了卫青去投靠霍去病，然后往往就得以加官晋爵，但是，"唯任安不肯"。

作为任安的朋友，司马迁的记录当然可信度更高。

任安对卫青很忠诚，或许卫青其实对任安也不错。任安就是卫青正常举荐给汉武帝的，没有那些充满戏剧性的波折。

卫青不愿意多养门客，意味着长安城里以人才自居的人，很难从卫青那里获得多少好处，所以在他们嘴里，当然也不会有卫青什么好话（"大将军至尊重，而天下之贤大夫毋称焉"）。编排卫青有眼无珠，不能识人的段子，也在所难免。褚少孙补《史记》，时间又过去几十年，恐怕有以讹传讹的嫌疑。

没有疑问的是，从此任安的人生，进入了快速上升的通道。

汉武帝既能让任安的努力化为乌有，也能让任安迅速取得他光靠个人奋斗怎么也无法抵达的成就。任安在未央宫里担任郎官的时间并不长，很快他又被任命为太子少傅，也就是太子的老师。而太子是皇后卫子夫所生，卫子夫是卫青的姐姐，换言之，如果划政治派系，任安仍然该算是卫青一系的人。

后来漫长的岁月里，任安曾被任命为益州刺史。汉武帝时代的刺史，是朝廷派到地方上的监察官，以六百石小官的身份，监督二千石的地方大员，可谓位卑权重。再后来任安又担任了"监北军使者"，北军是长安城里规模最大的一支军队，这个职务的意涵是，任安并不是这支劲旅的正式长官，但拥有皇帝临时赋予的指挥权。

总而言之，任安是大人物了，看起来皇帝对任安非常重用。

但是，这时汉武帝已经步入晚年，他非常恐惧死亡，为了长生不老但服食实际上含有剧毒的药物，情绪极不稳定，越是被重用的人，越是容易遭遇皇帝的雷霆之怒。后来汉武帝自己说，"安有当死之罪甚众，吾常活之"。

所以任安一定活在战战兢兢之中。他可能会想到严助、主父偃、朱买臣、张汤……这些武帝时代前期的名臣。这些人的出身比自己要好一些，能力也更加出色一些，但如果不是皇帝的特别青睐，他们也绝不会成为叱咤风云的人物，而他们都仿佛是夜空中的流星，最终的结局，都是被皇帝处死或逼死了。

这也会是自己的命运吗？

终于，时间来到征和二年（前91）。

汉武帝和太子之间的矛盾爆发，太子起兵造反。

太子亲自驱车来到北军军营的南门外，召见任安，以符节命令任安发兵。

太子想到来找任安，很自然。

第一，北军是长安城里最强大的军队，如果能利用，自然最理想不过。

第二，任安担任过太子少傅，两个人之间有情谊。

第三，任安曾经是太子的舅舅卫青的门客，如果不是卫青有推荐门客做郎官的名额，任安也不会有今天。

任安下拜接受了太子符节，回到营中，然后"闭门不出"。

这时任安的心里，一定波涛汹涌。多年以前，在武功县指挥百姓捕猎的时候，任安就证明自己有不错的军事才华，然而在这一刻，这种能力并没有什么意义。

如果出兵帮助太子，成功了收益是巨大的：自己是帮助太子成为皇帝的最大功臣，何况，不用再面对喜怒无常的今上，这本身就让人感到如释重负。

但问题是，太子并无多少胜算——虽然此时汉武帝并不在长安城里，但太子最多也不过是成功控制国都。作为御宇五十余年的老皇帝，汉武帝拥有巨大权威，仍然可以调动天下兵马来反扑，那时兵连祸结，不知道会是怎样的浩劫。

站在皇帝一边直接把太子拿下，从个人前程来说倒是可能好一些。但是这样过于忘恩负义，任安并不是没有底线的人。

反过来，也不能帮助太子对抗皇帝。如果不是今上的宠信，自己终究不过是一个贫寒人家的子弟罢了。何况，正如好朋友司马迁说过的，"戴盆何以望天"，忠于皇帝，不是一个大汉臣民最重要的道德吗？

当此情形，任安无论怎么选择，都不可能是高尚的，而且是充满危险的。

最终，任安决定什么也不做。

这个选择要了任安的命。后来，太子果然失败，而任安的不作为令汉武帝震怒。汉武帝认为他是个狡猾的"老吏"，企图坐观成败，等谁取得胜利，就站在谁一边。于是任安下狱，然后被处以腰斩之刑。

任安的好朋友田仁，也遭遇了一样的厄运。作为丞相府司直，他处在与太子敌对的地位。但太子战败，想从长安城南最东边的覆盎门逃走。田仁打开城门，放了太子一条生路，结果也是被腰斩。

有人认为，正是这个时候，任安向在汉武帝身边担任中书令的司马迁求救，但司马迁回复了一封满腔愤懑如他家乡龙门的黄河激流一般气势磅礴的信，也就是我们熟悉的《报任安书》，但他信中并没有怎么同情任安的命运。

也有学者认为，《报任安书》写于之前任安差点被汉武帝处以死刑的时候，那次司马迁知道任安其实不会死，才会在信中大谈自己的孤愤与理想。这样理解，显得司马迁更通人情世故一些。但总之，这一次，任安死定了，而司马迁不论有没有做出什么努力，都不可能改变任安的结局。

汉武帝时代末期，就像李陵对苏武说的，"陛下春秋高，法令亡常，大臣亡罪夷灭者数十家，安危不可知"。这是一个群星陨落的时代，任安只是其中不那么引人瞩目的一颗，虽然不论能力还是道德，他相对于大多数普通人来说，都已经是别人家的孩子了。

关于班固的一些常谈

司马迁是个奇人,《史记》是部奇书。

换句话说,虽然司马迁写《史记》,指明了中国史学主流的发展方向,但这部作品,本身并不适合成为作史者学习的范本。

因为不可复制。

所以后世的史学家眼中,司马迁只是一个飘逸而嶙峋的背影,而班固才是大家效法的榜样。

一、班氏家族

班固追溯自己祖上的时候，指出班氏本是楚王族的一个分支，是楚国著名的贤相子文的后代。

大规模移民是秦朝的基本国策，所以秦灭楚，班氏就被迁到了今天的山西北部，在胡汉杂居的地方生活下来。

该如何经营自己的特权地位，世家大族是很有一套的。虽然到了完全陌生的环境，但班氏还是利用汉朝初年政策宽松的优势，迅速扩张了自己的资产，有"马、牛、羊数千群"。班固的七世祖班壹，活了一百多岁，"以财雄边"，他的名字甚至成了边疆地区很多人发家致富梦的象征，所以北方很多人都起名叫"壹"。促成汉武帝吹响反击匈奴号角的富豪叫聂壹，自然也是其中之一。

班壹的儿子班孺，则是著名的大侠。同样写游侠，司马迁的笔调像是郭解的迷弟（而且有唯粉倾向），班固则能冷峻地指出侠的暗黑本质，大约也和他这种出身对游侠更加知根知底有关。

之后班氏家族世代有人担任中高级官员，到西汉后期汉成帝时代，班氏又实现了一个关键跃升：女儿被选入宫，得到宠幸，被封为婕妤。班家因此搬到了昌陵，即汉成帝的陵墓附近。汉朝制度，皇帝一登基就为自己修墓，并向墓周围移民，这样皇帝下葬后，也就形成了一个陵县。不过成帝的父亲汉元帝已经停止这项移民政策，所以并没有产生一个昌陵县，生活在昌陵的"大臣名家"，都算是长安户口。

班固笔下，班婕妤和她的几个兄弟，都是好学而高尚的形象，这当然是事实。不过同样重要的是，班家从此进入了汉朝外戚的圈子。虽然班婕妤很快失宠，但新皇后赵飞燕和其他新得宠的女人都不被太后王政君喜欢，班家和王家的关系，反而结合得更紧密了。

班家兄弟因此结交了一个好朋友，就是王莽。班固谈到祖父辈的这层关系时，既要炫耀荣宠，又要极力撇清的复杂心态，洋溢在字里行间。

但王莽篡位时，班固的祖父班稚非常明智地保持了适当的距离。因此在新莽时代，班氏虽不显赫，也无灾难。而王莽失败后，班氏仍然可以以汉朝忠臣自居。

班固的父亲班彪，最著名的作品是《王命论》，这是一篇雄辩论证汉朝皇帝是天命所归的文章。班彪还正确选择了依附对象，投奔河西大将军窦融，并积极促成了窦融尊奉刘秀为天子。当时天下云扰，窦融坐拥河西五郡之地，是举足轻重的人物。他的站队，对刘秀得以快速一统天下，可谓厥功至伟。东汉建立后，窦氏家族成了最重要的外戚之一，而班氏一直与窦氏关系密切，也保持着相当优越的地位。

班彪有两个儿子成了名垂青史的人物，一个是通西域的班超，还有一个就是《汉书》的作者班固。

二、班固其人

班固出生于公元 32 年，那是两汉之际群雄并起的乱世，四年后，光武帝刘秀才终于克定天下，和平重新回到人间。班固成长的岁月里，一定会听到许多长辈说起乱世流离的恐怖，战乱平息后民生凋敝的景象，也会深映在班固的脑海之中。

回首往事，天下读书人支持王莽禅代的过程，像是一场以闹剧开始，以恐怖片结束的噩梦。相比之下，眼下的太平岁月显得如此可贵。很自然地，班固对大一统的汉朝的热爱，出自赤忱。

年纪很小的时候，班固就在文史领域表现出过人的天赋，他十六岁时进洛阳太学学习，因为渊综广博的学识和低调温厚的作风，很快成为明星学生。但到了建武三十年（54），由于父亲的去世，班固不得不离开京城，回到扶风郡的老家。

远离宦海沉浮的生活，意味着可以潜心学业。班固当然深知，父亲班彪有一个心愿，就是续写司马迁的《史记》，可惜这个伟大的工程才刚刚开了个头，班彪就撒手人寰。班固决定继续这项事业，当然，同时他也在寻求做官的机会，但既然他暂时并未获得官运的垂青，自然更多精力，也就投入到史书修撰中了。

就这样，时间到了永平五年（62），皇帝已经是汉明帝刘庄了。这时候，有人向朝廷上书告发班固"私修国史"。

按照传统，修撰史书，应该是天子所任命的史官的特权，班固没有史官的身份，也就没有修史的资格。而之前司马迁写《史记》，坦白的叙事和辛辣的酷评，大约也让汉朝皇帝心里很有些阴影。所以班固可谓犯了大忌。

而汉明帝绝不是一个宽容的皇帝。帝王的谥号，往往有些明褒暗贬的玄机，比如"明"当然是个好字眼，但有时实际上可能是指这个皇帝"以察察为明"，过分注重细微末节，心中充满猜忌，喜欢任用酷吏而推行严刑峻法。

班固因此被捕，关进京兆监狱，而就在不久之前，有个同郡人叫苏朗的，被人告发伪造了一些神秘性的预言，结果很快就被处死，所以班家上下十分紧张，觉得班固很可能也凶多吉少。

班固的弟弟班超，后来在处理西域问题时展示出善于抓住问题核心的才智，以及刚烈果决的行动力。这个时候班超就已经表现出这样的天赋：他策马穿华阴、过潼关，直奔洛阳上疏为班固申冤。

班家毕竟在政坛还有些人脉，班超的申诉，很快上达天听。班超向皇帝阐释了父亲和兄长撰写史书的宗旨，正是宣扬汉德。而这时候，扶风郡守也把查抄来的班固的作品，送到了皇帝面前。

汉明帝严苛但绝非残暴，他智商极高，而且有很好的文化修养，所以皇帝立刻就判断出，班固的作品和司马迁的《史记》截然不同：书写同样一件事，两个人都没有歪曲事实，但展示出来的气场却截然不同。班固有时仅仅是把司马迁的作品拿过来改动了几个字眼，就把原作中的阴霾一扫而空，昂然正气喷薄而出。

汉明帝证明了自己不愧是个英明的皇帝：他立刻赦免了班固，任命他做兰台令史，也就是给了班固合法修史的资格，但他要求班固把写作西汉史的事先放一放，而是马上参与到《世祖本纪》的修撰工作中去。

《世祖本纪》即汉明帝的父亲汉光武刘秀的传记，这是眼下本朝最重要的形象工程，一定程度上也会影响到本朝在后人眼中的历史地位。班固把主旋律演奏得如此动听却又真切可信，这么优秀的人才，无论如何赶紧要利用起来。

从此，班固的史书修撰工作，有了极大的便利。兰台令史可以接触到皇家海量的藏书和档案，有了皇帝的支持，他要查阅其他资料，相关部门也会提供方便。

永平十八年（75），汉明帝驾崩，汉章帝即位。建初四年（79），班固参加了一次至关重要的学术会议：天下顶级的儒生大会白虎观会议，对各种经学（以儒家经典为依据而紧密结合大汉时代潮流的学说）问题进行了广泛而深入的探讨。会后班固按章帝的旨意，将会议记录整理成《白虎通德论》（或称《白虎通义》《白虎通》）一书。这是汉代经学集大成的著作，也是《汉书》之外，班固最重要的作品。

《汉书》修成，大约是在建初七年（82），不过一开始并没有广泛流传，班固也仍只是一个小官。等到章帝去世和帝即位，班固的命运迎来了至关重要的转折。

新皇帝年仅十岁，窦太后临朝，太后的兄长窦宪掌控大权。而班氏与窦氏早就关系密切，所以早年显得恬淡退让的班固，在过了知天命之年后反而变得热衷功名，他投附了窦宪。

窦宪最著名的事业，是出塞三千余里，击溃北匈奴。班固参与了这项事业，并创作了《封燕然山铭》，刻石勒功。后来又撰写《窦将军北征颂》，称颂窦宪的威德。

这样，班固当然也就成了窦氏一党。而像窦宪这样的外戚，注定会因为过于嚣张跋扈而垮台。永元四年（92），窦宪因密谋叛乱的罪名被革职，不久后自杀。和班固有旧怨的洛阳令种兢，就抓住机会诬陷班固，班固被捕入狱，同年死于狱中，年六十一岁。

班固为司马迁立传时，曾感叹这位前辈史家"博物洽闻，而不能以知自全"，现在他自己竟也落得这样的下场。区别是，司马迁把直言纠正君主的过失当作理想，所以结局不幸可说是求仁得仁，反而使人敬重其人格；班固总体上更推崇明哲保身，以至于后人认为他的历史书写，"排死节，否正直，而不叙杀身成仁之为美"，竟给人一种欲苟且偷生而不得的感觉了。

朝廷很快给班固平反，又让班固的妹妹班昭整理班固的遗著，并利用皇家藏书，把《汉书》没有最终完稿的几篇续完。参与到这项工作中来的，还有一个叫马续的学者。

所以《汉书》的完成，虽然以班固贡献最大，但还要加上班彪、班昭、马续三个人的贡献。

马续的弟弟马融虽然没有参与《汉书》修撰，但《汉书》文字古奥，又涉及许多专门的知识，有很多难懂的地方，马融拜班昭为师，学习如何理解《汉书》。马融后来成为著名的经学大师，对《汉书》传播发挥了重要作用。

有两个也许不妨顺带一提的细节：根据男女授受不亲的原则，二十多岁的马融跟随四十多岁的班昭学习时，班昭在小阁中讲解，马融伏在阁下，看着手中书卷头也不敢抬。后来马融成为当世通儒，门下弟子常有千数，他的教学作风十分任性，上课时挂上绛纱帐，让女子乐团排列在身后，不知道是不是可以算一种补偿心理。

三、可复制的体例

《汉书》和《史记》一样，都采用纪传体。区别是《史记》是从上古写到当下的通史，而《汉书》是专写一朝一代的断代史。《史记》有本纪、表、书、世家、列传五体，《汉书》改书为志，取消了世家。

既然古代中国没能跳出一个王朝治乱兴衰的周期律，那么断代为史，虽然被讥讽为一姓之家谱，却仍然应该承认这是最符合中国历史实际的办法。后来的史书，大多学班固。《南史》《北史》《五代史》虽然可以说是通史，但那是因为牵涉到的朝代太短，其实仍是断代，只不过断的是时代而不是朝代。

取消世家，也是根据时代变化，所做的处理。

从字面上说，世家就是权力世代相传的家族。司马迁说，天子治理国家，离不开大贵族的帮助。这些大贵族，就像天上的二十八宿，拱卫着北极星一样；也像车轮上的辐条，都围绕着车轮的中心一样。

当然，秦始皇一统天下，这是中国社会的一个天翻地覆的大变革。从此之后，中国就没有真正意义上的权力世袭的大贵族了——真正的贵族，应该有自己的封地和军队，对皇权却没有太强的依附性。所以《史记》的世家，以《孔子世家》为界，前后是两种性质完全不同的文章。

《孔子世家》之前的世家，都是诸侯国的编年体历史记录，和人物传记的写法，是截然不同的。但从《孔子世家》开始，世家大多就是些大人物的传，写到他们的子孙后代，也只是附带提及而已。

汉代之前的情况，不在班固的书写范围之内，而汉代以来的世家，和列传却很难说有本质不同。举例说，萧何、张良、韩信是刘邦钦定的前汉三杰。按照《史记》的体例，前面两位是大功臣，所以是世家，韩信因为被安上了造反的罪名，就只能进列传。但假想一下，如果灭掉项羽后不久，韩信就病死了，那么就没有后来的事，以他功劳之大，也是要进世家的。这样偶然性就太强了。倒不如像班固这样，统一都是列传，省心。

如果仔细观察，还会发现《汉书》在体例上作了很多具体调整。

拿本纪来说，司马迁说，"上记轩辕，下至于兹，著十二本纪"，言下之意是，本纪的意义，在于提供一个从古到今的历史大纲，谁有资格立本纪，司马迁显然认为自己可以说了算。

所以《史记》的本纪，情况非常复杂。《五帝本纪》写传说中的五位圣王，夏商周三代，一个朝代作了一篇本纪。但接下来，秦国明明只是诸侯之一，却作了《秦本纪》；完整讲述秦王朝历史的一篇，因此没法叫"秦本纪"了，只好命名"秦始皇本纪"，可以这篇又明明是写到秦二世和子婴的。接下来，并没当过皇帝的项羽，被立了《项羽本纪》。然后汉朝开始，似乎是想要一个皇帝一篇本纪，但汉朝第二个皇帝汉惠帝刘盈，却没有享受到这项待遇，而他的母亲吕后却得以立了本纪，汉惠帝在位那些年的历史，就写在《吕后本纪》里。

司马迁这么处理对不对好不好，是个见仁见智的问题，唯一可以肯定的是，司马迁认为在自己的历史书写中，他拥有巨大的自主权。这么做显然是对皇帝的权威不够尊重。

《汉书》也是十二篇本纪，西汉法统上得到承认的皇帝十二位（包括吕后），一个人一篇本纪。这么处理，不需要多么卓异的史识，却建立起了容易遵循的规范，尤其重要的是，非常安全。所以后世的史家，当然是学习班固。

四、大一统皇朝的存在感

班固的政治大局观，显然比司马迁强很多。

这首先体现在对制度史的书写上。司马迁是西汉人写西汉史，对西汉的制度，却并没有留下整体性的介绍，班固在这方面做了卓越的工作，以至于有人说，《汉书》的精华，在十篇志。

《史记》的书，《汉书》的志，都讲制度。《史记》是通史，但八书关注的焦点，反而常常仅限于汉朝的某一项制度或政策；《汉书》是断代史，但正如钱穆所说，十志却是通史的眼光，一项制度，从古到今发生了如何的演变，《汉书》一路梳理下来，然后才讲这项制度在汉代的具体规程与应用。有通史的眼光和没有通史的眼光，写断代史时的分寸感，自然大不相同。秦晖先生批评当今有些治断代史的学者说，他们常把历代的通例，当作自己研究的朝代特有的现象，于是发表一些大惊小怪夸诞其词的议论，班固就绝不至于如此。

举例说：《史记》有《封禅书》，《汉书》改为《郊祀志》，郊是祭天，祀是祭地，祭祀天地从来都是王朝最盛大的礼仪活动，封禅只是其中的一个子项目；《史记》有《河渠书》，关注焦点是汉武帝时代的黄河决口，《汉书》改为《沟洫志》，更加广泛地关注各项水利工程。《史记》有《平准书》，这是《史记》中最精彩的篇章之一，讲述汉代的各项经济政策的沿革，而《汉书》在此基础上，作了《食货志》，食是农业，货是商业，全面介绍、讨论经济史。

还有些志，是《史记》没有的，却也关乎国家的根本，或者具有重大学术意义。

如《刑法志》概述上古至西汉时期的刑法，尤其是点出汉文帝、汉景帝治国，虽然无为而治，却也高度依赖刑罚。比之《史记》强调汉武帝重用酷吏，而美化文景时代，这种叙述无疑更接近历史的本来面目。

如《地理志》详细记自古以来的地理问题，诸如领土疆域、建置沿革、人口数量、形势风俗等都有涉及。要了解中国的政区地理，这是有空前价值的著作。

《五行志》搜集了各种五行灾异记录。以今天的视角看，这些固然属于迷信，却是了解汉朝人思想观念的重要资料，何况从另一角度看，这些也是珍贵的自然史资料。

还有《艺文志》，这是汉代皇家藏书的总目，其中提到的书籍，许多已经失传。我们今天要了解汉代的典籍状况，此文不可或缺。

《汉书》的表，特别值得强调其价值的，有《百官公卿表》，详细介绍了秦汉时期的官制。

研究中国古代史，有"四把钥匙"之说：即掌握年代、地理、职官、目录四种知识，才能打开古代史的大门。这四种知识，《史记》零零碎碎有大量涉及，但没有系统介绍。《汉书》则直接把四把钥匙配给读者了。

有学者作过统计，《汉书》100 篇，《史记》130 篇中，在时间上有重合的，是《史记》74 篇，《汉书》73 篇，更具体地说是《汉书》中有 61 篇袭用了《史记》67 篇的内容，但绝大多数篇章，《汉书》都会有所改动。

有一个值得关注的点是，涉及汉代重要的皇帝诏书、公卿上奏之类的文件时，司马迁有时喜欢用自己的话转述其内容，而班固写作《汉书》时，还能见到不少公文原件，所以他就更倾向于照录原文。从一般性的阅读体验说，是《史记》的办法感觉更好；但从学术研究的角度看，反而是晚出的《汉书》保存了更多原始文献，因而也更有价值。因为转述总是不可避免会带来一些语义的损失，甚而会有理解上的偏差。

还有些重要文件，《史记》没有提及，全亏《汉书》保存了下来。如汉高祖五年（前202），刘邦击败项羽统一天下，"五月，兵皆罢归家"。《史记》只记了这么一笔，《汉书》却引用了刘邦关于复员军人待遇的诏书。显然，正是这项政策制造了一个庞大的军功受益阶层，把军人的利益和汉朝牢牢绑定在一起，从而稳定了人心，帮助汉朝平稳度过了之后的一系列危机。可能是因为这道诏书没什么传奇性，司马迁完全没有注意，但班固却敏锐注意到它对汉朝的巨大意义，因此特意把它补充进来。

至于一般人物的传记中"多载有用之文"，也是《汉书》的一个特点。如同样是为贾谊立传，司马迁引用了《吊屈原赋》《鵩鸟赋》等文学作品，《汉书》则补充了《治安策》（《陈政事疏》）等篇。《治安策》论述治国之道，特别切中汉初时弊，其中建议，多被汉文帝采纳，论政治意义，当然比那几篇赋重要得多。

甚至一些小细节的处理上，《汉书》也体现出大汉制度的庄严整饬。介绍人物，总是一上来就会先提他的籍贯。胡宝国先生注意到，《史记》《汉书》的处理，是不一样的。

《史记》显得比较随性，如《陆贾传》："陆贾者，楚人也。"楚是战国的国名。《彭越传》："彭越者，昌邑人也。"昌邑是汉武帝时代才用的封国名。《晁错传》："晁错者，颍川人也。"颍川是郡名。《张苍传》："张丞相苍者，阳武人也。"阳武又是县名……

就是说，司马迁虽然是西汉中期的人，但仍保留着战国时期古今地名杂用、籍贯提法混乱的特点。

《汉书》就作了统一，一般都是"某某，某郡某县人"，把人精确定位到大汉行政区划中的一个点。

五、顶级官宣

汉明帝一读班固的书，就发现这人是宣传战线上的顶级吹鼓手。因为班固特别善于弘扬正能量，而且手法不做作，煽情不浮夸，看起来就是客观理性地叙述事件，实际上就能让你的思维，不知不觉跟着他的节奏走。

如写到汉朝开国，司马迁笔下的刘邦很复杂立体，可以从很多不同的角度来理解。当然这个形象也算不上坏，但从彰显大汉伟大光荣正确的立场来说，仍然不够。

这就看出班固叙事的笔力了。比如他在萧何的传记里，补充了这样一个细节：

听说自己被项羽封为汉王，刘邦想找项羽拼命，周勃、灌婴、樊哙这些武将，也鼓励刘邦这么做。

只有萧何说："称王于汉中虽然糟糕，不也比死强一些吗？"

刘邦不甘："怎么就一定死了？"

萧何说："我们兵不如项羽多，也不如项羽精锐，这种情况下百战百败（意思是百分之百会失败），不是死又是什么？"

又说：

《周书》曰"天予不取，反受其咎"。语曰"天汉"，其称甚美。

于是劝刘邦暂忍一时之气，到汉中后再积蓄力量反击。刘邦就听从了萧何的意见。

这个情节，美化了萧何，显得他特别高瞻远瞩，不愧为大汉的开国宰相；也美化了刘邦，显得他虽然会犯傻冲动，却终究能从善如流，这正是天命之子必须要有的素质；更重要的是，这段话还在不经意间，把"汉"这个名词伟大光辉的内涵给阐释出来了，天上的银河叫天汉，可见汉是一个多么美妙的名字。

楚汉相争后，刘邦用韩信开辟北方战场，漂亮的胜仗好像都是韩信打的，怎么凸显刘邦的领导人作用呢？《汉书》又有《史记》没有的内容。

汉军去讨伐魏豹，刘邦和刚从魏豹那边出使回来的郦食其有这样的对话：

刘邦问："魏军的大将是谁？"

郦食其说："柏直。"

刘邦说："乳臭未干的小子，不是韩信的对手。他们的骑兵将领是谁？"

"冯敬。"

"这人是秦将冯无择的儿子。虽然挺贤能，但还是不能挡得住我的灌婴。步卒将领又是谁？"

"项它。"

刘邦大喜："不是曹参的对手，我没什么可担心的了。"

这段对话一加，刘邦运筹帷幄之中，决胜千里之外，对敌方军情了如指掌，一切尽在掌握中的气派就显出来了。

就是说，《史记》所写的刘邦那些乱七八糟的事，班固并没有都删掉。因为删改可能引起别人的好奇心，而且会丧失人物的丰富性，刘邦的魅力也许反而会打折。班固的工作更多是加戏，把刘邦本来就高明的一面，写得更加光彩照人。

再譬如写汉武帝。李广难封的事，被司马迁写来，人们很容易觉得汉武帝不会用人。班固也没有说李广打仗不行，《史记》里李广那些勇猛过人的事迹，《汉书》也都保存着，但班固加了一封汉武帝给李广的信。

李广被免职期间，受到了霸陵尉的羞辱，后来李广被任命为右北平太守，就请求把霸陵尉调到自己麾下，然后就把人家处死。李广为此向汉武帝请罪，汉武帝就给李广回了一封信：

> 将军者，国之爪牙也。《司马法》曰：登车不式，遭丧不服，振旅抚师，以征不服，率三军之心，同战士之力，故怒形则千里竦，威振则万物状；是以名声暴于夷貉，威棱憺乎邻国。夫报忿除害，捐残去杀，朕之所图于将军也；若乃免冠徒跣，稽颡请罪，岂朕之指哉！将军其率师东辕，弥节白檀，以临右北平盛秋。

大意是：将军这个身份，是国之爪牙（即保卫国家的骨干力量），所以不必为一般的礼节所约束，重要的是在千里之外建立兵威。所以你摘掉帽子光着脚来向我请罪，并不是我所期待的事，还是统领你的军队，迎接右北平的秋天吧。

秋天是最利于匈奴骑兵作战的季节，所以"以临右北平盛秋"这句话固然很有诗意，却正是迎接最艰巨的战斗的意思。

即使最偏袒李广的人，大概也会觉得杀霸陵尉这事，飞将军确实做得不地道。可是你看汉武帝这个处理：第一，他宽恕了李广，可见他对李广还是很爱惜的；第二，他含蓄地谴责了李广，作为皇帝基本原则不能丢；第三，他对李广作了极其文艺而有力的勉励，达成"使功不如使过"的效果，真是最顶级的战前动员高手。

读过《史记》的《李将军列传》再读《汉书·李广传》，你不一定会减少对李广的同情，但一定会增加对汉武帝的谅解。至于导致司马迁遭了宫刑的李陵事件，《汉书》的相关篇章，更是既充分彰显宽容，又牢牢把控导向。

了解班固的特点之后，也就很容易弄明白一件事：为什么后世有士大夫情怀的史家，提起班固的为人，往往极为不屑，而班固地下有知，却可以指着后世一部正史说："一直被模仿，从未被超越。"毕竟，古代中国的文网语阱，大趋势是越来越严密的。嘴上夸两句司马迁容易，真的像司马迁那样写历史，却很容易死无葬身之地。

而班固虽然也结局不好，一来是因为儿子太坑爹，二来是他的工作实在太高危，有些事真不是靠个人才智可以解决的。不过无论如何，惨死狱中之前，他已经获得了很高的回报不是？

后　记

　　我写过一本《司马迁的记忆之野》，因为之前几本书卖得还不错，有点迷失自我，臭脾气发作，竟妄想追求意在言外，点到为止起来。

　　从立意上说，当时是想写一本大于作者的书，从反馈看，是写了一本小于作者的书。

　　这本无他，无非是回归讲台上吃了多年粉笔灰的人的立场，宁可絮叨，也要把话说得明白些。

　　本书内容，无非是学界旧谈，希望给初学者提供一块垫脚石而已。夹杂些个人妄议，兴之所至，手痒难耐，一笑置之可也。

　　中华书局是我心目中高山仰止的存在，竟然愿意出版它，只能说，既感激，又惭愧。